现代职业核心能力教育丛书

主编：赖华强

# 领导与管理口才

## Eloquence for Leadership and Management

曾宇辉 主审

惠转宁 赖华强 编著

暨南大学出版社

JINAN UNIVERSITY PRESS

中国·广州

**图书在版编目（CIP）数据**

领导与管理口才／惠转宁，赖华强编著．—广州：暨南大学出版社，2015.5
（现代职业核心能力教育丛书）
ISBN 978 - 7 - 5668 - 1276 - 6

Ⅰ．①领…　Ⅱ．①惠…②赖…　Ⅲ．①领导学—口才学　Ⅳ．①C933.2
②H019

中国版本图书馆 CIP 数据核字（2014）第 274332 号

**出版发行：暨南大学出版社**

地　　址：中国广州暨南大学
电　　话：总编室（8620）85221601
　　　　　营销部（8620）85225284　85228291　85228292（邮购）
传　　真：（8620）85221583（办公室）　85223774（营销部）
邮　　编：510630
网　　址：http：//www.jnupress.com　http：//press.jnu.edu.cn

排　　版：广州良弓广告有限公司
印　　刷：湛江日报社印刷厂

开　　本：787mm×960mm　1/16
印　　张：17.5
字　　数：326 千
版　　次：2015 年 5 月第 1 版
印　　次：2015 年 5 月第 1 次

定　　价：45.00 元

（暨大版图书如有印装质量问题，请与出版社总编室联系调换）

# 现代职业核心能力教育丛书编委会

# 总　序

经济发展靠科技，科技运用靠人才，人才培养靠教育。在各类教育中，职业教育与经济发展的关系最为密切。若没有作为潜在的生产力、科学技术的转化器和产业升级转型的助推器的职业教育，先进的科学和设备就不能变成现实的生产力，再好的设计也只能是一张图纸，成不了看得见、摸得着的现实产品。现代职业教育的勃兴是伴随着现代工商业的繁荣发展起来的。尤其是20世纪50年代以来，伴随着新科技革命，世界发达国家进一步推进和发展了职业教育。

当今世界上经济最发达的国家，也都是职业教育最发达的国家：美国有4 000所左右的高等院校，其中属于高等职业教育的院校就有3 000多所；在德国，读完高中后有70%以上的学生读的是高等职业院校；澳大利亚仅有2 300多万人口，而高等院校就有400所左右，其中有近300所是高等职业院校。就当前国际范围内来讲，职业教育发展水平最高者莫过于德国，职业技术教育被誉为促进德国经济发展的"秘密武器"。20世纪60年代以来，世界范围内涌现出了各种各样的高等职业院校，如英国的多科性技术学院、法国的短期技术学院、瑞士的高等职业培训学院、加拿大的社区学院和俄罗斯的高等职业学校；印度、马来西亚、阿富汗的综合技术学院；韩国的初级职业大学、我国台湾地区的高等专科学校和工业技术学院等。随着高等教育的大众化，多数人接受的高等教育应当是高等职业教育。

美国教育家约翰·杜威认为，不能将职业教育狭义地理解为实利教育。以前的教育尽管名称不叫职业教育，但实际上都具有职业教育的性质。我国职业教育家黄炎培先生说，职业教育就是"使无业者有业，使有业者乐业"。温家宝总理2006年考察重庆第二财贸学校时说："职业教育是面向社会各个方面，面向各个阶层，面向人人的（教育）。"接受职业教育关乎人的全面发展和终身教育。

在我国，人们普遍存在一种观念：职业教育似乎是低一等的教育。其实，纵观全球教育理念，职业教育与普通教育的区别不是层次的区别，而是类型的区别。普通教育有中等、高等之分，职业教育也有中等、高等之分；普通高等教育有专科、本科及研究生之分，职业高等教育也有专科、本科和研究生之分。当前，世界高等职业教育发展的一个重要趋势是，高等职业教育的资格水平逐渐提高，在硕士甚至是博士层次出现了与普通高等教育相对应的职业资格。这些现象表明，各国都在努力提高职业教育的地位，积极改变人们对职业教育的错误认识。

从国际职业教育的发展趋势来看，随着新技术的发展和新兴行业的层出不穷，人们转岗择业现象日趋频繁，加之人本主义和终身学习思潮的涌动，世界职业教育的价值取向逐渐偏向满足人全面发展的需要，现代职业教育已从单纯培养职业技能走向培养学生的持续发展能力，以能力为本位的职业教育观已成为国际共识。有人从各种能力的关系角度，将现代职业能力分为专业能力和非专业能力两种。专业能力或称岗位能力，是指在专业知识和技能的基础上，按照一定的专业技术指标和方法完成某一项工作任务的能力，是传统职业技术教育或培训的重点；非专业能力又称综合职业能力、通用职业能力（英国称为通用能力，德国、澳大利亚、新加坡和我国台湾地区称为关键能力，美国称为基本能力，香港称为基础技能、共同能力），是指超越专业能力而对整个职业生涯发挥着至关重要的作用的基本能力。1998 年，我国劳动和社会保障部在《国家技能振兴战略》研究报告中首次把职业核心能力分为八项，包括：与人交流、数字应用、信息处理、与人合作、解决问题、自我学习、创新革新及外语应用。普适性是职业核心能力最主要的特点。对劳动者来说，掌握好核心能力，可适应就业择业需要，在不断变化的环境中获得新的职业技能和知识，解决难题，不断创新，同时在不同的工作条件下调整自我，和谐地与他人合作相处。这是一种可持续发展的能力，是现代社会中能使每个人获得满意工作和幸福生活的有效能力。在德语中，"关键"一词原意为"钥匙"，"关键能力"意味着"打开成功之门的钥匙"。教育部在 2006 年颁布的 16 号文件中指出，要"教育学生树立终身学习理念，提高学习能力，学会交流沟通和团队协作，提高学生的实践能力、创造能力、就业能力和创业能力"。

尽管目前各国对非专业能力的概念认识还未能达成一致，但总的来看是相近或相似的，在大的方向上是趋于一致的，重视学生非专业能力的培养已成为世界职业教育发展的共同趋势。

目前，从大量的资料和企事业单位所反映的情况来看，一些刚就业的人员和职场中的人群所欠缺的并非专业能力，而是职业核心能力。这些人，或合作意识不强，或沟通能力欠缺，或个人和团队管理能力差，或创新意识薄弱，或缺乏良好的心理素质等。这就对职业核心能力教育的课程设置和教育方法提出了新的要求。在课程设置上，要变过去注重课程本身的严密性、完整性、系统性和权威性为注重学习者适应未来岗位的需要，变对"技术应用"和理论上的"必须够用"的简单、片面理解为对学生应用能力、创新能力等核心能力培养的重要性、必要性的全面深刻的认识；在教学方法上，要让学生边学边用，以用促学，学以致用，变过去为就业而学为为提高就业能力而学，变以教师为中心的学习为以学生为中心的学习，变专攻一种技能的学习为寻求多种技能的学习。顺应这一发展需要，国内职业教育课程建设与教学改革开始呈现出一种火热局面。但纵观职业教育教材市场，还是以专业能力教育的课程教材居多，而有关职业核心能力教育的课程教材品种亟须开发创新。

　　正是基于上述意义，我们编写了这套"现代职业核心能力教育丛书"。该丛书贯彻《国家中长期教育改革发展规划纲要（2010—2020年）》和教育部《关于加强高职高专教育人才培养工作的意见》的精神，围绕现代职业核心能力的培训提升和综合素质训练，拟由文化素养读本、职业道德素养读本、职业生涯规划与管理、社交礼仪与口才、信息能力与应用文写作、团队合作和发明创新七个系列组成。为确保内容具有针对性和适应性，每个系列又分中等和高等两个层次，每个层次由一种到数种课程教材构成。全套丛书预计可产生20种以上的课程或教材。丛书的选题紧扣国家劳动和社会保障部职业技能鉴定中心对现代职业核心能力的界定（参见《职业核心能力培训测评标准》，北京：人民出版社2007年版）。丛书编写者都是长期从事教育工作的高等学校或职业院校教师，强调理论联系实际，内容科学，理念先进，且突出实用性。

　　随着我国改革开放的不断深入，以及社会主义市场经济体制的建立和不断完善，特别是近些年来由于经济结构的调整和发展方式的转变，职业教育的发展异军突起：中等职业教育持续快速发展，高等职业教育在规模上已占据高等教育的"半壁江山"，无论是中职教育还是高职教育，在规模和质量方面都已步入前所未有的阶段。

　　我们期望大家的辛勤劳动和本套丛书的出版，能对高职、中职学校和本科院校高等职业教育在职业核心能力教育的课程建设、教学改革和高级创新应用型人才培养方面发挥积极的作用。

**曾宇辉　刘雪庚\***
2015年3月20日

---

　\*　曾宇辉，韶关学院政治与公共事务管理学院院长、教授。
　　刘雪庚，原广东省韶关市技师学院院长、党委书记，广东省韶关市人大常委会副秘书长。

# 目　录

# 绪　论

## 一、课程名称、性质与开设意义

### （一）课程名称

2000 年以前，在我国公开出版的图书中，称为"管理口才（学）"或"管理者口才"的图书只有一种，即刘美森著《管理口才学》（广西人民出版社 1992 年版），这之后则有数种；称为"领导口才（学）"、"领导口才艺术"或"领导者语言艺术"的图书也微乎其微，而这之后则有十多种。这说明将领导或管理口才作为研究对象的编著活动，是 2000 年以后的事，而名称叫"领导口才"的比叫"管理口才"的多。这些教材或读物有一个基本、共同的特点，即内容驳杂，一般都是相关实用知识、技巧与故事的简单相加，很少将领导与管理口才作为一门严肃的学问加以探讨。这就给后来的研究留下了很大的空间。

顾名思义，领导口才学与管理口才学，是综合运用领导科学与管理科学、交际学与口才学原理来回答领导与管理活动中的口才问题的学问，前者——领导口才学与管理口才学是后者——领导科学与管理科学、交际学与口才学的细化，是人类领导与管理实践、交际与口才实践发展到现代的产物。

严格地讲，现代领导科学、管理科学是传统政治学的分支，前者是从后者发展而来的，它们共同研究和回答人类社会组织的领导与管理问题。因而，领导口才学与管理口才学，也可以被称为政治口才学或组织口才学。但到目前为止，尚未发现"政治口才（学）"或"组织口才（学）"的概念。

综上所述，本教材是在上述领导科学、管理科学和政治学三重意义上使用"领导与管理口才"这一名称的。换句话说，无论我们称它"领导口才"、"管理口才"、"政治口才"还是"组织口才"，都是指同一研究对象，即人类社会组织活动中的领导与管理口才问题。

### （二）课程性质

第一，领导与管理口才是现代管理专业必修课程之一。

现代管理专业课程内容分类越来越细。从管理科学内容的横向拓展来看，有诸如工商管理、物流管理、工程管理、旅游管理、财务管理、人力资源管理、公共事业管理、行政管理等；从管理科学内容的纵向拓展来看，有诸如管理学、管理哲学、管理（组织）社会学、组织行为学、管理心理学、市场营销学、管理口才学等。可见，领导与管理口才是现代管理专业必修课程之一。

第二，领导与管理口才是一门具有实践性和应用性的技能课。

复旦大学管理学院这样概括和描述其办学使命："以中国目前能够集中的优秀教育资源，来培养能够适应中国经济发展需要和具有国际竞争力的企业领袖和职业经理人；同时，以中国经济发展的客观环境，来总结中国管理经验和思想，做出独创性的研究，分享于中国和世界各地学术界和企业界。"由此可见管理学专业课程大多具有实践性、技能性和应用性特点，而领导与管理口才属于其中的应用性技能课程。

第三，领导与管理口才是一门多学科综合的言语实践课。

领导与管理口才是一门综合运用传统政治学、现代领导科学、管理科学、营销学、交际学、传播学、语言学、教育学、心理学、逻辑学、口才学、美学、修辞学等多学科原理来研究回答现代社会组织领导与管理过程中的言语表达问题的学问，因而它是一门多学科综合的言语实践课。

### （三）课程开设意义

第一，好口才是一种巨大的生产力。

我们的牙齿不如猛兽锋利，视力不如飞禽发达，听力不如蝙蝠精准，嗅觉不如猎犬灵敏，那为什么人类能够成为万物之灵呢？重要原因之一是我们拥有语言，能够运用言语进行组织与交流。诚如古人所说："人之所以为人者，言也。"

拿破仑说："一支笔，一条舌，能抵三千毛瑟枪。"戴尔·卡耐基说："现代成功人士90%，都是靠一根舌头打天下！"美国人类行为科学研究者汤姆士认为："说话的能力是成名的捷径，它能使人鹤立鸡群。能言善辩的人，往往使人尊敬，受人爱戴，得人拥护。它使一个人的才学充分拓展，熠熠生辉，事半功倍，业绩卓著。"他甚至断言："发生在成功人物身上的奇迹，一半是由口才创造的。"

第二次世界大战时期，美国人把舌头、美元和原子弹称为征服世界的"三大秘密武器"，而现在他们认为是舌头、美元和电脑，可见口才无论是对于个人还是对于国家都很重要。

第二，好口才是政治精英和行政专家的必备素养。

江泽民同志在《各级领导干部要研究领导科学》一文中提出,每一个领导干部都应该认真学习领导科学,不断提高领导水平和领导艺术。

习近平同志在中央党校建校 80 周年庆祝大会暨 2013 年春季学期开学典礼上提出,全党同志特别是各级领导干部,都要有本领不够的危机感,都要努力增强本领,一刻不停地增强本领。只有全党本领不断增强了,"两个一百年"的奋斗目标才能实现,中华民族伟大复兴的"中国梦"才能梦想成真。

英国前首相丘吉尔说:"一个人可以面对多少人,就代表这个人的人生成就有多大。"美国前总统尼克松在《领袖们》一书中写道:"我见过的所有杰出的领导人都非常善于面对面的谈话。"孔子学生子贡说:"出言陈辞,身之得失,国之安危也。"我国古代著名文学批评家刘勰说:"一人之辩,重于九鼎之宝;三寸之舌,强于百万之师。"国外有资料记载:一位长老,谆谆告诫即将继承王位的儿子麦雷卡,只有当一个雄辩的演讲家,才能成为一个坚强的人——舌头就是一把利剑,演讲比打仗更有威力。

这些都说明,好口才是政治精英和行政专家的必备素养。

第三,好口才有助于年轻人就业创业成功。

美国历史上第一个年薪过百万的管理人员叫史考伯,他是美国钢铁公司总经理,对钢铁一窍不通。记者曾问他:"老板为什么愿意一年付你超过 100 万的薪金,你到底有什么本事?"史考伯回答:"我对钢铁懂得并不多,我最大的本事是我能使员工鼓舞起来。而鼓舞员工的最好方法,就是表现真诚的赞赏和鼓励。"

好口才有助于提高领导力,史考伯深谙其中的奥秘。所以,日本一些大公司在招聘人才进行面试时,曾专门就说话能力规定了若干不予录用的条文,如"应聘者声若蚊子者,不予录用;说话没有抑扬顿挫者,不予录用;交谈时不得要领者,不予录用;说话颠三倒四、不知所云者,不予录用"。

外交学院开设外交口才课,法学院开设司法口才课,师范学院开设教师口才课;同理,管理学院也应该开设领导与管理口才课。这是不言而喻的。

## 二、课程目标、内容、教学原则和方法

### (一)课程目标

领导与管理口才的课程目标是,以现代管理学专业和交际学、语言学、传播学等多学科知识综合为背景,引导学生在了解通用口才学原理的基础上,重

点学习和掌握国家机关、企事业单位与人民团体等社会组织中的领导者与管理者在不同语境（诸如竞聘与就职、主持会议与作报告、联系上下级以及电话交际、接待来访、谈判、参加酒宴、答记者问等）下的言语风格、原理和规范，为学生将来就业创业或顺利走上领导与管理岗位，服务社会、成就自我打下良好的口才基础，包括良好的心理素质和积极的情感态度价值观。

**（二）课程内容**

领导与管理口才的课程内容，从不同角度，可作不同划分。本教材确立先概念后原理，先理论后实践，先口才基础后专门口才，运用为主、知识为辅的内容选编标准。全书除绪论与附录外，共九章，可以划分为四个版块：

1. 领导与管理口才概述（第一章）

这一章属于基本概念范畴，重在明确问题，只要求学生"知"。它是领导与管理口才学习的"引论"。

2. 领导与管理口才基础（第二章）

有关口才基本知识原理与技能（包括普通话水平）是学生学习掌握领导与管理口才的基础。它要求学生必须首先具有良好的通用口才基础，然后再进行领导与管理口才的系统学习。它是"口才基础"向"专门口才"的必要过渡，也是本教材不同于一些同类教材或读物的地方，后者一般不强调学生普通口才基础。这一章要求学生不仅"知"，还要达到"会"。鉴于学习内容多而学习时间有限的矛盾，本章学习可主要安排在课外进行，教师只在课堂上提出要求，进行检查。

3. 领导与管理口才基本内容（第三、四、五、六、七章）

领导与管理口才内容分类，目前仍处于各自探索阶段。本教材按照领导与管理岗位角色的产生、主要职责及其履行方式，将其划分为三大部分（详见教材第三、四、五、六、七章）。这五章内容是最能体现领导与管理口才在具体情境中的基本运用形式的，因此它是本课程学习与掌握的重点，要求学生不仅"知"而且"会"。

4. 领导与管理口才内容的延伸或补充（第八、九章）

"其他公务口才"，一般教材没有作这种区分，显得比较平面化，不便于突出重点。这一部分内容多而精彩，目前只选择了接待来访的口才、答记者问的口才和处理突发事件的口才加以介绍。其中"处理突发事件的口才"，选题较新，内容较多，故专设一章（第八章），值得注意。鉴于学习时间有限，第八、九两章可主要安排学生于课外自学，但不仅要求学生"知"，而且要求学生"会"。

（三）教学原则和方法

1. 教学原则

领导与管理口才应遵循如下教学原则：

（1）补偿教学原则。受应试教育影响，我国中小学对青少年口才的开发和教育，普遍未予重视。所以对在校大学生开设职业口才课，带有补课性质。在校大学生口才发展滞后，主要表现为缺乏交际热情和主动性，拘谨、胆小，说话态度不从容，举止不大方，声音偏低，气势不足，目光游离，表情平淡，语调平直等，跟他们的年龄、阅历和文化知识修养程度不相称。针对这些情况，教学时应该少批评、多鼓励；多针对每个学生的实际提出学习建议；适当增加或延长某些练习的时间；尽量营造宽松、和谐的学习气氛等。

（2）纠错教学原则。在校大学生的口才基础中，有些非良性的倾向早已成为习惯，如紧张、胆怯、口头禅、小动作、声音含混、语速不当、不注意仪表和态势语等，这些都应在基本训练中予以纠正。针对这些情况，教师应该多示范、多举例、多作些原理阐释或技巧知识介绍，适当增加或延长某些练习的时间。教师要有意设计一些显露矛盾或问题的练习，让学生"自感可笑"。对于那些只要通过刻苦练习就能克服的缺点，一定要鼓励学生努力通过练习去克服。

（3）激励教学原则。在校大学生已经具备的口才基础中，也有一些十分积极的因素，譬如强烈的交际意识和自我表现意识，热切的口才改善愿望，良好的文化知识修养，丰富的书面语词汇，思维敏捷、思想活跃、情感丰富、求知欲旺盛等。不足之处是，社会阅历和生活经验不足，口语的"学生腔"、"书卷气"比较明显，口语化、大众化、通俗化不够等。而具体到每个学生那里，情况又各不相同。针对这种情况，教学时要设法促使每个学生扬长补短，积极发展。练习中要允许出格、冒尖，鼓励自由发挥、独立创造、张扬个性，也要容许一些人暂时"跟不上"。

（4）理论联系实际的教学原则。在校大学生要提高和改善口才，一个重要的方法是系统地研习一下口才基本理论。作为一种高端学习，理性的引导是必要的。理论学习无论是对于已经具有良好口才的学生还是口才有待改善的学生，都具有事半功倍的效果。重视理论学习，要求教师多向学生推荐有关口才方面的读物。在校大学生的口才实践是广泛的。口才课要根据学生校内外生活、工作、学习、交际特点，多设计安排一些课内外练习，多提出一些学习建议。口才的发展与提高，说到底，需要多练习、多实践。

（5）课内课外相结合的教学原则。课堂教学是学院式口才研习的基本形式。但对于综合性、实践性和情景性极强的口才来说，课堂教学的局限性很明显，而课外学习则不受这些限制。所以，课外学习应该作为领导与管理口才课堂教学的重要补充。课堂教学主要发挥讲授、示范、讲评的作用，课外学习主要发挥巩固、发展、练习、提高的作用，二者相辅相成，相得益彰。

（6）发展教学原则。从口才发展对人的素养的依赖性来看，在校大学生的思维、心理、情感、意志以及社会实践知识、阅历水平，尚不能完全满足优良口才要求。大学生要获得良好的口才，还有赖于他们大学毕业走向社会、参加工作以后的努力。根据这种情况，领导与管理口才课的教学，要特别注重运用发展的眼光，帮助学生打好基础：通过理论与实践相结合的学习，使他们明确发展的方向，获得发展的动力和后劲，而这比他们现在实际上已经达到的高度更重要、更有意义。

**2. 教学方法**

领导与管理口才可采用如下教学方法：

（1）讲授法。讲授应该被视为一种优势而不是缺点，但讲授应该有计划、有重点、有选择。尤其是当教学时数有限时，讲授要尽可能精简些。讲授还要尽可能生动活泼些。讲授若能同时辅以问答、讨论，与视频观摩、演练示范、练习指导以及作业评价结合起来，则效果更佳。

（2）练习法。练习应该成为领导与管理口才最主要的学习方式，应该从最广泛的意义上去理解。从教学组织形式上看，它包括：单项练习和综合练习，堂上练习和课外练习，集体练习和个别练习；从学生个人研修方式上看，观察、模仿、听知、记忆、阅读、笔记、评价、鉴赏等，都应视为一种练习。练习也可以辅之以讲授、问答、讨论，这有助于活跃气氛、丰富形式、增强效果。

（3）视频观摩、示范与反馈教学法。把视频运用于领导与管理口才教学大有可为。根据视频的功能，其内容可分为两类：一是观摩与示范类，教师可主要选取名人演讲，大学生辩论赛，著名政治家、企业家或名流交谈、演讲实况摄像材料，供学生观摩、鉴赏，从中吸取经验教训；二是教学反馈类，教师可组织学生到微格教室做练习，将练习的情景和过程拍摄下来，然后回放给学生观看。现代声像教学手段辅之以常规的讲授、问答、讨论和练习，是领导与管理口才极富发展潜力的教学方法。

（4）案例分析与讨论教学法。相对于我们最为熟悉的"原理教学"来说，"案例分析与讨论"最显著的特征是没有唯一正确的答案。案例教学的宗旨不是传授"最终真理",而是通过一个个具体案例的分析与讨论,诱发学生的创造性思维:它不在乎能不能得出正确的答案,所重视的是思考的过程。将案例分析与讨论方法运用于领导与管理口才教育或培训,是许多培训机构优越于学院式教学的地方,目前在国内方兴未艾。

## 三、教学时数、进度和考核办法

### (一)教学时数和进度

现行普通大专院校技能课程,一般执行 36 节(每周两节)、54 节(每周三节)和 72 节(每周四节)三种模式。而无论是哪种模式,都强调"把训练放在首位",技能练习的时数所占比例应该超过60%,力争达到70%,课外学习应该是课堂教学时间的 2~3 倍。以 36 学时为例,以下提出一个教学时数与进度计划供参考:

**36 学时《领导与管理口才》教学安排**

| 章节顺序 | 章节内容 | 教学时数 | | 备注 |
|---|---|---|---|---|
| | | 讲授 | 训练 | |
| 绪论 | 口才定义与课程简介 | 1 | 1 | 以讲授占30%、训练占70%计:讲授 11 节,训练 23 节,考试(考查)2 节,合计 36 节。 |
| 第一章 | 领导与管理口才概述 | 1 | 1 | |
| 第二章 | 领导与管理口才基础 | 2 | 4 | |
| 第三、四章 | 竞聘与就职演讲口才 | 2 | 6 | |
| 第五、六章 | 主持会议与作报告的口才 | 2 | 4 | |
| 第七章 | 联系工作的口才 | 1 | 4 | |
| 第八章 | 处理突发事件的口才 | 1 | 2 | |
| 第九章 | 其他公务口才 | 1 | 1 | |
| 合计 | | 11 | 23 | |

### (二)考核办法

领导与管理口才课的考核(考试或考查)可主要采取口试形式,如朗诵、演讲、情景模拟、案例分析、抽签回答问题等。最好结合练习进行，即每次学习内容既是练习也是考核。领导与管理口才课应重视平时成绩。教师应将学生平时练习成绩记录在案，作为综合评定学生成绩的依据。平时成绩可以采用学生自评、互评方式产生，供教师综合评定时参考。平时成绩占期末总评成绩的比例可适当高于其他课程。

**【思考】**

一、何谓口才？口才有何特点？

二、领导与管理口才的课程目标和内容是什么？

三、领导与管理口才具有哪些教学原则和方法？

# 第一章 领导与管理口才概述

在现代社会，"管理"和"口才"是两个运用范围极广、使用频率极高的词汇。诸如企业管理、经济管理、行政管理、信息管理、生涯管理、财富管理、情绪管理，无论哪本书、哪篇文章或哪个领导人讲话几乎无不涉及管理。口才属于人类特有的一种高级智慧技能，它是一个人的思想品德、思维能力、知识学问、智商与情商、言语能力和风度气质在特定情况下的综合体现，跟行走、吃饭、穿衣、阅读、计算等能力一样，再寻常不过，并与我们终生相伴。管理与口才这两个内涵如此丰富的词汇结合起来，会向我们提出哪些问题呢？这是本章首先需要回答的。

## 第一节 口才的定义与口语的特点

一说到口才，人们就以为它是个神乎其神的东西。尤其是年轻人，既羡慕别人有好口才，也希望自己能说会道；但是，他们往往又容易将口才神秘化，以为那是跟自己无缘的东西。研究领导与管理口才需要从弄清口才的定义，消除口才"神秘论"和"天赋论"开始。

### 一、口才的定义

"口才"，即说话的才能，也就是运用口语传递信息、交流思想情感的能力。"口"，即口语，是相对于"文"——书面语而言的。"才"，即人们运用知识、经验对外办事的能力。与"口才"相对应的是"文才"，后者特指运用书面语言创作诗文的才能。

"口才"一词，较早见于中国古籍《孔子家语》："宰予，字子我，鲁人，有口才著名。"（《孔子家语·七十二弟子解》）这里的"口才"，也是"说话能力"的意思。

口才学家认为，"口才对于极少数人来讲，是生成的；对于绝大多数人来讲，要靠练习获得"。

【案例 1 - 1】

## 古今中外名人锻炼口才的故事

——古希腊演说家德谟斯蒂尼斯从小口吃，讲话讲不清楚，也非常害怕当众讲话，但他立志成为一名演说家。为矫正口吃，使口齿清楚，他将小石头含在嘴里不断地练习说话；为矫正说话的姿势，他在两肩上头悬着利剑；为练习音量，他对着大海和松涛演讲。经过 12 年刻苦磨炼，他终于走上了成功之路。

——美国总统林肯出身于农民家庭，当过雇工、石匠、店员、舵手、伐木工人等，社会地位卑微，但是他从不放松口才的训练。17 岁时他常徒步 30 多英里到镇上，听法院里律师慷慨陈词的辩护，听传教士高亢激昂的布道，听政界人士振振有词的演讲，回来后就精心模仿演练，口才日日进步。1830 年，他为准备在伊利诺斯的一次集会上的演讲，面对光秃秃的树桩和成行的玉米，一遍又一遍地试讲。后来他连任两届美国总统，成为世界著名的演说家。

——无产阶级革命家、演讲家萧楚女，也是靠平时的艰苦训练，练就了非凡的口才。萧楚女在四川省立第二女子师范学校教书时，除了认真备课外，他每天天刚亮就跑到学校后面的山上，找一处僻静的地方，把一面镜子挂在树枝上，对着镜子开始练演讲，从镜子中观察自己的表情和动作。经过这样的刻苦训练，他掌握了高超的演讲艺术，他的教学水平也很快提高了。1926 年，年仅 35 岁的他就在毛泽东同志主办的广州农民运动讲习所工作，他的演讲至今仍受到世人的推崇。

——我国著名的民主战士、诗人、演讲家闻一多先生，1919 年在清华大学读书时就热爱并刻苦练习演讲。他曾在日记中写道，"近来演讲课练习又渐疏，不猛起直追恐便落人后"，"演讲降到中等，此大耻奇辱也"。据记载：有一天他曾到钟台下练习演讲 8 遍；第二天又"夜外出习演说 12 遍"；5 天以后，他又在天寒地冻的深夜，到清华园工字厅北面土山上的凉亭里，对着一片湖水，迎着呼啸的北风，用低沉坚定、富有感情的嗓音练习演说，直到严寒刺骨才返回宿舍。回到宿舍仍不罢休，又"温习演说 5 遍"。可见闻一多练习演讲是何等的勤学苦练。

（资料来源：新浪博客，http：//blog. sina. com. cn）

北京师范大学教授于丹，曾于 2006 年在中央电视台《百家讲坛》栏目为观众解读《论语》，七天红遍全国，人们为她的语言魅力所深深折服。当她作客《鲁豫有约》节目被问及："你从小口才就这么好吗？"她的回答居然是："我小的时候几乎不说话！"我们同样熟知的"疯狂英语"创始人李阳，幼年时沉默寡言，几近自闭；著名电影演员葛优上幼儿园时性格内向，说话脸红。

以上事例说明，口才并不是一种天赋的才能，它是靠刻苦训练得来的。古今中外一切口若悬河、能言善辩的演讲家、雄辩家，无一不是靠刻苦训练而获得成功的。锻炼是拥有好口才的不二法门。"只要功夫深，铁杵磨成针。"一个有志于改善或提高口才的人，哪怕开始笨嘴拙舌，甚至口吃，只要专心致志、刻苦练习、反复实践，最后都会成为演讲与说话的高手。

## 二、口语的特点

口才如同美妙的诗歌、音乐、舞蹈，令人心旷神怡。口语是制造口才魅力的工具，探索好口才形成的内在机制，要从研究口语的特点入手。口语具有不同于书面语的下述特点：

### （一）"以声传情"

有人说，口语比书面语要丰富得多。其丰富性体现在哪里？语言学家徐世荣说"就是语音"。语音赋予了口语跳荡的生命。例如：

你为什么打他？

当我们把问话的重音分别放在"你"、"为什么"、"打"、"他"不同的词语上时，所表达的意思是有区别的：重音放在"你"上，质问的是动作实施的主体——"你"不该打人；重音放在"为什么"上，质问的是动作实施的理由——"为什么"打人；重音放在"打"上，质问的是动作实施的方式——打人这种方式不正确（或可采用说服教育的方式）；重音放在"他"上，质问的是动作实施的对象——不该打"他"（挨打的可能另有其人）。英国著名的戏剧家萧伯纳说："例如'是'可以有五十种说法，至于'是不是'也许有五百种说法，而它们的书写形式只有一种。"口语就是使用跟书面语大致相同的词汇和句式，而主要通过语音的长短、快慢、高低、强弱、粗细、明暗、连断、收放等变化，来表达比书面语丰富、复杂、委婉、细腻得多的思想感情。

有声性使口语具有一次性、易逝性的特点。所谓一次性，即"君子一言，驷马难追"，"说出去的话，泼出去的水"，话一出口，就是终极形式，不容收回，也难以复现；不像书面语，可以字斟句酌，反复推敲，也可以供读者来回视读。一次性对于受话者来说就是易逝性。口语通过声音作用于大脑，一般一个连续的语流，被人脑精确地记住，不超过七八秒钟，此后便被新的语言片断所覆盖。这就要求受话者听人讲话必须集中注意力，并通过选择关键性词语来记住说话人的意思。

### （二）大众通俗，好说好懂

口语的通俗性，是它不同于书面语的第二个特点。所谓通俗，即说者"上口"：信手拈来，出口成章，说得不费力；听者"上耳"：兴致盎然，津津有味，听得也不费力。在实际言语交际中，往往也只有"上口上耳"的话才易于"入脑入心"。

口语的通俗性，首先表现在语汇使用上的"三多"：

第一，平实通俗的口语化词汇多。例如：

土豆（马铃薯）、番茄（西红柿）、电脑（电子计算机）、打的（乘出租车）、炒股（买卖股票）、栽了（失败或出丑）、发了（因获得大量钱财而兴旺）……

第二，音节流亮的象声词、双声叠韵词和感情色彩强烈的语气词用得多。例如：

象声词：哗、轰、砰、呼、唰……

双声叠韵词：叽叽喳喳、马马虎虎、大大咧咧、怪里怪气、犹豫、慌张……

语气词：啊、吗、呢、吧……

第三，熟语（包括成语、谚语、格言、歇后语、惯用语）和缩略语用得多。例如：

成语：胸有成竹、半斤八两……

谚语：只许州官放火，不许百姓点灯；有意栽花花不开，无心插柳柳成荫……

格言：知识就是力量、有志者事竟成……

歇后语：兔子的尾巴——长不了、黄鼠狼给鸡拜年——没安好心……

惯用语：开门红、马后炮、敲门砖、炒鱿鱼、敲边鼓……

缩略语：北大（北京大学）、三好（思想好、学习好、身体好）、中共（中国共产党）、劳模（劳动模范）、科技（科学技术）……

口语的通俗性，其次表现在句法使用上的"三多"：
第一，省略多。例如：

书面语：买两张今天下午 G1011 次去广州南站的高铁票。
口语：……两张……G1011 次……广州南站……

第二，短句子多。例如：

书面语：那天他买了一套新版的、精装的、带绣像的《红楼梦》。
口语：那天他买一套《红楼梦》，新版的，精装的，带绣像的。

第三，语序灵活。例如：

书面语：这本书我还了。
口语：这本书我还了。
我还了这本书。
（这本）书，我还了。
我还了，（这本）书。

造成这些情况的原因，跟口语的直接性（交际双方面对面）、一次性（现想现说）等特点以及说话人的呼吸等生理需要有关。言语表达要求在特定的语境下，以最简洁明快的形式，将最重要的信息诉诸受者，并努力适应大多数，使人乐听、爱听并且一听就懂，以取得有效的交流效果。

### （三）伴有丰富的态势语

借助眼神、表情、手势、身姿、动作这些副语言（又称第二语言、身姿语、态势语）来协助表情达意，是口语不同于书面语的第三个重要特点。例如，"怒发冲冠"表示愤怒；"趾高气扬"表示骄傲自满；"点头哈腰"表示恭顺或过分客气；"嗤之以鼻"表示轻蔑；"挤眉弄眼"表示暗示；"咬牙切齿"表示仇恨；"摩拳擦掌"表示精神振奋，"忸怩作态"表示不好意思等。我们说，人类"浑身是嘴"，一个人的眼睛、鼻子、眉毛都会说话，"此时无声胜有声"，这绝对不是夸张。正是由于口语具有以身姿来协助表情达意的特点，所以研究身姿语在口语交际中的运用成为一种专门学问。

【案例 1-2】

## 名人演讲中的手势

手势是身体语言中一个引人注目的"角色",是有声语言的最好辅助。例如,毛泽东在演讲时常一只手叉腰;孙中山演讲时常常拄着手杖;斯大林在演讲时习惯拿着烟斗,边讲边摇……

赫恩登在回忆林肯辩论时说,林肯表现欢乐情绪时把两臂高举成五十度的角,手掌向上;痛斥奴隶制时,在痛心处则紧握双拳,在空中用力地挥动,把自己的观点、情感直截而强烈地表达出来,使听众深受其感染。

第二次世界大战期间,英国首相丘吉尔在电视演讲结束时,举起握拳的右手,然后伸出食指和中指构成"V"形,以象征英文"胜利"(victory)一词的开头字母,结果引起全国人民的欢呼。丘吉尔的手势十分形象地表达了英国人民战胜法西斯的必胜决心和信心。

列宁演讲时的手势别有风采:左手大拇指习惯性地插在背心肩口,右手总是在挥动。1917 年 5 月 14 日,当起义工人、士兵攻下冬宫之后,列宁快步登上讲台。他面向台下群众,就像大乐队的指挥,身势稍向前倾,右手掌向前果断有力地推出。沸腾的冬宫顿时鸦雀无声,列宁震荡环宇的声音开始传向世界。这就是著名的"列宁手势"。多少年来,人们一看到或想到这一形象,对列宁的敬意就会油然而生,正如斯大林所赞扬的那样:"把听众俘虏得一个也不剩。"

1942 年延安整风运动中,毛泽东曾多次为党政军干部作演讲,他把内容归纳为一、二、三、四或甲、乙、丙、丁,并且边讲边用右手扳着左手指,一个一个地数,其手势语含义直截了当。在延安的一次演讲会上,当演讲快结束时,毛泽东掏出一盒香烟,用手指在里面慢慢地摸,但掏了半天也不见掏出一支烟来。他一边讲,一边继续摸着烟盒,好一会儿,他笑嘻嘻地掏出仅有的一支烟,夹在手指上举起来,对着大家说:"最后一条!"这个"最后一条",既是最后一个问题,又是最后一支烟。毛泽东的话一语双关,妙趣横生,惹得全场大笑起来,听众们的疲劳和倦意也在笑声中一扫而光了。

(资料来源:百度文库,http://wenku.baidu.com)

美国心理学家艾伯特·梅拉比安曾总结出这样一个公式:信息总量 = 7% 言辞 + 38% 声音 + 55% 表情。其中 55% 的表情就是态势语所发挥的作用。态势语特征要求讲话者平时要注意养成良好习惯,保持正确的讲话姿势,可主要通过对着镜子练习,来把握态势的变化,体会不同的体态语带给听众的感觉;也可以通过观看著名影片中的精彩片段,来揣摩剧中人物不同的手势表达。一般来说,演员特别善于运用表情,在一些好的影片中,演员的一举一动都经过精心策划。仔细学习他们的表达方式，有助于增强表情的驾驭能力。

正是口语的这些特点，为人们创造性地运用口语提供了无限丰富的机会。

# 第二节　领导与管理口才的性质与功能

## 一、领导与管理的含义及关系

### （一）领导与管理的含义

作为名词，领导是指一定社会组织的领袖，是党政机关、企事业单位的大政方针、计划指导的决策者和主要执行者；作为动词，领导是指组织领袖的管理活动，可以解释为率领或引导的意思。

西方有关管理学著作或教科书对管理的定义较多："管理就是计划、组织、控制等活动的过程"，"管理是筹划、组织和控制一个组织或一组人的工作"，"管理就是通过其他人来完成工作"。美国管理学家赫伯特·A. 西蒙（Herbert A. Simon）认为："管理就是决策。"科学管理之父泰罗说，管理就是要"确切地知道要别人干什么，并注意他们用最好的办法去干"。这些定义至今未得到统一和公认。管理从字面上讲，有"管辖"、"处理"等含义。

### （二）领导与管理的关系

领导有时被称为管理，管理有时也被称为领导。有关领导与管理的关系，目前有三种理解。一是认为领导高于管理，管理是领导中的固有内容，领导是统筹全局、引领方向的行为，管理是领导之下的活动；二是认为管理包含领导，领导是管理中的一种职能或功能；三是认为领导与管理没有什么区别，他们都是人们对社会上的人、财、物进行管理和分配的工作，其核心就是对人的管理。

由于领导与管理的层次不同，领导有时既要扮演领导者角色，又要扮演管理者角色。综合而论，领导与管理既有区别又有联系。在生产力低下的情况下，社会活动比较简单，领导与管理两位一体。随着生产力的发展，现代社会化生产的发展，领导与管理成为相对独立的活动。领导与管理的联系与区别是，领导是管理的灵魂，管理是领导的基础；领导指导管理，管理保证领导。

### （三）领导与管理者角色的内涵

有管理就有实施管理活动的角色——领导。早在 1973 年，哈佛大学教授、管理学大师明茨伯格就在其巨著《管理工作的性质》（*The Nature of Managerial Work*）中，对管理者的角色和作用进行了多方面的研究和论述。他通过大量的、长期的观察和研究，得出结论：一个管理者同时起着不同的作用。这些作用和工作可归纳为三个方面：人际关系、信息情报和决策。在每一类工作中，管理者扮演不同的角色，归纳起来共有十种角色。

1. 人际方面的角色

它着重于人际关系的建立与维系，具体包括下列三种角色：

（1）挂名首脑。管理者是组织的象征，有责任和义务从事各类活动，如会见宾客、代表签约、剪彩、赴宴、致辞等，有些属例行公事，有些具有鼓舞人心的性质。

（2）领导者。管理者通过领导角色将各种分散的因素整合为一个合作的整体，负责激励和鼓励下属、用人、培训和交际。

（3）联络者。负责同他所领导的组织内外无数个个人和团体维持关系，建立和发展一种特别的联系网络，将组织与环境联结起来。

2. 信息情报方面的角色

管理者是组织的"中枢神经"，既获取信息也传递信息，其角色包括下列三种：

（1）监听者。捕捉或寻求信息，使其能够了解组织内外环境的变化。

（2）传播者。将收集到的信息传播给组织成员，目的是指导下属正确决策。

（3）发言人。代表组织对外发布信息，以期争取公众、利害关系人的支持，维护组织形象。

3. 决策方面的角色

管理工作中最重要的部分也许就是担任决策角色，组织的每一项重大决策皆与管理者有关，包括以下四种主要角色：

（1）企业家。管理者是组织中大多数可控变化的设计者和发起者，完全按其意志行动，包括发现利用各种机会，促进组织变革。

（2）故障排除者。处理非自愿的情况或非管理者所能控制的变革，如对一件无法预料的事件、一次危机或组织冲突的处理。

（3）资源分配者。资源分配是组织战略制定的核心。这里所说的资源包括时间、金钱、物资材料、人力以及信誉。所谓资源分配是指调配时间、安排工作、批准行动等。

（4）谈判者。代表组织与相关组织和人士进行协商和谈判，进行资源交易。

在明茨伯格看来，管理者的主要目标是保证他的组织实现其目标，这十种角色构成了一个整体。

## 二、领导与管理口才的性质

管理的内涵和口才的性质决定管理口才的性质。管理口才的性质可以归纳概括为以下几个方面：

### （一）管理口才是组织人际关系沟通的重要手段

人是组织构成的最重要的要素，组织内外纵横交错的关系，在本质上表现为人际关系——各种利害和需要的综合。处理组织这些关系的原则，除了一般的组织原则外，也要遵循一般人际关系原则：平等互利、责任共担。关系和谐了，这个组织一定会有较强的凝聚力，各种关系对组织目标深层认同，也就有了良好的基础；否则，极不利于组织效能的发挥。组织内外和谐人际关系的建立，主要取决于组织成员在交往过程中如何说话，其中尤以担任领导职务的管理者的说话水平最为重要。

【案例 1－3】
### 一次有效的批评和自我批评

"九沟十梁全是坡，沟深坡陡悬崖多，往上望望得草帽落，往下看吓得打哆嗦。"素称"边鄙之地"的重庆市开县麻柳乡地处开县西北，是国家级贫困县。1999 年前后，麻柳乡已经到了农民与政府相当对立的程度。即使是合理的收费，农民也拒绝缴纳；即使是干部真心办实事，农民也不相信。这引起了重庆市委高度关注。新的领导班子对此进行反思，在党委会议上，党委书记指出：出现农民闹事，不是群众素质低，更不是群众的刁民行为，一方面是领导干部的实际工作有严重失误的结果；另一方面是在群众工作中工作方法比较简单，伤害了群众的感情，致使农民心怀不满，积下怨恨。书记举了具体事例，干部们听了之后都觉得有理。

领导带头，全体干部自觉，乡村两级开展了一场批评与自我批评的反思交流活动。干部们终于认识到，以前在实际工作中没有很好地贯彻"情为民系，权为民用，利为民谋"的工作宗旨。经过新一届领导班子和乡村干部的努力，麻柳乡找到了出路。

［资料来源：惠转宁. 浅论领导口才的功能. 中外企业家，2013（3）.］

为什么新的领导班子能啃下麻柳乡这块"硬骨头"？这跟党委书记在问题分析会上直言不讳、坦诚相见并一针见血地揭露矛盾，指出问题的根源和"领导带头，全体干部自觉，乡村两级开展了一场批评与自我批评的反思交流活动"有关。而两场活动的效果都来自"实事求是讲真话"的"语德"与"口风"，可见"正确沟通"跟"正确说话"的关系多么密切。如果组织上下内外继续盛行蔓延"假大空"或"瞒混骗"那套官场哲学，麻柳乡的问题恐怕至今也没能解决。

### （二）管理口才是组织信息传递的有效方式

信息传递是组织赖以生存发展的生命补给线，不仅可以协调组织成员内部的关系，而且尤其有利于为组织争取很好的外部生存空间。信息传递要做到正确、及时、有效，主要取决于语言表达，信息传递者不仅要把话说得通俗、明白，还要"好听"。中国越剧艺术片《梁山伯与祝英台》的宣传就是一个典范。

**【案例 1-4】**

#### 《梁山伯与祝英台》的宣传

1954 年周恩来总理出席日内瓦国际会议，为了向外国人宣传中国人并不好战，决定为外国记者举行电影招待会，放映《梁山伯与祝英台》。为此，工作人员准备了一份长达 16 页的说明书。周恩来看后批评说，这是"不看对象，对牛弹琴"。工作人员不服，说："给洋人看这部电影，才是对牛弹琴呢！"周恩来说："这要看你怎么个弹法，你用十几页的说明书去弹，那是乱弹。我换个弹法，只要你在请柬上写一句话：请您欣赏一部彩色歌剧电影：中国的《罗密欧和朱丽叶》。"果然一句话奏效，这部电影赢得了外国人的赞赏。

（资料来源：搜狐新闻，周恩来匠心介绍"梁祝""走出去"需了解别国，http：//news.sohu.com，有改动）

为什么总理的一句话："请您欣赏一部彩色歌剧电影：中国的《罗密欧和朱丽叶》"，就能产生这样的传递效应呢？恰到好处地用外国人熟知的罗密欧与朱丽叶的故事来做话头，推出中国的越剧艺术片《梁山伯与祝英台》，使外国人觉得亲切、好奇，因此他们更容易接受。这是基于语言的威力和语言艺术的魅力，这在跨文化或多元文化交际活动中显得尤为重要：同样一句话或一个意思，可以有很多不同的说法。

### （三）管理口才是开展组织思想工作的有力武器

现代心理学家研究说话对人的心理影响。常言"良言一句三冬暖，恶语伤人六月寒"，说的也是这个道理。组织内部管理者与人交谈，会对人产生巨大的影响，效果好坏在极大的程度上取决于谈话的内容、方式和风格。口才是组织内部影响成员心理的有力武器。

【案例 1 - 5】

#### 整顿机关作风

某市长当选后发现，虽然市政府曾对机关工作人员中午的休息时间作出明文规定，但由于各方面的原因并没有很好地执行。新市长认为如果令不行禁不止，提高工作效率只能是纸上谈兵，于是针对吃饭问题召开了一次会议。面对济济一堂的各部门的头脑，他干脆利落地宣布了 4 项决定：

第一，办公厅主任如果不能杜绝机关人员 11 点 30 分吃饭，就得引咎辞职。

第二，如果哪一个处室有人中午 11 点 30 分吃饭，就说明人浮于事，闲得没事干，这个处室立即精简人员。

第三，中午 11 点 30 分让宣传部门派人扛着摄像机在食堂门口现场拍摄，看谁提前站在饭堂门口。

第四，如果纠正不了机关工作人员提前吃饭的现象，新市长就宣布辞职，但在下台之前，先把那些工作不力的部门负责人撤掉。

随着新市长的一声"散会"，市政府的机关干部们震惊了，一方面新市长没有作任何解释说明就拍板，大家佩服他的勇气；另一方面这次前后共计 15 分钟的不寻常会议，是许多人平生经历过的最短的工作会议。

第二天中午 11 点 30 分，往日热闹的食堂门口变得"门庭冷落"，从此机关人员提前吃饭的现象也就随之消失。

（资料来源：网络文摘，记忆中的市长，http：//www. people. com. cn，有改动）

新市长的讲话，为什么能产生"话出人服，言到事成"的威力？首先，在于他充分地了解实情，机关作风稀稀拉拉，人人痛恶，非刹不可。其次，在于他雷厉风行、令行禁止的作风。再次，在于他的口才风格干脆、利索，直指人心。光了解情况，不会说话；或光会说话，不了解实情；或两者都好，但风格（无论口风还是作风）不干脆利索，都达不到这个效果。

### （四）管理口才是树立组织和管理者形象的必备条件

管理者首先代表一级组织，其次代表个人。管理者的口才在极大程度上既反映组织形象又代表个人风格，二者都会影响组织效能的发挥。习近平同志说，有些领导干部"与新的社会阶层说话，说不上去；与困难群众说话，说不下去；与青年学生说话，说不进去；与老同志说话，被顶回去"。领导干部如果长期处于这种失语状态，显然极不利于组织形象和个人威信建立，又何谈做好工作？

【案例 1 - 6】

#### 朱总理妙语解政策

朱镕基总理是口才出众的国家领导人。一次，他向国际金融界知名人士发表演讲："……我们将进一步开放（银行业），也就是说，你们愿意到中国开银行，我们表示欢迎，但你们不要来得太快。来得快，赚不到钱，你们不要埋怨我。"这样说既风趣，又调动了听众的情绪。

又如 20 世纪 90 年代，朱镕基率领中国政府代表团访问加拿大。在中国银行加拿大分行的开幕式上，他说："……如果大家对这家银行服务感到不满意，可以写信给我，我将及时撤掉这个行长。"在众人的笑声中，他又说："不过，如果大家觉得银行服务很好，也要写信给我，好让我及时提升他。"

（资料来源：新浪博客，朱镕基的幽默语言艺术，http：//blog. sina. com. cn）

朱总理出色的语言艺术，不仅反映了他广博的知识、丰富的阅历、幽默的性格和非凡的智慧（个人形象），而且极大地鼓舞和增强了外国商贾财团到中国投资的信心，因为有这样英明睿智的领导人统领国家经济（组织形象），他们放心。

## 三、领导与管理口才的功能

管理口才的性质决定管理口才的功能。对于管理口才的功能，可以从以下几个方面来认识：

### （一）管理口才影响领导效能

领导效能是管理者工作绩效和能力的总称。领导是组织的核心，是现代管理体系的指挥中心，有关组织的重大决策和发展方向均由领导决定。管理口才是领导集体和个人的一种重要能力，它直接作用和影响着管理者领导效能的发挥，决定组织的生存与发展。

**【案例 1-7】**

### 区长三招

陈政高担任大连西岗区区长以后，他规定，该谁管的事情，谁就必须管好；该谁拍板的事情，就由谁拍板。如果做不到这两条，而把问题推到他那里，那么第一次批评，第二次警告，第三次就得考虑这人是否适合这个岗位了。陈政高说："这样做，既调动了下属的积极性，又为自己筑起了一道防护堤，大量不该管的事情被拦在堤外。诚想，如果每天埋在处理不完的公务堆里，那还谈何条理，谈何成效？"陈政高说到做到，对下属放心，一方面减轻了区长们的负担；另一方面区里不再管企业，结果是企业活了，区财政收入直线上升。

[资料来源：惠转宁. 浅论领导口才的功能. 中外企业家，2013（3）.]

新区长上任"三把火"，不仅说到，而且做到，结果"企业活了，区财政收入直线上升"。这里要特别注意陈区长的"说"及其所产生的效能：言简意赅，言出必行，"君子一言，驷马难追"。

### （二）管理口才影响决策效果

决策是管理者的主要职能之一，决策的效能主要体现在决策的及时性、正确性和可行性上，而决策的结果和依据需要良好的口才去解释、说明。因此，管理口才影响决策的效能。

**【案例 1-8】**

### 仰忠街整治

广州为了创建全国卫生城市，为了不在"迎检"出漏子，由区城管办牵头，召开了公安、工商、城管、街道等部门联席会议，研究是否撤销东山区永汉南街办事处辖内的仰忠街工业品市场的问题。公安局、城管办与工商局、街道办分别提出了撤销与不撤销的理由，双方意见相持不下，参加联席会议的某副区长当即表态："'迎检'关系到全区、全市的荣誉，是当前最重要的工作，因此必须整治好仰忠街，防火也很重要，万一发生火灾，谁负得起这个责任？我们要学会保护自己呀，哪位还有不同意见呢？

领导的这番讲话使与会的其他人员谁也不敢作声，最后按公安局、城管办提出的意见撤销市场。由于没有做好协调沟通工作，致使后来出现众多问题。诸如上百名个体户联名信访市委、市府、市人大并集体上访区政府，提出"保市场、要饭碗"的要求；个体户拒交铺租和税费，政府税费严重流失；仰忠街的个体户四处寻找经营场地，生意萧条；治安形势转坏，发案率急剧上升等。面对上述情况，仰忠街人写了一副对联：撤市场，仰忠街人丢饭碗；迎国检，政府人大戴红花。横批：各得其所。

（资料来源：豆丁网，仰忠街专业市场是否撤销，http：//www. docin. com，有改动）

此次事件中领导的讲话将责任推给"不同意"的一方，而且提到这是"关系到全区、全市的荣誉"的高度，使得其余参加会议的人员不敢作声，随后出现诸多问题也就不可避免。正确的做法应该是遵循"协调沟通、共同参与"的民主集中制原则说话、办事，遇事不推诿、吓唬，不搞命令主义或以权压人。此外，还要做好预案，以防不测。

### （三）管理口才影响组织信息传递

信息是管理决策的基础，在一切竞争都非常激烈的今天，有效地传递信息，对于组织生存来说意义十分重大。管理者需要在活动中采集信息、交流信息、取得共识，而口才又是沟通交换信息的重要手段。试想，如果一个组织或集团的首脑、成员、驻外使节或形象代言人，他眼观六路、耳听八方，既高朋满座，又善于交际言辞，那这个组织或集团的对外形象，一定是芳名远播，受人尊重；反之，则不然。

### 【案例1-9】
### 中国官员不会说话

吴建民是中国前驻法大使、外交学院前院长，他在《人民日报》上撰文指出：一些中国官员不懂得如何同外国人交流，把大量时间浪费在充满套话、废话和空话的无效交流上。交流力的缺失是这个社会的一大浪费。吴建民认为，中国的国际形象被扭曲，既和外国媒体的报道有关，也和中国官员尤其是新闻官员交流能力的欠缺有关。虽然中国与世界的关系发生了历史性的变化，但懂得与世界交流的人才还太少。他透露，他在担任中国驻法国大使的时候，发现不少中国官员与外国人交流时，喜欢大嗓门说话、念稿子、长篇大论。一些官员喜欢一上台就是"尊敬的×××、尊敬的×××"，8个"尊敬的××

×"下来，3分钟就没有了；还有的官员讲话喜欢"穿靴戴帽"，滥用"世界领先"、"国际水平"等形容词。这些话外国人听了未必高兴。他认为造成这种现象的原因与忽略交流能力及口才表达能力有关。他希望通过《交流改变人生》一书的写作，提醒国人尤其是领导官员注意这方面的修养。

（资料来源：星岛环球网，吴建民批高官不会"说话"扭曲中国国际形象，http：//blog. sina. com. cn，有删改）

吴建民大使的话，发人深省！我国有些官员对外不会说话，不仅是这些官员自己的事，影响了这些官员自己的形象，而且对外传递了错误信息，让外国媒体和民众以为，中国、中国人和中国官员就是这样：喜欢大声说话、说大话、念稿子、形式主义……这岂不是天大的误会！

### （四）管理口才影响组织和管理者形象

为了创造有利于组织生存发展的舆论环境，公关势在必行。虽然公关活动中最能代表和体现组织形象的是公关人员，但除了较大的组织机构设置专门的公关部门和公关人员外，一般单位或部门只能是承担管理职责的领导充任公关人员。所以，一个单位或部门的领导口才怎样，在极大的程度上决定和影响着组织和个人的形象。

【案例1－10】
#### 某领导"三大考察收获"

据说，某领导马不停蹄地考察了美国、日本和越南三国，回国后搞了场出国考察成果报告会，内容如下：

此次出国考察取得了丰硕成果，我个人感觉有三大项收获：

第一项是文化方面的。我们在美国，与美国人进行了广泛的交流，得知：人家美国人连三岁小孩都会说英语。对照我们国家，高中生还说不了几句英语，这实在是太落后了，不奋起直追是不行了。

第二项是金融方面的。我们在日本购物，发现日元根本不如人民币值钱。这个发现一方面增强了我们的民族自豪感；另一方面也提醒我们，在和日本人做生意时千万要弄清汇率，别吃亏上当啊。

第三项涉及国际贸易问题。我们在越南时发现，越南人根本不穿羽绒服，再冷的天他们也不穿，所以我们以后推销羽绒服时，就别动越南人的脑筋了。

［资料来源：杨硕林. 这样的讲话谁愿意听？演讲与口才，2005（3）.］

这个故事反映出该领导的文化知识十分欠缺。俗话说"好事不出门，坏事传千里"，这位领导的笑话，不仅给他本人"抹黑"（个人形象），也使他所在的单位"蒙羞"（组织形象）。

# 第三节　领导与管理口才的表达要求及修养

## 一、领导与管理口才的表达要求

管理口才的性质和功能决定管理口才的表达要求，其可以归纳概括为以下几个方面：

### （一）管理口才应该具有权威性

组织是一个极其复杂的系统，由许多管理者和被管理者构成。要保证组织活动的协调与统一，管理者要在选人用人、收集和处理信息、制定目标和制订计划、组织实施和控制、监督和检查等工作过程中，保持讲话的权威性。管理者在履行职责时，会经常遇到各种棘手的问题，如对来访群众的接待、对政策的解释和对事件的处理，这要求管理者不论在什么情况下，都要保持讲话的尺寸和限度，言语必须符合管理者角色定位、体现领导风范、与政策法规精神保持一致，不能随心所欲，避免以个人观点和看法误导舆论和听众，即讲话要有原则性。管理者在管理活动中，要替政府或一级组织、政策、法规或公道正义立言，替民众或大多数人立言，这就是讲话的权威性。权威性是管理口才最本质的特征。

【案例 1 - 11】

**总理的开场白**

第十届全国人大第五次会议闭幕后，国务院总理温家宝应邀同中外记者见面，并回答了记者的提问。温总理在开场白中说：

本届政府工作走过了四个年头，它告诉我们，必须懂得一个真理，这就是政府的一切权力都是人民赋予的，一切属于人民，一切为了人民，一切依靠人民，一切归功于人民。必须秉持一种精神，这就是公仆精神。政府工作人员除了当好人民的公仆以外，没有任何权力。必须坚定一个信念，只要解放思想、与时俱进、追求真理，只要改革开放，只要坚持和平发展、科学发展、和谐发展，我们就一定能够把中国建设成一个富强、民主、文明、和谐的现代化国家。

（资料来源：中国政府网，第十届全国人大五次会议记者会温家宝答记者问，http：//www. gov. cn）

温总理的讲话强调了人民政府为人民的宗旨和原则、人民的地位与作用以及把我国建设成现代化强国的必要条件。总理代表一国政府立言，体现了话语的权威性、政策性，催人奋进。

### （二）管理口才应该具有目的性

一切管理活动都具有目的性，管理者在实施管理之前，事实上已经以目标、计划、打算、设想等形式在头脑中将它"设计"了出来，实践过程就是实现工作目标（目的）的过程。有目的的讲话可以使被管理者明白管理者传递信息的真实意图，达到相互理解、协调配合的目的，防止偏听误听。亚里士多德在《修辞学》中曾说："既不要把重大的事说得很随便，也不要把琐碎的小事说得冠冕堂皇。"这道出了讲话目的性的真谛——管理口才的目的性是对权威性的保证。

### 【案例 1 – 12】

#### 书记引用群众顺口溜

在一次会议上，某市委书记在谈到民生问题时说："这几年我们市改善民生工作富有成效，但对照人民群众的期望还存在不小差距。我听说现在有句顺口溜是这样说的：'生不起，剖腹一刀五千几；读不起，选个学校三万起；住不起，一万多元一平米；娶不起，没房没车谁跟你；病不起，药费让人脱层皮；死不起，火化下葬一万几。'这句顺口溜反映的问题可能不够准确全面，但也说明部分老百姓生活压力大。只有提高居民收入，才能解决这些问题。"

[资料来源：唐琴. 让领导讲话通俗易懂的三招法. 演讲与口才，2009(5).]

书记用群众流传的顺口溜来反映现状，把问题说得深刻却不深奥，使人一听就明白群众面临的具体困难，知道该从哪些方面着手解决问题。书记的讲话效果来自他的语言表达具有鲜明的目的性：要求本市各级领导干部继续关注民生。

### （三）管理口才应该具有逻辑性

管理者讲话不仅要符合目的性，还要符合逻辑，把自己的话清楚明白地表达出来，有中心，有条理，道理说得明白且有理有据，不能前后不一，自相矛盾，或前言不搭后语，东一喇叭西一号。符合目的性是"解决问题"的需要；符合逻辑是"论事说理"对思维和语言的要求。管理口才的逻辑性是对目的性的保证。

【案例1-13】

#### 外交部部长"讲大道理"

前任中国外交部部长李肇星在外交学院的一次演讲中谈到与美国国务卿赖斯的一次谈判，体现了中国领导者讲话的水平：

谈判之前，我就中美关系中一些重要问题作了很多准备，如台湾问题、朝鲜核问题等。双方就座后，赖斯却对这些问题避而不谈，而要求中国政府出面干预中国某石油企业对美国企业的收购。尽管关于这个问题的细节和相关技术我不懂，但我可以跟她讲大道理嘛。

我说："企业兼并，属于纯粹的商业行为，恐怕不是你我该管的事吧？"

赖斯回答："我不能不管，就这件事美国民众和国会给我的压力很大。"

我当机立断地说："赖斯女士，你这样说就不对了。你有压力，我也有中国人民和全国人大的压力。你们美国3亿人，我们中国人口13亿。你们美国国会参众两院议员加在一起不过数百人，我们人大代表有数千人。你说谁压力大？赖斯无话可说了。"

我接着又问："赖斯女士，你知道北京最流行的一句话是什么吗？"

她说不知道。

我说："我们最流行的一句话说，不到北京不知道自己官小，不到上海不知道自己钱少。今天我发现，不到华盛顿，不知道'文化大革命'还在搞！"

赖斯不解地问："为什么说'文化大革命'？"

我说："把什么问题都政治化不就是'文化大革命'吗？"

赖斯又无言以对了。

[资料来源：齐涛云. 李肇星一次情意交融、妙趣横生的演讲. 演讲与口才，2007（5）.]

这段话不仅目的性明确，而且逻辑严密，一步一步逼近对方：当对方故意岔开话题，回避要害的时候，李外长把握方向，紧扣主题；当对方寻找借口，推脱责任时，李外长对比分析，针锋相对；当对方理屈词穷，准备开溜时，李外长乘胜追击，指出其"把什么问题都政治化"的要害。

### （四）管理口才应该具有应变性

生活中突发事件时有发生，怎样化解，语言的表达很关键。管理工作现场更加常常如此：风云突变，要求作为"第一责任人"的管理者，第一时间赶往现场，作出恰如其分的反应。这样，危机、尴尬也就迎刃而解。应变性即口才机智、急才，是一切好口才的基本特征。

【案例 1 – 14】

#### 唐僧是个好领导

阿里巴巴的 CEO 马云，经常被记者采访或被同道问及成功的秘诀，有时候在猝不及防的情况下他也能应对自如。有一次他刚下火车，就被一名记者问到企业成功是否只要拥有明星领导即可。马云即兴回答：

"唐僧是一个好领导，他知道孙悟空要管紧，所以学会了要念紧箍咒；猪八戒小毛病多，但不会犯大错误，所以只是偶尔批评批评；沙和尚的工作比较辛苦和枯燥，容易产生懈怠之心，所以会坚持鼓励他一下。这样一来，西天取经这个明星团队就成形了。"

［资料来源：马云. 唐僧是个好领导. 管理学家，2007（6）.］

马云没有从正面接话，而是寓庄于谐，用唐僧西天取经的例子，说明造就"明星团队"的方法，可谓"急才高手"。此番夫子自白，既让记者满意而归，又没有使自己陷于被动；既保持了自己一贯的风格，又很好地维护了企业良好的形象。

### （五）管理口才应该具有个性

由于每个地方的工作不同，管理所面对的群众不同，管理者的讲话不能千篇一律。管理者在想问题、抓工作、作决定时，要最大限度地贴近自己的角色、贴近工作和群众实际，鲜明地提出自己的思想、看法和主张。个性即风格，即魅力。个性和政策性、原则性是高度辩证统一的关系。个性不仅不会损害原则性，还有助于增强管理者的权威。一个能讲"自己的话"的领导，显然更具魅力，也更能鼓舞人心。

**【案例1-15】**

### 温总理的引用

第十届全国人大第五次会议闭幕后，国务院总理温家宝应邀同中外记者见面，并回答了记者的提问。在谈到解决民生问题"要让人民生活得快乐和幸福"时，温总理意味深长地说："记者也许问，什么叫快乐？我可以借用诗人艾青的一句诗：'去问开化的大地，去问解冻的河流。'"

（资料来源：中国政府网，第十届全国人大第五次会议记者会温家宝答记者问，http：//www.gov.cn）

作为一国总理，在如此严肃庄重的场合，回答如此具有全局性、理论性的重大问题，引用诗歌去解读"何谓人民的幸福和快乐"，不可谓不具有个性；而他的引用与回答又恰如其分，十分简洁、明快、得体，不可谓不严肃、庄重，丝毫没有影响大国形象和一国总理形象。

但在实际工作中屡屡出现"雷同"的讲话。有人将机关常用的官话、套话来了个综合排名，排在前十名的是："有关部门"、"高度重视"、"认真研究"、"严肃处理"、"狠抓落实"、"不尽如人意"、"一定的"、"基本上"、"阶段性成果"、"力度"。这些干货少、水分多的官话、千百次重复的套话和四平八稳的原则话，让人听起来不舒服，达不到语言沟通的目的。有些人讲话喜欢套用"一个中心、两点希望、三点要求……"的模式，殊不知这正印证了讽喻所说：第一个把女人比喻为花的人是天才，第二个是庸才，第三个是蠢材。其实，只有贴近生活、贴近实际，讲话才有词汇、内容和灵感。

### （六）管理口才应该具有通俗性

管理者绝大多数时候面对的是上级和下级，向上级汇报工作，向下级传达上级指示精神等。无论是汇报还是传达，遣词造句要尽量大众通俗、自然朴素，让人听了顺耳，避免装腔作势。尤其是面向广大的群众，其语言表达要尽量贴近生活，用群众听得懂和乐于听的语言跟群众讲话。实践表明，口碑好、威信高的管理者，平时都爱讲大白话、朴实话，这些话通俗易懂，也体现出他们的工作态度是坦诚的、踏实的、认真的。

**【案例1-16】**

### 李瑞环同志的两段讲话

国家领导人李瑞环在讲到领导班子要充分调动各方面力量时说：

"一个好的班子，要讲究配备好各种人才。钢筋受拉力强，但受压力不行；混凝土受压力强，但受拉力不行。只有将两者结合起来，才能产生特殊的力量。"

对于那些眼睛只顾向上，只对上边负责而不关心人民疾苦的干部，他形象而尖锐地批评道：

"有些人为领导办事，够不着，踮着脚尖也要办；为下面办事，一弯腰就能够着也不爱办。"

（资料来源：李瑞环. 学哲学用哲学. 北京：中国人民大学出版社，2005.）

李瑞环的话生活气息浓，用形象的比喻、直观的语言将大道理说得深入浅出，使人一听就懂。

当然，大众通俗的讲话也不等于直言不讳、粗言秽语或"雷语"。

### 【案例 1 – 17】
### 一组政府官员"雷语"

"你不要打我电话，一打就打局长，局长很不值钱是不是？你随便的群众就打我电话……"（福建省长乐市某局长在接到记者采访电话时如此回答）

（资料来源：大河网，福建一环保局长向记者发飙：一般群众不能打我电话，http：//newpaper. dahe. cn）

"领导就得骑马坐轿，老百姓想要公平？臭不要脸！"（吉林省辽源市环保局某局长在全局大会上如此声称）

（资料来源：新浪新闻，网帖曝环保局长称老百姓想要公平是不要脸，http：//news. sina. com. cn）

"你还是中国人民，难道中央政治局常委会开会，你也去监督吗？"（杭州萧山楼英村村民，多次向上级反映村干部强行将未经评估的个人动产与集体不动产捆绑进行再招标一事，却始终没得到回复，而当村民们提出监督的要求时，该区楼塔镇某党委副书记如是说）

（资料来源：中华论坛，"你是中国人民，中央政治局开会，你也去监督吗？" http：//club. china. com）

"你是准备替党说话，还是准备替老百姓说话？"（郑州市规划局原副局长逯军质问记者）

（资料来源：腾讯网，官员质问记者：替党说话还是替百姓说话？http：//news. QQ. com）

近两年，政府官员在公众场合频爆"雷语"。表面上看，问题出在"官员讲话不能有个性"上，实际上反映出来的是这些官员的文化水平、政治素质、工作作风和人品问题，因为"一言知其贤愚"，情急之中说出的话，更是真话、内心话，是"骨子里的东西"的自然流露。

## 二、领导与管理口才的修养

所谓口才，绝非"口上之才"。有人说，对于一般人来讲，要练好口才，必须在胆（胆量）、识（见识）、知（知识）、情（情感）、智（智力、智慧）、思（思维、思想）、辩（辩解、雄辩）、力（说明力、说服力、表现力）、度（分寸感）、仪（仪表）十个方面下功夫。根据管理口才的性质、功能及表达要求，管理口才修养应该多管齐下，同时在以下几个方面用力：

### （一）修养内容

#### 1. 广博的文化知识修养

戴尔·卡耐基说："我们天天都由我们所讲的话所判定。我们所说的字句表示出我们的修养程度。它使有鉴别力的听者晓得我们与何种人为伍，它是我们教育文化程度的标尺。"英国思想家培根说过："读书足以怡情，足以长才。读史使人明智；读诗使人灵秀；数学使人周密；科学使人深刻；伦理学使人庄重；逻辑修辞学使人善辩。凡有所学，皆成性格。"不是所有的人都需要具有广博的文化知识，但政治家、管理者、学者、思想家、教师例外。丰富的知识能使人思想充实、视野开阔、思维敏捷，"言之有物"。俗话说："肚里有知识，手中钥匙多。"管理者只有具备了丰富的知识，口才才会有魅力。

有人说，现代管理者的知识结构应呈"T"字结构。其中"—"代表横向可融会贯通的知识，属于广博性知识；"I"代表纵向专业性知识，能体现深刻性的知识。前者应占其知识总量的80%，后者应占20%。

【案例 1 - 18】
**"逼蒋抗日"与"拉毛驴上山"**

中国共产党和平地解决"西安事变"后，许多同志对"逼蒋抗日"能否达到目的表示怀疑。毛泽东在事变后给红军大学学员作报告时，有人就担心地问："如果放了蒋介石，他会抗日吗？"毛泽东打比喻说："陕北的毛驴很多，毛驴驮了东西是不愿意上山的，但是陕北老乡让毛驴上山有三个办法：一拉、二推、三打。蒋介石是不愿意抗日的，我们要争取他抗战，就采取对付毛驴的办法，拉他、推他，再不干就打他。当然喽，要拉得很紧，推得有力，打得得当，驴子就被赶上山了，西安事变就是这样。当前，日本帝国主义和中华民族的矛盾是主要矛盾，我们党领导的全国人民抗战是主要矛盾的主要方面，起决定作用的是我们，国共合作一致抗战是大势所趋，但是，驴子是会踢人的，我们要提防它，这就是又联合又斗争。"

通过生动的比喻，把国共抗日的形势和联合将要出现的阻力、困难都分析得十分透彻，即使没有多少文化的人听了也会明白。

（资料来源：谭逻松，张其俊．毛泽东的幽默故事．北京：同心出版社，1993.）

作为一代伟人，毛泽东的口才非常有名，令人叹为观止。"他有时进行鞭辟入里、雷霆万钧的反击，有时发表鼓舞人心、雄辩有力的演说，有时吟诵瑰丽磅礴、浪漫豪放的诗句，有时进行含蓄幽默、亲切热情的谈话。他说话通俗易懂，生动形象，有群众熟知的口语俗语，有典雅的文言，有时庄重严肃，有时诙谐幽默，可谓妙语连篇，高论纷呈。"（陈冠任《跟毛泽东学口才》）毛泽东的卓越口才跟他的博览群书息息相关。"毛泽东读书的范围十分广泛，从社会科学到自然科学，从马列主义著作到西方资产阶级著作，从古代的到近代的，从中国的到外国的，包括哲学、经济学、政治、军事、文学、历史、地理、自然科学、技术科学等方面的书籍。就哲学来说，不但读基本原理，也读中外哲学思想史，还读逻辑学、美学、宗教哲学等，从各门自然科学、自然科学史，直到某些技术书籍，毛泽东也广泛涉猎，而对生命科学、天文学、物理学、土壤学最有兴趣。"他说："有了学问，好比站在山上，可以看到很远很多的东西。没有学问，如在暗沟里走路，摸索不着，那会苦煞人。"（龚育之、石仲泉《毛泽东的读书生活》）

### 2. 丰富的道德情感积淀

沃伦·布兰克将量子物理学的原理应用到当代商业环境中，得出了九条他认为对所有领导者都适用的"自然法则"。他使用真实的公司作为例证，揭示了"自然法则"对于领导者的意义，领导关系在什么时候及如何形成，领导者和追随者如何相互影响以及人们如何开发领导力看不见的来源。其中第五条是："领导使用影响力超出正式权力的范围。领导影响力不能从一个人在组织中的职位中拓展。相反，它是个人的，并且产生于领导者和追随者之间的相互作用。"这种相互作用包括管理者给人的道德感。

崇高的道德来自伟大的人格，是口才表达产生精神动力的源泉。所谓"感人心者，莫先乎情"，无论是亲情、爱情、师生情、同学情、战友情、同志情，都是令人神往的东西，都饱含着丰富的道德情感因素，诚如哲学家狄德罗所说，管理者必须"首先做一个有德行的人"。追求高尚的道德人格，然后才能以自己感人的道德力量取得交谈的机会，更好地说服别人。人格道德修养具体表现为责任心、爱心、宽容心、诚实、信赖、睿智和勇敢的品格，进而发展为对他人、集体、社会和人类信仰及共同价值观的牺牲奉献精神。一个有德行的管理者，在员工心目中的价值和威信自然不低。

【案例1-19】

### 三次内容相同的演讲

美国心理学家凯尔斯等人曾做过一次科学实验，他们让一个人就青少年犯罪问题作了三次内容相同的演讲，但在三种不同的场合，对演讲者身份作了不同的介绍：第一次对听众介绍说他是法官，第二次说他是这个问题的默默无闻的门外汉，第三次则对听众说他是个名声不太好的人。实验结果是："法官"的演说使听众都接受并相信了他的观点，而"名声不太好的人"的演说根本不能取得说服效果。这个实验表明，言语表达者必须具有高尚的道德情操，才能得到听众的信任与尊重，其言论才会在听众中产生积极的正面的影响。

（资料来源：中国大学生在线，表达能力拓展，http：//uzone.univs.cn）

这个实验也告诉我们：现代社会，国民的文化水平和道德觉悟普遍较高，管理者只有不断完善自我，具有比一般员工更高的道德人格素养，才能树立起自己在被管理者心目中的道德权威，从而避免因个人人格道德素养不高而引起的反感、抵触及其他副作用。

3. 高超的政治领导艺术

沃伦·布兰克"自然法则"的前三条是：第一，领导者在组织规定程序的边界之外起作用。领导是要变化的，并不是维持现状的。领导需要发现问题，促使事情向前发展。第二，领导包含风险和不确定性。领导者不在安全网中生活，处理疑问和混乱是领导不可推卸的责任。第三，领导是相互作用的领域。领导是领导者与追随者之间的关系，领导不是一个人、一个职位或者一个计划，当领导者和追随者接触的时候，就会发生一些事情。伟大的革命先行者孙中山先生也说政治乃"管理众人之事"。

良好的政治理论修养是管理者认识复杂事物、理解高深学问、分析疑难问题、驾驭困难局面和执行大政方针政策的高级能力。有了它，就能在风云变幻、错综复杂的环境中，把握局势，驾驭矛盾，认清方向，正确决断。我国有位企业家提出了一个企业管理者知识结构图表：把宏观的经济理论，包括政治经济学和经济管理的概念当作"机头"，把丰富的宏观、微观经济的实践经验当作"机身"，又把微观经济理论当作"机尾"，把数学和外语当作"两翼"，这样，企业管理人才的知识结构就能形成"一架飞机"。这里的"机头"、"机尾"——宏观、微观政治经济学理论，都是把握"飞机"飞行方向的政治理论修养，它们为"飞机"飞行导航、把舵。

## 【案例 1 – 20】
### 周恩来口才传奇

在老一辈无产阶级革命家中，周恩来总理以善于辞令著称。尤其是在那些特殊年份，当新中国立足未稳、国际地位还比较脆弱的时候，他在回答那些不太友好甚至用心险恶的外国记者提问时所表现出的机智风趣，堪称传奇，早在那时就已传为佳话。

——一名外国记者不怀好意地问周恩来总理："在你们中国，明明是人走的路为什么却要叫'马路'呢？"周总理不假思索地答道："我们走的是马克思主义道路，简称马路。"

——美国代表团访华时，曾有一名官员当着周总理的面说："中国人很喜欢低着头走路，而我们美国人却总是抬着头走路。"此语一出，语惊四座。周总理不慌不忙，脸带微笑地说："这并不奇怪。因为我们中国人喜欢走上坡路，而你们美国人喜欢走下坡路。"

——一位美国记者在采访周总理的过程中，无意中看到总理桌子上有一支美国产的派克钢笔。那记者便以带有几分讥讽的口吻问道："请问总理阁下，你们堂堂的中国人，为什么还要用我们美国产的钢笔呢？"周总理听后，风趣地说："谈起这支钢笔，说来话长，这是一位朝鲜朋友的抗美战利品，作为礼物赠送给我的。我无功不受禄，就拒收。朝鲜朋友说，留下做个纪念吧。我觉得有意义，就留下了这支贵国的钢笔。"美国记者一听，顿时哑口无言。

——周总理在一次记者招待会上介绍我国建设成就时，一个西方记者这样提问："请问，中国人民银行有多少资金？"周恩来委婉地说："中国人民银行的货币资金嘛？一共是 18 元 8 角 8 分。"他看到众人不解的样子，解释说："中国人民银行发行的面额为 10 元、5 元、2 元、1 元、5 角、2 角、1 角、5 分、2 分、1 分 10 种主辅币，加起来一共是 18 元 8 角 8 分……"记者的意图有两种可能性：一是嘲笑中国穷，实力差，国库空虚；二是想刺探中国的经济情报。

（资料来源：赢口才资料库，周恩来口才故事，http：//www. yingkoucai. com，有改动）

表面上看，周总理机警、睿智、风趣、善于应对的精彩口才来自复杂环境和他长期革命生涯的历练，其实这背后还包含着周总理高深的政治学修养：精通马列主义、辩证法，深谙国际政治学"分久必合，合久必分"的变化规律，故能胸有成竹、临危不惧、处变不惊。

4. 卓越的性格意志磨炼

沃伦·布兰克在"自然法则"中还指出，"并不是每个人都会遵守领导者最初的行为。所有的领导者都面对着局限，没有领导者会得到所有人的支持"。又说，"领导是一个自指示的过程。领导者和追随者根据他们各自主观的、内部的参考框架处理信息，领导者能够拓展他们的觉悟，使得他们以一个更加统一和开朗的状态进行管理运作"。经验告诉我们，担任管理者或领导职务，要准备面对孤独，轻者"无人理睬"，重者可能"众叛亲离"。战胜孤独的力量主要来自管理者的自制力和意志力。意志力是一种发自内心的自我驱动力量，它是每一位伟人所拥有的最重要的精神特质。只有具备了这种精神特质，才能成为领袖，管理别人。只有通过夜以继日、坚持不懈的努力，我们才能培养出坚强的意志，使自己面对一切困难的挑战。万科董事长王石说："我喜欢登山而不是征服山，我是征服我自己，说得大一点是人类对自己的一种不满足，人类对自己有一种探求，一种突破自我的反应。"

【案例1-21】
**"我只知道B-1是人体不可缺少的维生素"**

美国前总统里根决定恢复生产新式的B-1轰炸机，曾引起许多美国人的反对。在一次记者招待会上，他面对一群反对这一决定的人说："我怎么知道B-1是一种飞机呢？我只知道B-1是人体不可缺少的维生素。我想，我们武装部队也一定需要这种不可缺少的东西。"这种形象贴切的双关语，使他最终说服了众多的反对者。

（资料来源：中华演讲网，幽默风趣的语言，http：//www.zhyjw.com）

良好的口才是一把双刃剑，它可以使说话者在雄辩中战胜对手，可以使说话者摆脱困境。而雄辩的气势和掷地有声的语言背后，是说话者坚定的性格和不屈不挠的意志。上至国家总统，下到一个普通管理者，都遵循相同的规律：要想成为一位卓越的管理者，就必须磨炼自己的性格和意志。

### （二）修养途径和方法

#### 1. 建立清晰的自我概念

口才修养的基本前提，是了解自我。"认识你自己"，相传是刻在德尔斐的阿波罗神庙的三句箴言之一，也是其中最著名的一句。另外两句是"你是"和"毋过"。有的说这句话出自古希腊七贤之一、斯巴达的喀隆，有的说出自泰勒斯，还有的说出自苏格拉底。总之，它的意思是劝人自知。根据第欧根尼·拉尔修的记载，有人问泰勒斯："何事最难为？"他应道："认识你自己。"（见《哲人言行录》卷一）尼采在《道德的系谱》一书的前言中，也针对"认识你自己"大做文章，他说："我们无可避免跟自己保持陌生，我们不明白自己，我们搞不清楚自己，我们的永恒判词是：'离每个人最远的，就是他自己。'——对于我们自己，我们不是'知者'……"

同样地，苏格拉底说："无论在什么情况下，人们总是愿意服从那些他们认为最棒的人。所以，人在医院服从医生，在轮船上服从领航员，而在农场里服从农场主，他们都是各自领域里最有技能的人。一个最清楚知道应该做什么的人，往往最容易获得其他人的服从。清晰的自我概念是性格、气质、专业能力、管理能力和影响力形成的心理基础。"

【案例 1 – 22】

#### 苏格拉底与青年尤苏戴莫斯谈"何谓正义"

色诺芬在《回忆苏格拉底》一书中记录了苏格拉底与青年尤苏戴莫斯有关"正义"问题的谈话。

当苏格拉底知道尤苏戴莫斯雄心勃勃，想将来竞选城邦的领袖时，就对他说："一个希望当领袖的人必须有治国齐家的本领，但是，一个非正义的人能掌握这种才能吗？"

"当然不能。一个非正义的人甚至连做一个良好的公民都不够格。"尤苏戴莫斯坚定地回答。

"那么，你知道什么叫正义的行为，什么叫非正义的行为吗？"苏格拉底继续问道并拿出纸，把"正义"和"非正义"分别写在纸的两边，要尤苏戴莫斯一一列举。

尤苏戴莫斯把虚伪、欺骗、奴役、偷窃、抢劫都放在"非正义"的一边。

对此，苏格拉底运用相反的具体事例，把这些看起来是"非正义"的行为一一予以推倒。

他问道："作战时，潜入敌方军营，偷窃其作战图是非正义行为吗？为防绝望中的朋友自杀，把他藏在枕头底下的刀偷走，难道不应该吗？生病时儿子不肯吃药，父亲就骗他，把药当饭给他吃，使儿子很快恢复了健康，这种欺骗行为又应该放在哪一边呢？……"这一连串的问题，使尤苏戴莫斯如堕五里雾中。

苏格拉底在破除了对方的成见后，就正面进行诱导。他继续发问："是不是有一种学习和认识正义、美德的方法呢？拿对于正义、美德和善有知的人和无知的人比，哪一种人能做得更好一些呢？"显然，对于这些问题只能作肯定的回答。这样，苏格拉底就得出了"美德即知识"的结论，并使尤苏戴莫斯接受了自己的观点。

（资料来源：教师博客，苏格拉底的教育思想，http：//teacher. yqedu. com. cn）

在某种意义上说，苏格拉底就是在教尤苏戴莫斯"认识自己"，因为认识自己包括认识事物、认识别人，我们往往就是借助他人和各种各样的客观事物认识自己的。"认识你自己"，就是要认清自己的能力，知道自己适合做什么，不适合做什么，长处是什么，短处是什么，了解自己的素质结构和不足，建立清晰而明确的自我概念，从而做到自知，在社会中找到自己恰当的位置。

2. 坚持必要的系统学习

口才需要一个人具有广博的知识。首先，需要具有一定的文化科学知识，包括最新科学技术知识，诸如中小学所学的各门学科基础知识和大学所开的各种科学人文通识课程。这些知识有助于形成我们对客观事物最基本、最必要的正确认识，培养宽阔的胸襟和广阔的视野。具有广博知识、开阔视野和宽阔胸襟的管理者，说起话来往往能做到出口成章、信手拈来、旁征博引，令人大开眼界、如沐春风。其次，还要精通一两门技术，掌握一定范围内的一两门专业知识，诸如哲学、政治学、经济学、法学、社会学、管理学、心理学、美学、逻辑学、修辞学等。这些必备的专业知识修养往往有助于提高一个人的理论水平，形成良好的抽象思维能力、是非判断能力和审美批判能力。具备这种素养的人，说话时往往能做到见解独到、思维严谨，令人深思，发人深省。

一位有出息的管理者应该清醒地意识到，信息社会，知识更新的速度很快，对担任管理者或领导者角色的人的文化知识水平要求，要比一般人高。只有不断学习和更新知识，才能适应不断发展变化的需要，积极面对各种挑战。

【案例 1 - 23】

### 中共中央政治局集体学习制度

十六大以来，在胡锦涛总书记主持下，中共中央政治局已连续 10 年进行了 74 次集体学习，以凝聚共识。

从政治局集体学习的课程来看，学习内容涵盖范围十分广泛。其中经济议题出现的频率最高：从世界经济形势到国内的经济增长方式转变、产业结构调整、金融体制改革、财税体制改革、维护国家经济安全等重大话题都包括其中。"法治"也是学习的重要主题。此外，军事、科技、文化、教育、医疗、就业、社会保障等话题也成为高度关注的内容。

担任"中南海的老师"也不容易。从目前公开的报道看，中央领导集体学习基本上是由中央办公厅、相关部委、相关科研机构协作实施的。据记者统计，从 2002 年至今连续 10 年，有 142 位专家学者相继走进中南海。来自中国社会科学院的人数最多，有 24 人；国务院发展研究中心以 11 人位居第二；中国人民大学 10 人；国家发改委宏观经济研究院和军事科学院均为 8 人；中央党校和中央党史研究室分别以 7 人和 6 人紧随其后。

"保持党在实践上的先进性，必须重视学习、善于学习。建设学习型政党，国家领导人必须身体力行、率先垂范。这是中国共产党在新的历史时期适应新时代变化、新时期执政任务的治国共识。"曾在中南海担任过教师的卓泽渊说。

（资料来源：百度百科，中共中央政治局集体学习制度，http：//baike. baidu. com）

"国家领导人需要学习"，这个问题初听不可思议，细想很有道理。国家领导人意味着日理万机，凡事有秘书、智囊团、办公厅……代劳，这是他们不需要学习的理由。但仔细一想，国家领导人乃一国之主席、总理、常委，掌握着一个国家、民族生死存亡、繁荣衰退之命脉，他们的压力大、责任重，更需要学习，而且学习、思考这种心智活动，亦如吃饭、睡眠等生理活动一样，遵循共同的规律：既是须臾不可或缺，也无法由别人代替。学习为人人所需，尤以担任重要社会角色者为甚。

3. 在实践中总结提高

良好的口才是同工作经验、人生阅历和文化知识修养一道提高的，是在自觉的社会实践中孕育、锻炼和成熟起来的。但时间并不等于成就。只有投身到生活实践中去，深入实践、尊重实践，在实践中发现自己的长处与不足，又在实践中不断磨炼自己、丰富自己、发展自己，才能逐步练就"三寸不烂之舌"。毛泽东曾说，马克思、恩格斯、列宁、斯大林之所以能够做出他们的理论，除了他们的天才条件之外，主要是他们亲自参加了当时的阶级斗争和科学实验，没有后一个条件，任何天才都是不能成功的。口才同任何技能的获得一样，遵循一个共同的规律——实践出真知。没有一学就会的课程、一念就灵的秘诀、一蹴而就的捷径。

【案例1-24】
### 古希腊政治家、演讲家德摩斯梯尼的故事

古希腊雅典卓越政治家、演讲家德摩斯梯尼，少年时有中度口吃病，发音器官也有病变，声音嘶哑难听，说话气短，而且爱耸肩。他初学演讲时很不成功，曾被听众哄下台。然而，失败、嘲笑与打击，并没有使他气馁。他一方面刻苦读书，虚心请教朗读方法，学习用最简洁的语言表达丰富的思想；另一方面，他又向著名的演讲者请教。为了提高嗓子的音量度，他特意到海边去与哗哗的浪涛声比高低，到山林里去与呼啸的松涛声比强弱；为了矫正口吃的毛病，他口含石子练长音和朗诵；为了克服气短的毛病，他故意一面攀登陡峭的山坡，一面不停地吟诗；为了克服肩膀一高一低的毛病，每次练习演讲时他在上方挂两柄剑，剑尖正对自己的双肩，迫使自己随时注意改掉不良的动作；为了集中精力、节约时间使自己能安心地在家里练习演讲，不外出游走，他特意剃了一个阴阳头。他还在家里的地下室安装了一面大镜子，经常对着镜子练习演讲，以克服表演上的毛病。经过数年之久的刻苦练习，再次登台，他最终成为一位闻名于世的大演讲家。

（资料来源：新浪博客，古希腊演讲家德摩斯梯尼的故事，http：//blog. sina. com. cn，有改动）

每个人的情况不一样，没有一个人人适合的练习方式。有的要多做胆量训练，有的要多做口齿训练，有的要多练习普通话，有的要大量阅读书籍，积累好词好句等，不一而足。但无论如何，你必须多说、敢说、爱说，久而久之，你的变化连你自己也会惊讶，你居然被周围的人列入"很会说话"的行列。

### 4. 向一切内行的人们学习

古往今来不乏口才卓越之人，他们都是我们的老师。翻开人类口语交际史，古希腊就有很浓厚的演讲、辩论风气，流行商业、政治口才，产生过"十大演说家"，并且有专门传授和研究这方面学问的学校、课程和老师。"百

花齐放，百家争鸣"的战国时代，群雄角逐，诸子并起，也产生了诸如张仪的机智、孟子的雄辩、荀子的博喻、墨子的周延、庄子的奇诡与"白马非马"等著名的外交、学术口才。受西方启蒙运动影响，流行于我国"五四"新文化运动中的青年学生街头演讲和以毛泽东、刘少奇、周恩来为代表的老一辈无产阶级革命家的恢宏辞令，可称为鼓动宣传式口才。改革开放以来，蹿红于广大媒体和人民群众中的许多成功的商业巨子的市场营销口才、节目主持人口才和相声小品演员口才，甚至著名的小说人物口才，如曹操的雄放、诸葛亮的儒雅、唐僧的慢条斯理和王熙凤的凌厉等，都可以成为我们学习、研究、模仿和借鉴的对象，学习他们讲究场合、看重听众对象、开门见山、明白通俗、风趣犀利、善用比方、精于举例、巧于引用等口语艺术和风格。

**【案例 1 - 25】**

### 王石口才艺术欣赏

以下是著名企业万科创始人兼总经理王石在云南企业家论坛上的一次演讲内容摘编：

万科是什么？

说明一流企业只需要2秒，比如，世界最大软饮料公司，不用猜，可口可乐。介绍万科需要多长时间？万科远没有达到世界一流企业的知名度，需要6秒钟，"中国城市住宅开发商、上市蓝筹、受尊敬的企业"，用6秒钟把万科是什么、行业地位、客户口碑说得一清二楚了。一个公司用越短的时间说清楚，就越成熟、越有影响力。如果回到15年前，我用十分钟的时间都介绍不清万科是干什么的。

3 + X 布局

万科逐步形成一条"3 + X"的全国投资布局模式——"1"为珠江三角洲、"2"为长江三角洲、"3"为环渤海湾，"X"为其他区域经济中心。万科在"3"个核心区域的深耕已见成效。近几年，以广州、深圳为核心的珠三角，以上海、杭州和苏南为主的长三角以及以北京、天津、青岛、大连为主的渤海湾，每年贡献的销售额分别在150亿元、130亿元和100亿元左右。

伟大的公司还有故事吗？

2004年，万科成立二十周年了。为此写了一本半自传体的书《道路与梦想》，回顾、总结20年的发展之路。书中的结论之一：万科未来没有故事了。我以为：企业做大了、做规范了，能够正常地运作、正常地发展，自然也就没有"故事"了。就像可口可乐、麦当劳，有故事吗？

可惜，我对万科的判断是错的。2007年10月，因为"拐点论"，我本人和万科被推向了风口浪尖；2008 年大地震，我个人陷入"捐款门"……万科不是没有故事了，而是才开始啊！

我曾判断"伟大的公司是没有故事的"，从过去的 2008 年说明万科距"伟大公司"还远着呢！

王石的符号是"不行贿"

2009 年 6 月份，《南方周末》为纪念创刊二十五年，选了 8 个人作为"时代标杆"。我成为标杆之一，编辑给了三个词：企业教父、探险家、不行贿者，选其一作为标杆特征。我选了"不行贿者"。

不行贿作为一个底线，很多人认为不可能，或者认为可能，但很难。万科二十几年的发展历史证明，不行贿是可行的。至于说"难"，确实很难，但不像想象的那么难。有人质问，你王石可以不行贿，整个公司呢？难道你万科就没有行贿过吗？一个公司，如果从制度上确定不行贿，财务上就无法支出行贿的款项。作为万科，制度上不允许行贿，行贿的资金哪出呢？尽管很多人不相信，但 24 年过去了，还没有一起揭发万科行贿的案例。作为一家上市公司，万科接受社会公众监督。

管理哲学：简单、透明、规范、责任

做任何事，企业文化、工程技术、人际关系，所有一切，把握四个原则：①简单不复杂；②透明不封闭；③规范不权谋；④责任不放任。

简单而不要复杂，保持简单而真诚的人际关系，举贤避亲；透明不封闭，在信息披露、业务结构上保持高度透明；规范不权谋，企业管理制度化、规范化，不行贿、不寻租；要责任而不要放任，精细致远、大道当然。

许多企业家羡慕我有大量的时间用在户外活动、探险登山上，经常提问的是：你是如何培养接班人的？我的回答：从不培养接班人！1999 年辞去万科总经理职务的时候，我曾说过："我给万科带来了什么？选择了一个行业、培养了一个团队、建立了一个制度、竖立了一个品牌。我不相信培养接班人的可靠性，却相信团队培养、制度建立的必要性和重要性。

（资料来源：地产人，万科王石昆明演讲稿，http：//dichanren.fangchan.com，有改动）

著名的文学家鲁迅先生在谈到他的小说创作艺术时曾经说过，其小说人物"杂取种种人，合成一个"，"往往嘴在浙江，脸在北京，衣服在山西"，完全是一个经过了作家经验和想象力的融会贯通以后被创造出来的形象。"杂取种种"，也符合口才习得的规律：吃百家奶而成就自己一人。

**【案例讨论】**

### 领导讲话怎样才有新意

俗话说："吃别人嚼过的馍，没有味道。"讲话也是这样，如果总是老一套，没有新意，索然无味，就不能够吸引人，更谈不上打动人。因此，领导讲话言不在长而在精，语不在多而在新。

一、阐发精辟见解使讲话出新

讲话要出新首先在于有新的信息、新的见解，人云亦云，讲来讲去都是众所周知的"陈谷子烂芝麻"，谁爱听？领导讲话如能阐发自己精辟独到的见解，见人之所未见，言人之所未言，才能别开生面，推陈出新，扣人心弦。

一位领导在作关于"招商引资"问题的一次讲话时，这样说：

我是不赞成有些地方目前"招商引资"的一些说法和做法的（听众惊诧），因为资本从利润较低的地方向较高的地方流动是一个客观规律。现在全世界的资本每日每时都在流动，都在寻找利润更高的地区、更高的产业。所以我说呢，外资绝不是靠"拉关系"拉来的，绝不是靠"套近乎"套来的，绝不是靠"小恩小惠"勾引来的！你们如果不扎扎实实地改善投资的硬环境和软环境，不形成利润更高的地区和产业，外资能向你们那里流动吗？（鼓掌）

"招商引资"这个词语，大家都很熟悉，也常常使用。但是，这位领导却发表了一番新颖独到的见解。他"不赞成有些地方'招商引资'的一些说法和做法"，不落俗套，一鸣惊人。接着，运用经济学基本理论去分析资本流动的规律。三个"绝不是靠……"的排比句，对招商引资中的问题作了中肯的批评。他独到的见解和新颖的语言，不仅吸引了听众，而且也让大家学习和了解到了经济学原理和资本运用的有关知识，对"招商引资"问题有了更加深刻的本质上的理解。

二、打破常规思维使讲话出新

在一定文化的熏陶下，人们会形成一定的思维定式。领导若能打破常规，创新思维，就能够使自己的讲话新颖别致。如果一成不变地按定式去思维去讲话，你讲了上一句大家早知道你下面要讲什么话，就没有兴趣听下去了。

有一位检察长，他多次立功受奖，被评为省、市劳动模范，最高人民检察院授予他"全国模范检察干部"荣誉称号。他在向干部作事迹报告时说：

从当上检察官的那天起，我就发现，在共和国的旗帜下聚集着一大批忠诚的政法战士。为了查明一起起犯罪案件，揭露一桩桩腐败内幕，他们不畏艰险，默默地奋斗着。就在我的身边，有的同志已经五十多岁了，还拼搏在办案一线，无怨无悔；有的同志面对数十万元的重金收买毫不动心，甘愿清贫；有的同志冒着40度的高温酷暑调查取证，晕倒在路旁；有的同志身患绝症，仍然自强不息，坚守岗位，在办公桌前告别人生。当检察官 16 年的路程，我是踏着同志们的脚步走过来的。岁月，饱含着检察事业的激励与熏陶；荣誉，凝结着同伴们共同挥洒的汗水与心血……

作事迹报告，一般是开门见山地汇报自己的成绩，最后讲原因时提及领导的指导和群众的支持，这是大家通常的思维定式和讲话程式。而这位检察长打破了这种思维定式，首先由衷地赞扬辛勤工作在一线的、不畏艰险默默奋斗的、坚守岗位自强不息的、不计个人得失甘愿清贫的一大批政法战士，表明自己的成绩来自崇高而又神圣的人民检察事业，来自风雨同舟、共同战斗的集体。与众不同的讲法，表现出他崇高的思想境界，深深地打动了在场的听众，博得了热烈的掌声，获得了极大的成功。

三、选取不同角度使讲话出新

在工作和生活中，我们常常会遇到这样的情况：一个话题要经常说，或者同一个话题多人说。例如，在学校里，毕业典礼年年都要举行，领导年年都要讲话，而且通常教师、学员代表在此刻也要袒露心声。在这样的情况下，如何使自己的讲话说出新意，给人留下难忘的印象，是一个难题。注意选择与众不同的角度，会使老话题讲出新意，赢得听众。

在一次在职干部研究生班的毕业典礼上，一位领导是这样说的：

有人说，人生是一本太仓促的书。是啊，三年读研，一千多页就这样匆匆翻过去了。回首走过的路，你们留下了一串串深深浅浅的足印。你们勤奋苦读，取得了长足的进步。但是，人生没有寒暑假，人生不是学期制。"毕业"这个词，在英文的词根中没有"完成"和"结束"的意思，而是蕴含着"开始"和"进步"的意义。今天我们不是庆祝"结束"，而是欢呼"开始"；不是纪念"完成"，而是宣布"前进"。祝贺你们就要从一个新的起点开始人生的又一段新的征程！祝贺你们在今后的人生道路上如虎添翼，引领风骚，一帆风顺，高歌猛进！

这位领导在毕业典礼上讲话的不落俗套，就得益于他选择了一个与众不同的角度。他运用形象的比喻，说"人生是一本太仓促的书"，新颖、贴切。他从英文"毕业"一词含有"开始、进步"的意义切入，宣称"今天我们不是庆祝'结束'，而是欢呼'开始'；不是纪念'完成'，而是宣布'进步'"，从新的角度，讲出新意，催人奋进。

四、倾诉独特感情使讲话出新

"感人心者，莫先乎情"，"精诚所至，金石为开"。领导讲话如一般地抒情，听众听惯了、听腻了，难以"感人心"；如倾诉独特的感情，特别真挚、不同凡响的感情，能使讲话新颖独特，具有个性，容易抓住听众，打动听众。

何厚铧在参选澳门特别行政区行政长官时，说了一段倾诉独特情感的话：

澳门是我的生活、家庭和事业的根基。澳门的一切，伴着我成长，澳门人的思想，熏陶我的性格；澳门人的忧乐与我休戚相关。我对澳门的发自内心的热爱和归属感，鞭策我要贡献所长，推动澳门社会与经济的发展，使街坊邻里都能够安居乐业。我深切地了解到，澳门的前途，与全澳居民及我个人的前途息息相关，彼此融合在一起。我的参选，是澳门人给我的一个机会，容许我把自己对澳门的浓厚感情作进一步升华，变成无私的奉献。

何厚铧的这段话倾诉了自己对澳门这块热土与众不同的厚重感情，倾诉了自己与全澳人民"休戚相关"、"彼此融会"的真切感情，讲出了新意，讲出了个性。正是他拳拳的爱国爱澳之情，真诚奉献"使街坊邻里都能够安居乐业"之心，深深地打动了澳门人民，赢得了澳门人民的支持和爱戴。

使讲话出新的方法还有许多，如巧妙设置悬念、精心安排结构等。不论运用哪一种方法，都必须紧扣讲话的主题，分寸得当，恰到好处。当然，归根结底要不断学习新知识，不断更新观念，不断了解群众中流行的新词语，领导干部在思想上、语言上与时俱进，讲话时才能常讲常新。

［资料来源：杨梅芳. 领导讲话怎样才能出新. 演讲与口才，2007（6）.］

阅读文章所举事例，从语言交际的性质和功能角度讨论并分析：讲话出新为什么是必要的？影响讲话出新的主客观原因往往有哪些？如何克服？

## 【基本训练】

### 名人模仿秀

推荐阅读古今中外名人如华盛顿、丘吉尔、拿破仑、毛泽东、比尔·盖茨、李嘉诚、乔布斯等传记，从中寻找一位做你的人生导师和口才偶像，当一回"粉丝"，以尽可能接近他的风格形式，开展一次班级活动，作一次演讲，介绍他的生平成就、精神气质和口才特色。

# 第二章　领导与管理口才基础

语言包括口语与书面语两种基本形式。口语是语言的口头交际形式，它的历史比语言的书面形式要悠久得多。各个民族的口语在漫长的使用过程中，形成了一些基本固定的格式，为接受和使用同一种语言的人们所遵守。掌握管理口才必须从了解通用口才开始，通过练习发声、语调（包括普通话）和口语基本表达方式为管理口才打下坚实的基础。

## 第一节　发声、语调与普通话

### 一、发声

口头表达对声音的要求，是清晰、准确、明亮、圆润。人们说话的声音，是由人的呼吸器官活动所产生的气流，冲击人的声带（俗称"嗓子"），再通过咽腔、口腔、鼻腔（简称"三腔"）共鸣，传出体外。声音诉诸人的听觉，抵达人的神经中枢语言处理中心，转化为人的听知。说话声音的质量，受人的呼吸器官运气所产生的气流、声带与共鸣腔的影响。只有有质量的声音，才便于大脑接收与处理。口才练习要从关注说话的声音开始。

#### （一）掌握正确的呼吸方式

说话所用气流的来源，除了其他生理条件外，主要靠呼吸。自然状态的呼吸分为两类：一是胸式呼吸，二是腹式呼吸。胸式呼吸，即平时状态的呼吸，吸入气流量不多，气息浅，满足一般说话的声音要求即可，大声讲话或长时间用嗓便会显得"中气不足"；腹式呼吸，类似于闻花香或撮口吹拂桌面尘灰前的吸气动作，比胸式呼吸深些，气息吸得多些，呼吸力量强些，在说话唱歌的呼吸中占优势，局限性是得不到胸部呼吸肌肉的配合。较为理想的说话呼吸方式，是胸式与腹式呼吸的联合，即吸气时，借助胸部呼吸肌肉群的力量使胸腔扩大，同时扩大腹腔，这样产生的气流量比前两种呼吸要大。掌握正确的呼吸方式，可经常做吸气、呼气、数数、模拟闻花香、吹蜡烛和桌面灰尘练习，体会气息呼吸、延长、下沉或牵扯、控制、调节的感觉。

**【案例 2-1】**

**歌唱家胡松华：练书法底气足**

现年 78 岁的歌唱家胡松华，歌声依然嘹亮，长调依然悠扬。是什么样的养生方法使他永葆歌唱青春？

我们都知道，蒙古族长调可不是谁都能唱的，首先就得底气足。胡松华说，这不是一朝一夕就能练成的，他从五六岁就开始用一种特殊的方法训练气息，现在还能有这么足的底气，就是他坚持了 70 多年的结果。

胡松华的父亲既是一位画家又是一位中医。于是，从他开始记事起，父亲就一丝不苟地监督他练习书法绘画。胡松华说："父亲让我记住六个字——沉气、凝神、入境。"父亲告诉胡松华，练字时必须气沉丹田，然后才能发力于手腕，行气于笔尖。这种气息训练方法让胡松华的书法越来越沉稳有力，同时也为他的歌唱事业奠定了基础。

胡松华说："书写一口气，歌唱一口气。我是书画先于歌唱，有时我甚至以书画之气补歌唱之气，几方面相结合，效果更好。"如今，78 岁的胡松华各种演出、社会活动不少，只要有可能，他就坚持他的每日功课：练声、书画，在这一唱一和、一写一画中掌握了养护身体的方法、收获了健康。

（资料来源：《生命时报》，歌唱家胡松华：练书法底气足，2010 年 11 月 12 日第 14 版）

声乐界有云"歌唱是呼吸的艺术"。说话、唱歌，殊途同归，同为表情达意的工具。说话贵在实用，歌唱意在审美，但二者呼吸所依据和借助的生理原理和规律是相同的。相对于经过专业训练的语言艺术工作者来说，常人的说话呼吸，往往显得气息浅，声音弱，气力不够用，或者讲话时间一长，场面一大，只能"拧着嗓子喊"，结果音高失当、用声过度，说话的效果既不好，又伤害了嗓子。说话应该向歌唱家学习，学会正确地呼吸。

**（二）控制共鸣**

声带发出的声音据说是微弱和粗糙的，必须通过三腔共鸣处理才能得到扩大和美化。人体有天然的共鸣机制，直接对声音起共鸣作用的是声带上方的喉、咽、口、鼻腔；此外，胸腔、前额、两颧部分也有共鸣作用。说话声音以胸腔共鸣为基础，以口腔共鸣为主体，略带一点鼻腔。经过共鸣处理的声音既丰满圆润、洪亮浑厚，又朴实自然、清晰真切。说话要获得良好的共鸣，就必须保持整个声道通畅。颈部、脊背要自然伸直，胸部要放松，口腔要打开，不能咬着牙发音，喉头要自然放松。总之，从下到上，要整个贯通，气柱才能十分通畅地向上向前涌动，发音才会感到自然舒展。此外，要保持身体健康，防止感冒或呼吸道疾病感染。平时可多做些发单韵母 i、u、e、o，模拟汽笛长鸣"di——"、拔音（即由本人的最低音拔向最高音发 a、i、u）、夸张四声（如：山——明——水——秀）和大声呼喊（如：王——小——刚——、快——回——来——！）练习。

【案例 2-2】
### 梅兰芳喊嗓

我在幼年时代，身体就很结实，因此嗓音也比较宽亮。我当年锻炼嗓子的方法和大家并没有两样，喊嗓、遛弯、吊嗓，都是非做不可的基本功夫。

喊嗓：每天清晨跟着师傅到树木茂盛、空气新鲜的地方去喊嗓，用"噫、啊"两个字练习闭口音、张嘴音，由低到高，二十遍左右，然后再提起嗓子念一段道白，自己觉得哪种音不够圆满就加工练习。春秋佳日适宜练功，严冬炎夏更为重要。

内行常说"夏练三伏，冬练三九"，就是要养成耐寒抗暑的习惯，因为我们职业演员，一年四季都要登台演唱，不经过严格锻炼，是难以战胜自然环境的。在朔风怒号的日子，当然不需要迎风喊嗓，而酷暑盛夏也可以乘早凉练习。总之，这种功夫要经常不断地坚持下去，使基础巩固深厚，才能耐久经用。

遛弯：遛弯的时候，要沉住气，缓步徐行，内行称走路为"百炼之祖"，意思是什么功夫都打走路开始，而且不必选择时间、地点，想到就能办，对于丹田、气海的培养，都有很大的帮助。

吊嗓：我的习惯，中年以前，假使当晚有戏，下午必定吊几段，目的是试试嗓音，做一种练习，但不使嗓子过于吃力。近年则遇到演出的日子，只在起床后、漱洗毕，喊几声高音低音，再念几句道白就够了，上了岁数的人，要珍惜自己的精力，到了台上才能尽量发挥，不致感到竭蹶。

（资料来源：梅兰芳. 大师艺得丛书——移步不换形. 天津：百花文艺出版社，2008.）

舞台念唱对声音的要求，同生活中的说话不一样，前者更需要色彩和表现力。但是，说话和舞台念唱对声音的要求，也有高度一致的方面，这就是明亮、饱满而圆润。日常人们在说话声音方面，或喉音过重、鼻音过浓、声音闷暗，或声音过于峭拔尖厉，无法让人"耳感舒适"。这往往是因为用气不当、气流不畅或共鸣腔打开不够。舞台艺术家追求声音质量的精神和方法，给我们丰富的启迪：好声音并不是天生的，往往是苦练的结果。

### （三）锻炼吐字归音的能力

吐字归音是我国传统戏曲唱法中对吐字方法的概括，是指对字头、字腹、字尾的完整的处理过程。对字头、字腹、字尾的处理，分别叫做出字、立字、归音。出字，要求咬紧字头，做到准确有力，叼住弹出，它是指对音节中的声母或声母与介音的处理；立字，要拉开立起，圆润饱满，它是指对字腹韵母中主要元音的处理；归音要趋向鲜明，到位弱收，它是指对字尾的处理。把出字、立字、归音三方面的要求综合起来，就形成了吐字归音的"枣核形"。如图：

$$di \mid a \mid n$$

发音如果能够像这样点面结合，就能使发出的声音清晰饱满，产生"字正腔圆"的效果。平常可多做撮唇、噘嘴、卷舌、鼓舌等口腔操、拉大四声（如光——明——磊——落、英——明——果——断）、绕口令和诗歌、散文朗读练习。

### 【案例 2-3】

#### 侯宝林先生论吐字

记得当年我在中央台播音时，播音部经常请侯宝林等一些著名曲艺家给播音员讲吐字发音课。侯宝林先生对吐字的总结概括非常透彻。

他说："咬字千斤重，听者自动容。"他尤其对骆玉笙（小彩舞）的演唱功底大加赞赏。他说："骆先生的唱，那是清晰的口齿，沉重的字，动心的声韵，醉人的音。"（录制《四世同堂》插曲）这里所说的"咬字千斤重"和"沉重的字"，并不是咬得死而拙，而是如同老老虎叼小老虎过山涧，既不能咬伤小老虎又不能太松把小老虎掉到山涧去。这个劲儿要恰到好处。

讲究吐字才能够获得准确规范、清晰流畅、圆润集中、颗粒饱满、光泽晶莹、轻快连贯、如珠如流的语音，也才能字字入耳、声声动心。对吐字的准确、清晰、集中、圆润、流畅的要求，往往是播音和主持人一生为之奋斗而达到的最高境界。

（资料来源：新浪博客，小盂老师，http：//blog. sina. com. cn，有改动）

有声语言有两种表现形式——说话和歌唱，两者对字的要求相同，都要达到清晰、明白、准确、流畅。日常说话看似要求不高，因此也常犯这样的错误：字音不准、吐字无力、吐字含混，不流畅、不圆润。如果我们能有意向所有语言艺术工作者们学习，无论是播音主持人还是相声小品演员，情况又会怎样呢？

## 二、语调

语调，就是说话的腔调。俗话说："锣鼓听声，听话听音。"这里的"音"就是指说话的腔调。语调不同于声调。声调是指一个个单个汉字的字调，语调是指一个个完整句子或句段的腔调。发音吐字解决的是一个个音节的发声，只是学会了"字典中的字音"。要掌握自然的、活的语音，还必须掌握语调。

德国著名心理学家达维茨曾经做过一个"字母读音传情实验"。他请八个青年学生（四男四女）朗读字母，要求单凭字母读音就表达出愤怒、恐惧、喜悦、妒忌、难受、紧张、骄傲、悲伤、同情和满足十种感情。同时，他又请了30名听众来听音判断。结果证明：没有实际内容的字母读音完全可以传达感情。据说，意大利一个著名歌唱家登台献艺，他并不唱歌，而是有节奏地数数，从一数到一百。结果台下的听众仍然受到感染，为之倾倒，甚至还有人掉下眼泪。无独有偶，我国著名的电影表演艺术家赵丹也有类似的惊人之举。新中国成立前，他在重庆的一次宴会上即席吟诵菜谱，竟也使得满堂宾客为之动容，拍案叫绝。[①]

口语"以声传情"，语调变化很丰富。平常人们说话语意不明确、重点不突出、语速不当，或一个腔调、"连珠炮"，声音平直，缺乏表现力和感染力，主要表现为语调问题。语调包括语音停顿、轻重、快慢和升降调变化。

### （一）停顿

说话要有停顿，首先是呼吸的需要。讲话应在呼吸顺畅、气息充足的情况

---

① 李建南，黄淘安，王强东. 口头交际的艺术. 北京：中国青年出版社，1991.

下进行（生理停顿）。停顿的另一个需要，就是为了更好地表达意思，使听话的人听个明白。首先，一句话的主语与谓语之间，修饰限定成分与中心词之间，复句与分句之间，都要根据表达的需要，作适当的停顿（语法停顿）。有时，一个人说着话，因提醒、暗示、喜悦、悲伤的需要，会故意停顿，追求一种"此时无声胜有声"的效果（逻辑停顿、感情停顿）。一般说来，由于人的发音器官的灵活性，口头表达比书面语具有更丰富的停顿。

**【案例 2 - 4】**

**妙用停顿保性命**

话说清朝末年，掌握朝政大权的慈禧太后让一位书法家题扇。那书法家写了唐朝著名诗人王之涣的诗："黄河远上白云间，一片孤城万仞山。羌笛何须怨杨柳，春风不度玉门关。"

可是，由于书法家一时疏忽，题诗时漏掉了一个"间"字。慈禧看后大怒，认为是故意欺她没有学识，要把那个书法家问成死罪。书法家急中生智，连忙解释说：这是用王之涣的诗意填的词。随后当场重新断句并吟诵道："黄河远上，白云一片，孤城万仞山；羌笛何须怨？杨柳春风，不度玉门关。"

慈禧听后，无言以对，只好赐给书法家银子，书法家也保住了自身性命。

有关停顿的故事，以表意见长的汉语，古往今来特别多。小到网络蹿红语："讨厌——讨人喜欢，百看不厌"，"难过——我家门前有条小河很难过"，都是借助停顿造成的。同样一个词、一句话，可有不同的用法，表达不同的意思，可见停顿的妙处。

**（二）轻重**

一句话里，哪些音应该说得重些，哪些音应该说得轻些，情况不一。从语法角度讲，实词应比虚词重，谓语应比主语重，修饰语应比中心词重，各种表示引领、呼应、转折、递进、小结的词语也要说得重些。这种重音节可称为语法重音。从表意角度讲，受说话环境与说话人的动机、情感及其他因素影响，即使是相同的句子，着重点不同，重音位置也不同。这种重音可称为语义重音。口语重音的丰富性，主要表现在语义重音上。当然，也有重要的地方更适合轻说的，轻说比重说更能达到某种表达效果。重音不完全等于重说音节。

【案例 2 - 5】

### 一部大片与一段经典道白

大凡上了点年纪的人都记得一部日本电影《追捕》，当年红遍中国。

电影讲述检察官杜丘为人正直，却莫名其妙被人诬告犯有抢劫、强奸罪。为了洗清自己的冤屈，杜丘一边躲避警察的追捕，一边坚持追查自己被诬告的真相。他在山中冒险救下了牧场主的女儿真由美，并和她产生了爱情。在真由美和他的父亲的帮助下，杜丘拨开重重迷雾，冲破种种险阻，使事情终于真相大白。

《追捕》里面有一段非常著名的台词，看过电影的几乎人人记得。杜丘装成病人混入精神病医院，幕后主谋长冈为了杀人灭口，指示精神病院的医生唐塔杀害杜丘，把一种叫 AX 的精神控制药品当维生素给杜丘吃下，将杜丘押解到楼顶，对杜丘说了下面这段经典台词：

——"杜丘，你看，多么蓝的天，一直往前走，别朝两边看，走过去，你就会融化在那蓝天里。"

——"从这儿跳下去！昭仓不是跳下去了？唐塔也跳下去了，现在轮到你了，请你也跳下去吧！杜丘，快，去吧，你倒是跳啊！"（当然，电影里面的杜丘并没有跳下去，因为他没有吃唐塔医生给的"维生素"）

高仓健是日本无可争议的影帝。中国人对检察官杜丘的扮演者高仓健的了解，是从《追捕》开始的。不！准确地说，是从我国著名译制电影配音演员毕克的配音开始的。毕克音色醇厚，读词漂亮，他的声音与高仓健"银幕硬汉"形象的完美融合，是我国译制片史上杰出的典范。

（资料来源：新浪博客，http：//blog. sina. com. cn）

在如此危急、紧张的形势下，试想，矢村警长会怎样说？为了追求电影艺术的效果，配音演员又该怎样配音？无论如何，凭我们的经验，它应该是一段轻重、连断、快慢、高低——语法、逻辑、感情停顿和语意重音非常丰富的道白。

### （三）快慢

说话的速度，受说话的主客观因素影响。就环境而言，一般在新环境下说话会慢些，旧环境下就讲得快些；在大场合或声音嘈杂的地方，说话慢些，在小场合或安静的地方，就讲得快些。就内容因素来讲，新东西应讲得慢些，旧内容可讲得快些；疑难问题应该讲得慢些，容易理解的可讲得快些；重要的可讲得慢些，次要的可讲得快些。从情感因素来讲，人在热烈、欢快、兴奋、紧张时说话快些，而在平静、庄重、悲伤、沉重、追忆时就讲得慢些。就对象因素来看，对老人和小孩说话应慢些，对年轻人可讲得快些；对熟人或亲朋好友讲得快些，对陌生人可慢些。此外，说话的速度，跟说话人的气质、性格、年龄、修养也有关。譬如内向的人说话比外向的人慢些，热情的人比冷漠的人快些，年轻人比老年人快些，修养好的人比修养差的人说话慢些。

**【案例 2 - 6】**

### 周朴园与鲁侍萍不期而遇

《雷雨》第二幕，有一场周朴园与鲁侍萍不期而遇，周朴园追问鲁侍萍身份的戏：

周：梅家的一个年轻小姐，很贤慧，也很规矩。有一天夜里，忽然投水死了。后来，后来——你知道吗？「慢速。周朴园故作与鲁侍萍闲谈状，以便探听一些情况。」

鲁：这个梅姑娘倒是有一天晚上跳了河，可是不是一个，她手里抱着一个刚生下三天的男孩。听人说她生前是不规矩的。「慢速。鲁侍萍回忆悲痛的往事，又想极力克制怨愤，以免周朴园认出。」

……

周：什么？她就在这儿？此地？「快速。表现周朴园的吃惊与紧张。」

鲁：老爷，您想见一见她么？「慢速。鲁侍萍故意试探。」

周：（连忙）不，不，不用。「快速。表现周朴园的慌乱与心虚。」

……

周：我看过去的事不必再提了吧。「中速。周朴园不想事情闹大。」

鲁：我要提，我要提，我闷了三十年了！「快速。表现鲁侍萍极度的悲愤以至几乎喊叫。」

（资料来源：据曹禺的《雷雨》）

以上对白（"「」"括号内容为笔者添加），是发生在一个特定场合（周公馆）、情境（不期而遇）和人物（怨偶）之间的，或快或慢，都随着对白的内容和人物的心理变化而变化，委婉、微妙、细腻、逼真。这也是一个典型的生活场景，平常人们就是这样说话的：疾徐有致。

### （四）升降调

人们说话有快有慢，有高有低，再加上声调因素，就使话语在腔调上具有曲直升降的变化。有人将表示各种曲直升降的句调分为四类：

（1）高升调（或称昂上调）。句调先低后高，句势渐上。例如，用高升调说："同学们，好好干吧！"就表示一种激励、鼓动的感情。

（2）降抑调。句调先高后低，句势渐低。例如，"×××因病医治无效去世，享年六十岁……"用降抑调说出，就表示一种沉痛哀悼的感情。

（3）曲折调。句调高低曲折，富于变化，往往表示各种隐约、委婉、曲折的思想感情。例如："啊，这是你干的好事！"如果用曲折调说出，就表示一种讽刺。

（4）平直调。语势平直舒缓，声音无明显的高低变化。例如，"你来了，坐——"这句话如果用平直调说出，表明说话人对来人态度冷漠。

【案例 2－7】

## 著名艺术家曹雷朗诵《光脚歌》

著名艺术家曹雷曾朗诵过美国黑人诗人郎斯顿·休士的诗歌《光脚歌》。

这首诗写一位美国黑人小姑娘向爸爸乞求买一双新鞋，反映美国黑人的悲惨生活。全诗分三个段落，每个段落都有两次呼叫"爸爸"。这六次呼叫，曹雷表达了六种不同的话外音：

第一声"爸爸"，设想小女孩当时是坐在一个小木凳上，看着自己露出脚趾头的破鞋，委屈地表达"我不好意思说"的口吻。

因为不好意思说，声音太小，爸爸没听见，所以第二声"爸爸"，声音大了点，带有提醒爸爸来看看她的破鞋的意味。

可爸爸看了她一眼，慢慢走向窗口。小女孩有些生气，以撒娇的语气道出第三声"爸爸"，含有"你怎么不听呢"的意思。

爸爸仍没理她，她急了，又气又急地道出第四声"爸爸"。

爸爸在房间里来回走着，最后他眼含泪花，口里叹气，小女孩明白了爸爸的心情，以探寻的口气道出第五声"爸爸"，意在询问爸爸是不是有极大的困难和痛苦。

爸爸无言以对，双唇颤抖，说不出话语时，小女孩的第六声"爸爸"又表达出"您不要难过，女儿理解您"的弦外之音。

（资料来源：新浪博客，播音中国，http：//blog. sina. com. cn）

六次呼叫，艺术家通过语调的变化——一次平直，一次降抑，两次曲折，两次高升，上述四种句调全都用上，表达了父女间六种人伦常情。正是语调的丰富变化，才使人的说话声音能够表达各种委婉、复杂、曲折、细腻的思想感情。

## 三、普通话

我国幅员广阔，人口众多，其中讲汉语的人占了绝大多数。但是，长期以来，由于山川的阻隔、人民的迁徙和民族的交融，汉语形成了许多地域性分支或变体，这就是汉语方言。我国目前有七大方言区，即北方方言、吴方言、湘方言、赣方言、客家方言、闽方言和粤方言（也有"八大方言"和"十大方言"说）。方言之间的差异，在客观上要求普及和使用一种讲汉语的人都听得懂的共同语——普通话。目前，我国学界对"普通话"的定义是：以北京语音为标准音，以北方话为基础方言，以典范的现代白话文著作为语法规范。一般认为，方言与普通话的差异主要表现在语音、词汇和语法三个层面。普通话的学习与练习，主要应该在方音、方言词和方言语法辨正三个方面下功夫。

### （一）方音辨正

普通话与各方言的最大差异还是表现在语音上。讲普通话遇到方言语音与普通话不一致时，需要作方音辨正。方音辨正主要表现在声母、韵母和声调等方面。

*1. 声母辨正*

各个方言区容易读错、难于分辨的声母主要有以下几组：

（1）z c s 与 zh ch sh 和 j q x。

z c s、zh ch sh、j q x 在闽、粤、吴、徽、湘、赣、客家等方言里，以及东北、西南等官话方言里，都存在着不同程度的混淆。如"自愿"读成"志愿"，"粗布"读成"初步"，"私人"读成"诗人"，"针线"读成"金线"，"长度"读成"强度"，"发书"读成"发虚"。区分这几组读音，是上述方言区学习普通话需要特别解决的问题。练习方法除了正确发音、读准字音外，还可以利用代表字类推、声旁记字、以少记多和熟记 z c s 常用字等办法，牢记易读错的字音。

（2）n 和 l。

普通话 n 和 l 区别很明显，但是在闽、湘、赣以及江淮官话、大部分西南官话中却不分，或全念成 n 或全念成 l。如"脑子"读成"老子"，"大怒"读成"大陆"，"女客"读成"旅客"。解决这个问题，首先是学会 n 和 l 的正确发音，其次是利用声旁联系和代表字类推办法，熟记声母为 n、l 的字。

（3）f 和 h。

普通话 f 和 h 分得很清，但是在湘、赣、客家、闽、粤方言以及四川话、皖淮部分地区方言中，却存在着相混的情况。如"花"读成"发"，"会"读成"费"，"荒唐"读成"方糖"，"姓黄"读成"姓王"。解决的方法，首先是学会 f 和 h 的正确发音，其次是利用声旁联系和代表字类推办法，熟记声母为 f、h 的字。

（4）送气音和不送气音。

b—p、d—t、g—k、j—q、z—zh、c—ch 这六组古浊声母，在普通话里已演变为清音声母，读塞音、塞擦音时，平声送气，仄声不送气。但现代吴语和老湘语还保存着浊音字母的读法，赣语、客家话读这类字是全送气，平话和新湘语是全不送气，徽语、闽语、晋语（如平遥话）有的送气有的不送气，没有整齐的规律。如"读书"读成"图书"，"自重"读成"刺中"。解决的方法并不难，因为方言中送气和不送气音都有，只要注意哪些音送气，哪些音不送气即可。首先了解普通话塞音、塞擦音、送气和不送气的规律，然后多做对比练习。

（5）j q x 与 g k h。

普通话不分尖音和团音，古尖音字都读成团音 j q x，例如，"酒、九"读成 jiǔ，"青、轻"读成 qīng，"小、晓"读成 xiǎo。但是，吴、徽方言，平话和中原官话的一些方言，仍保留着读 zi—（酒）、ci—（青）、si—（小）的尖音字，粤语和客家话仍把团音字大都读成 gi—（九）、ki—（轻）、hi—（晓）音节。解决的办法，是多做对比练习，并熟记那些读 j q x 的常用字。

（6）浊擦音 r。

普通话里"人、日、热"声母都读成 r，但是在那些没有 zh、ch、sh 声母的方言里，大都也没有 r 声母，有的读成 l 或 n，有的读成零声母或其他。解决的办法是读准 r，同时用代表字类推的办法熟记普通话中并不多的 r 声母字。

2. 韵母辨正

各个方言容易读错、难于分辨的韵母主要有以下几组：

（1）前鼻音韵母和后鼻音韵母。

普通话前鼻音韵母和后鼻音韵母 an—ang、en—eng、in–ing、ian—iang、uan—uang、uen—ueng 分得很清楚，但是在湘、闽、徽、赣、吴、晋、客家、西南官话和江淮话等方言中，却存在着混读现象。既有将 eng、ing 混入 en、in，en、in 混入 eng、ing 的，也有将 an、ang 两组鼻尾音丢失的，因而造成"情"、"琴"不分，"丰"、"分"不分，或把"帮"读成"班"、"光"读成

"关"。解决的办法，首先是发准 n 和 ng 两个鼻音；其次是利用代表字类推和记少不记多的方法，熟记一些念 n 和 ng 的常用字。

（2）i 和 ü，ü 和 u。

普通话四呼俱全，不但 i 和 ü 不混，而且 ü 和 u 也不混。但是客家、闽南和西南官话等方言，没有撮口呼韵母，因而把"女的"读成"你的"，"白云"读成"白银"；而闽、湘、赣、徽和平话方言 ü、u 不分；粤方言经常把 zi ci si zhi chi shi 发成近似 ji qi xi，因此"资本"读成"基本"，"指南"读成"济南"。解决的办法，是学会发 ü，并且分辨 i 和 ü、zh ch sh 和 j q x。

（3）o、e 和 uo。

普通话 o、e 和 uo 三个韵母区别明显："玻"读"bō"，"歌"读"gē"，"锅"读"guō"。但是，在东北、山东、安徽、四川等方言里，或将 e 读成 o，或只有 o 没有 e。例如，将"哥哥"读成"gogo"，"可贺"读成"koho"。而江淮一些地方，"玻、歌、锅"都读成"uo"。纠正的办法是，发好 o、e、uo，并记住一些跟 o、e、uo 相拼的常用字。

（4）韵头 i 和 u。

普通话的复韵母和鼻韵母有许多是有韵头 i 和 u 的，但许多方言却没有或常常丢失。如"姓庄"读成"姓张"，"短小"读成"胆小"。解决的办法是，利用声韵拼合规律记住一些带韵头 i 和 u 的常用字。

3. 声调辨正

普通话与方言在声调上的差异，一是声调种类不同（普通话的调类分阴平、阳平、上声、去声四个，而方言的声调少到三类多到十类不等），二是读音不同，三是没有入声（许多方言区还保留了古代的入声）。声调辨正的办法，主要是发好普通话四声，改掉方言入声字念法并记住一些常用入声字在普通话里的读音。

除了读准声母、韵母和声调外，方音辨正还要在普通话的语流音变（包括轻声、变调、儿化、语气词"啊"的变化）方面，注意寻找规律；没有规律可循的，要"死记硬背"。

【**案例** 2 – 8】

### 一场误会

小说《一场误会》写了这样一件事：某个湖南人在北京买高压锅的皮垫圈，湖南方言把皮垫圈叫"皮箍"，于是出现了这样的场面——

他用湖南话开了腔："细妹子，有皮箍卖吗？"小辫子把"皮箍"听成了

"屁股",眼珠一瞪,用北京话答了腔:"买屁股?流氓!"老乡以为在告诉他皮垫圈的价钱,把"流氓"听成了"六毛",便笑嘻嘻地说:"管它六毛七毛哩,反正是我老婆……"还没等他说完"是我老婆叫买的",小辫子更如火上浇油:"还嬉皮笑脸的,畜生!"这下可惹怒了老乡,质问道:"么子?出身?买个皮箍还要查出身?还想搞'文化大革命'?我贫下中农出身!"

（资料来源:新浪博客,一场误会,http://blog.sina.com.cn）

语音是语言的物质外壳,语音是否准确,直接影响到语言的面貌和别人对语言的理解。因语音问题闹出的笑话,各地层出不穷。例如,"鞋子丢了"说成"孩子丢了","兔子跑了"说成"肚子饱了",分西瓜"你吃大片,我吃小片"说成"你吃大便,我吃小便"。

### （二）方言词辨正

方言区的人在遇到一些用普通话不知道该如何表达的事物和概念时,往往很自然地把方言中相应的说法（即方言词）折合成普通话的读音,用来替代普通话的说法,需要作方言词辨正。例如:

普通话:肮脏
东北话:埋汰
普通话:傻瓜
上海话:寿头
普通话:便宜
四川话:相应

粤、客家、闽方言有许多相同的词,经常进入广东人所说的普通话:

落雨——下雨
锁匙——钥匙
衫裤——衣服
番鬼佬——外国人
一个字——五分钟
后生——年轻人

改革开放以来,受歌曲和影视剧影响,粤方言词有相当一部分进入普通话：

阿 Sir——警察

埋单——付账

靓女——漂亮的女孩子

一哥——最有权威或能耐的人

【案例2-9】

### 阿拉请侬来白相

十多年前，我在北京搞了一个上海怀旧展，请柬上写了一行上海话："阿拉请侬来白相。"这句话当时难倒不少北方人，进门就问这是啥意思。"阿拉"是我，"侬"是你，"白相"就是玩，一句"我请你来玩"用上海话说，立刻妙趣横生。

（资料来源：小故事网，方言的魅力，http://www.xiaogushi.com，有改动）

不仅如此，上海话还把洗叫做打。洗袜子叫打袜子，洗长衫叫打长衫，洗头叫打头。大连人戏光头为"马蛋子"，河南人管鸡下蛋叫"媷（泛）蛋"，武汉人称兄弟叫"拐子"。方言除语音外，择词也是关键。

### （三）方言语法辨正

方言区的人在学习普通话时，也经常不自觉地把方言中一些特殊构词法和造句法带进普通话，也需要作方言语法辨正。

例如，在词语组合方面，代词"这"和数词"一"在粤、闽方言里省略：

普通话：这支笔是谁的？

广州话：支笔系边个嘅？

普通话：一只鸟儿歇在树上。

潮州话：只鸟歇在树顶。

在词语次序上，粤、客家、吴、徽方言存在状语后置现象：

普通话：多穿一件衣服。

梅县话：着多一件衫。

普通话：劳驾你先倒一杯茶给我。

粤方言：唔该你斟杯茶畀我先。

在句子结构上，普通话双宾语句一般是指人在前，指物在后，但闽、粤、客家、吴、徽等方言恰恰相反：

普通话：他给我一本书。

粤方言：佢畀本书我。

客方言：佢分（一）本书捱。

普通话比较句的基本句型是"甲＋比＋乙＋形容词"，但方言的情形不一：

普通话：牛比猪大。

粤方言：牛大过猪。

客方言：牛比猪过大。

闽方言：牛大过猪。

## 【案例 2－10】

### 戏剧与方言

侯宝林先生的《戏剧与方言》有这么一个名段：

甲：我们说的北京话，是精练的北京话，不像一般北京人说话那么啰唆。

乙：那您给举个例子。

甲：比如，哥儿俩，住一个院里，一个在东房住，一个在西房住。夜间都睡觉啦，忽然间那屋房门一响，这屋发觉啦，两个人一问一答：

"哟嗬！"发问的人先来个感叹："黑更半夜，这是谁出来啦？一声不言语呀，怪吓人的。"

回答也这么啰唆："啊，是我，您哪，哥哥，您还没歇着哪？我出来撒泡尿。没有外人，您歇着您的吧，甭害怕，您哪。"

要用精练的北京话，说这点儿事情，分成四句话，十六个字就解决："这是谁呀？""是我哪。""你干吗去？""我撒泡尿。"

……

乙：哎！这个省事多啦。

甲：还有比这省事的呢。山东话。山东人要说这点儿事情，同是四句话，用十二个字就行啦：那儿屋门一响，这儿发觉一问："这是谁？"（学山东话）回答也三个字："这是我。""上哪去？""上便所。"

……

乙：哎！这个省事多啦。

甲：还有比这省事的。上海话。上海人说话呀，八个字就够了：那儿屋门一响，这儿发觉一问：（学上海话）"啥人？""我呀。""啥去？""撒尿。"

……

乙：嘿！这个省事多喽。

甲：还有比这省事的哪。河南话。河南人说这点事情，四个字就解决：那儿屋门一响，这儿发觉一问：（学河南话）"谁？""我。""咋？""溺！"

乙：嘻！您说的是各地的方言。

（资料来源：土豆网，戏剧与方言，http：//www.tudou.com）

汉语言、普通话以及各地的方言，词汇丰富，句式灵活，语言诙谐、幽默、风趣。说一件事，像魔术大师手上的橡皮筋，可抻长可缩短；亦如武术大师弄刀舞剑，颠来覆去，变化莫测，令人目不暇接。汉语表现力强，是值得我们珍惜的。

# 第二节 听知、思维与心理素质

## 一、听知

据专家称，在实际生活中，不会听的大有人在。能平心静气和有目的倾听对方讲话的人不足10%，这是因为一般人大都希望引起别人的注意而不大注意别人。再加上口语环境中引起听者注意力分散的因素甚多，稍不留意，便会造成偏听、误听、漏听或者没有听清、听懂的情况。因此，有人说，口才学应名为"口耳之学"。研究"说"必须从研究"听"开始，"练口"必须同时"练耳"。

完整的听知过程，包括以下五个环节：

（1）听清。它指集中注意力听清楚别人说话的内容，包括"观色"和"辨音"两个方面。"观色"，就是真切、明白地看清楚来自言说者态势方面的特征或内容。"辨音"，是指对说话人的语音语调听个真切、明白。

（2）听记。它指用心记住别人说话的内容，包括话语的观点、头尾、主要事实或数据、重要的停顿或转折、关键词语等。可以是笔录，也可以是心记。

（3）听辨。它指通过说话人的语气、重音、腔调以及眼神、表情、手势，分析辨识别人说话的内容，包括弄清其隐含的意思。

（4）听悟。它也叫听懂，就是完全领悟别人说话的含义，包括表层含义和深层含义，是听清、听记、听辨的必然结果。

（5）听评。它指对别人的话语内容、说话的目的动机、风格特点和表达效果进行审视、品评。它不仅是听懂听悟的手段，也是对别人的话语进行取舍、作出回应的需要。

积极的听知过程，是一个耳到、眼到、心到、手到、口到的过程，要求做到：

（1）集中注意力听清。据研究，人们平均每分钟表达 120～150 个词，而作为听者则可处理 500 个词，听和思的速度大约是说话速度的 4 倍。这就是许多人不注意倾听的原因。所以，集中注意力听清，要注意克服心不在焉的毛病。

（2）抓住关键听懂。从交际心理学角度来看，人们说话并非总是明白直率的。所以，听知的一个重要要求，就是要注意分辨"话中话"，听懂"弦外音"，抓住关键听懂。

（3）品评优劣，辨别正误，力求有"得"。听辨、理解别人话语的过程，同时也是一个积极思考、选择应变策略的过程，所以要注意细心辨别别人的话语，包括品味别人话语的高下优劣。

【案例 2－11】

## 请　客

某人请客，久候多时，客人只到了一半。主人着急地说："怎么该来的还没来呢？"

在座的客人想："那我们一定是不该来的！"于是起身走了一半。

另一半客人正将信将疑时，只听主人更加着急地说："嗨！不该走的又走了！"

本来打定主意不走的这一半客人心想："那我们一定是该走的！"于是也站起身走了。

主人两句话，不仅没有盼来迟到的客人，而且将已经到来的客人都赶走了！

（资料来源：豆瓣网，请客，http：//www. douban. com）

初看，这也是一个典型的"不会说话"的笑话。但细想，故事中的客人站起来就走，也是给主人添乱了。试想，你是尊贵的客人，是主人邀请来捧场、赏光的，还没有饮食款待，主人怎么会冲着你"下逐客令"呢？你应该跟主人一样着急才是：都要开饭了，怎么那些该来的客人还不来呢？问题就出在偏听、误听或者没有听懂（听悟）上，在"应该"、"不应该"这些敏感字眼上，客人"多心"了，可见听知是何其重要。

## 二、思维

口才在内表现为思维，思维在外表现为口才，两者相辅相成，如影随形。思维被认为是口才的灵魂。口才对思维的要求，几乎涉及思维的一切形式。

第一，口才需要一个人具有良好的观察力。观察力对口才的作用，主要表现在两个方面：一是积累方面。观察是联系外部世界与人的心灵的窗口。人间万象、湖光山色，就是借助观察这个窗口进入人的大脑，被加工改造成人的思想和言论内容的。二是判断决策方面。观察是帮助人们明白说话的形势，选择、调整说话策略的重要手段。所谓"眼观六路"，就是指观察的重要性。

第二，口才需要一个人具有良好的记忆力。口才对于记忆的要求，也表现在两个方面：一是短时记忆方面。口才要求一个人能够边听边记，对听懂听悟的内容作短暂保留，以供应答之用。二是持久记忆方面。说话非常强调资料占有，这就要求平时注意将那些有利于增强口才魅力的谈资储存起来，以备遣用。

第三，口才需要一个人具有良好的抽象思维能力。我们可以毫不夸张地说，抽象思维能力或曰逻辑思维能力，是口才表现力的核心。多少演讲、辩论、对白，之所以具有不可抗拒的说服力，一个重要的秘密，就是因为说话人将自己的观点"放进"了一个很好的"逻辑框架"，使之产生了不可辩驳的逻辑力量。思维的概括性，可以保证一个人的话语内容具有统一性、连贯性和层次性，使人说话直截了当，要言不烦，避免语无伦次或颠三倒四。

第四，口才需要一个人具有较好的形象思维能力。在首届华语国际大专辩论赛上，复旦大学队"用形象的类比取代抽象的说理；用具体的数据取代经院哲学式的说教；用生动的事例取代烦琐的论证；用幽默感人的语言取代贫乏枯燥的陈述"，结果取得举世瞩目的成绩。这就是形象思维的威力。形象思维有助于增强言语表达内容的丰富性、形式的生动性和策略的灵活性，增强口才的感染力。

此外，口才还需要一个人的思维具有开阔性、深刻性、敏捷性和创造性，使其语言表现出深刻、犀利、机智灵活与绚丽多彩的特点。

**【案例 2 - 12】**

### 中国公学十八年级毕业赠言

诸位毕业同学：

你们现在要离开母校了，我没有什么礼物送给你们，只好送你们一句话。

这一句话是："不要抛弃学问。"以前的功课也许大部分是为了这张毕业文凭，不得已而做的。从今以后，你们可以依自己的心愿去自由研究了。趁现在年富力强的时候，努力做一种专门学问。少年是一去不复返的，等到精力衰竭时，要做学问也来不及了。即为吃饭计，学问也绝不会辜负人。吃饭而不求学问，三年五年之后，你们都要被后进少年淘汰。到那时再想做点学问来补救，恐怕已太晚了。

有人说："出去做事之后，生活问题急需解决，哪有工夫去读书？即使要做学问，既没有图书馆，又没有实验室，哪能做学问？"

我要对你们说：凡是要等到有了图书馆方才读书的，有了图书馆也不肯读书。凡是要等到有了实验室方才做研究的，有了实验室也不肯做研究。你有了决心要研究一个问题，自然会撙衣节食去买书，自然会想出法子来设置仪器。

至于时间，更不成问题。达尔文一生多病，不能多做工，每天只能做一个小时的工作。你们看他的成绩！每天花一个小时看 10 页有用的书，每年可看 3 600 多页书；30 年读 11 万页书。

诸位，11 万页书可以使你成一个学者了。可是，每天看三种小报也得费你一个小时的工夫；四圈麻将也得费你一个半小时的光阴。是看小报呢？还是打麻将呢？还是努力做一个学者呢？全靠你们自己的选择！

易卜生说："你的最大责任是把你这块材料铸造成器。"

学问便是铸器的工具。抛弃了学问便是毁了你自己。

再会了！你们的母校眼睁睁地要看你们十年之后成什么器。

（资料来源：武传涛. 著名演讲词鉴赏. 济南：山东人民出版社，1992.）

胡适（1891—1962），字适之，安徽绩溪人，中国现代著名学者，留学美国，是著名实用主义哲学家杜威的学生。曾任北京大学教授、校长，国民党政府驻美大使，台湾"中央研究院"院长。1928 年至 1931 年，胡适担任上海中国公学校长，案例 2 - 12 是他 1929 年在中国公学十八年级毕业典礼上的演讲。演讲开门见山、自然紧凑，一开始便送给诸位毕业同学一句话："不要抛弃学问。"然后紧紧围绕这个中心，从几个方面进行演说，或说理，或举例，或对比，或假设，或设问，或反问，提出种种可能并——加以解释，推心置腹、循循善诱、语重心长。全文短小精悍，一气呵成，有理有序，"简约而不简单"，充分显示了一个学者思维的缜密与严谨，也让我们深切感受到了思想、语言与思维结合所产生的魅力。

## 三、心理素质

口才对人的心理素质要求，主要表现在两个方面：一是说话人对自己的心理调控，二是与听众的心理相容。

自我心理调控，对于新手来讲，主要是消除紧张。有道是"练说先练胆"，说话不怯场，这是口才最起码的要求。一怯场，什么准备都化为乌有。有时情形越危急，场面越大，越需要具有驾驭局面的气魄和勇气。因为过分关心"效果"而引起的说话紧张，演讲心理学上称为"心理障碍"。消除紧张的最根本办法是建立积极的自我心理暗示，在认识上确立"人人如此"、"激情是必要的"、"紧张是自然的"、"勇者必胜"等信念，在行动中准确把握激情与紧张投入的"度"。适度的紧张不仅无害，而且是产生良好表达效果的必要条件。关键是"度"，既不可"不及"，又不可"过度"。"不及"，给人消极、被动、冷漠或心不在焉的感觉：表达缺乏热情，语调缺乏气势，不能感染和打动听众；"过度"，给人冲动、鲁莽、激烈的感觉：言辞过于夸张，手势过多过滥，或通篇激昂，大呼小叫，也绝对不受欢迎。

【案例 2 - 13】
### 戏剧家萧伯纳"练胆"的故事

英国戏剧大师萧伯纳的口才是有口皆碑的。但是，他年轻时却胆怯木讷，拜访朋友不敢敲门，常常"在门口徘徊 20 多分钟"还是选择离去。后来，他鼓起勇气参加了"辩论学会"，不放过一切机会和对手争辩。他练习胆量，练习语言，练习机智，千锤百炼成为演讲大师。他的演说、妙对，传诵至今。有人问他是怎么练习口才的，他说："我是以自己学溜冰的办法来做的——我固执地、一味地让自己出丑，直到我习以为常。"

（资料来源：新浪博客，http：//blog.sina.com.cn）

对听众的心理控制，主要在于如何做到与听众心理相容。由于人际关系的复杂性，人们在交际过程中往往存在着戒备心理（或称"心理防卫"），"心理不相容"的时候居多。如果说心理调控主要在于"了解自己"，心理沟通则主要在于"了解别人"。首先要熟悉说话前听众的心理状态，了解影响人际吸引的个人因素或个性特点。演讲心理学家认为，说话前听众的心理状态，大致呈现出如下几种情况：①喜悦；②无所谓；③惶恐、紧张、羞怯；④揣测、防御；⑤轻视、对立。其中前三种较易实现"心理相容"，后两种较难实现"心理相容"。

影响人际吸引的个人因素，有如下几种：一是性格。待人热情总比冷淡更有吸引力。二是相似性。一个人如果能表现出与交往对象相近的政治主张、社会态度、价值观念、兴趣爱好等，就容易与他人相互吸引。三是才能。一个人在能力与特长方面如果表现突出，就容易产生人际吸引力。四是仪表。人的长相、穿着、姿态、风度等影响人际吸引。人际关系心理学家认为，下列负面个性特征不利于人际吸引：①不尊重别人的人格；②自我中心主义；③利用别人，操纵别人，待人不真诚；④过分顺从别人、惧怕权势或取悦他人；⑤妒忌心强，好猜疑；⑥自卑而缺乏自信；⑦对完成的工作过分自夸，对别人批评过分；⑧偏见过甚，苛求他人。这些都是实现心理沟通、追求心理相容的过程中，必须小心避开的"心理雷区"。

**【案例 2 - 14】**
### 丘吉尔在美国的圣诞演讲

我的朋友，伟大而卓越的罗斯福总统，刚才已经发表过圣诞节前夕的演说，已经向全美国的家庭致友爱的献词。我现在能追随骥尾讲几句话，内心感觉无限的荣幸。我今天虽然远离家庭和祖国，在这里过节，但我一点也没有异乡的感觉。我不知道，这是由于本人的母系血统和你们相同，抑或是由于本人多年来在此所得的友谊，抑或是由于这两个文字相同、信仰相同、理想相同的国家，在共同奋斗中所产生出来的同志感觉，抑或是由于上述种种关系的综合。总之，我在美国的政治中心地——华盛顿过节，完全不感到自己是一个异乡之客。我和各位之间，本来就有手足之情，再加上各位欢迎的盛意，我觉得很应该和各位共坐炉边，同享这圣诞之乐。

（资料来源：豆丁网，丘吉尔在美国的圣诞演讲，http：//www. docin. com，节选）

说话的目的是拉近与听者的心理或情感距离，以增进了解，或起到说服、教育、鼓励、帮助、劝慰的作用。如何做到从思想情感上征服听众、获得听众的认同呢？实践表明，追求与听众的心理相容这个方法，屡试不爽。说者与听者之间在身份、背景、地位、经历、情趣、爱好或信仰方面，总有某些相同或相似之处，从这些相同或相似之处切入话题，往往能迅速产生你与听众心理相容的效果。丘吉尔的演讲，从他与美国人民之间在血统、文字、信仰，尤其是共同战斗所结下的友谊等方面切入话题，使他与美国人民的感情一下子升温到"一家人"的高度，其演讲的效果便可想而知。

## 第三节 基本表达方式

根据口头表达的内容，可以将口语基本表达方式分为复述、描述、评述、解说和抒情五种。理解并能掌握运用这些基本表达方式，是说好每一句话的基础。

### 一、复述

复述就是把别人或自己说过的话重说一遍以起到引起回忆、激发兴趣或引出下文等作用。把自己看过的书报、文章、电影、电视，听过的报告、故事或消息，参加过的会议等内容讲述出来，也叫复述。据其需要和对材料的加工方式，可分为详细复述、概略复述、扩展复述和变式复述数种。详细复述，就是按照原材料的内容、结构和顺序，把事情原原本本地讲述出来。概略复述，就是在保持原材料内容和顺序不变的情况下，运用简洁明了的语言将复述的内容讲出来。扩展复述，就是允许借助渲染、描摹、插叙或想象对内容加以丰富或补充。变式复述，就是改变了原材料的人称、顺序和体裁的一种讲述方式。

复述要求抓住要点，突出重点，条理清楚，生动流畅，力戒语无伦次、颠三倒四或丢三落四。复述还要求具有良好的记忆、敏捷的思维和归纳、抽象、概括能力。经常做复述训练，有助于提高人的听知、记忆能力和富有条理的讲述能力。

【案例 2 - 15】

### 娜拉走后怎样?

我今天要讲的是"娜拉走后怎样?"

易卜生是 19 世纪后挪威的一个文人。他的著作,除了几十首诗之外,其余都是剧本,这些剧本里面,有一时期大抵含有社会问题的,世间也称作"社会剧",其中有一篇就是《娜拉》。

《娜拉》亦名 *Ein Puppenheim*,中国译作《傀儡家庭》。但 Puppe 不单是牵线的傀儡,孩子抱着玩的人形也是;引申开去,别人怎么指挥,他便怎么做的人也是。娜拉当初是满足地生活在所谓幸福的家庭里的,但是她竟觉悟了:自己是丈夫的傀儡,孩子们又是她的傀儡。于是她走了,只听得关门声,接着就是闭幕。这想来大家都知道,不必细说了。……

(资料来源:董家骧,臧永清. 中外名人演说词大观. 沈阳:春风文艺出版社,1992.)

这是鲁迅先生 1923 年 12 月 26 日在北京女子高等师范学校所作的文艺会讲的前三个自然段内容。其中第三自然段,从"娜拉当初是满足地生活……"到"这想来大家都知道,不必细说了"就属于对《傀儡家庭》(又译作《玩偶之家》)剧情所作的大致复述,目的是同听众一起回忆,以激活听众的记忆,引起兴趣,引出以下的演讲内容。由于"想来大家都知道,不必细说了",所以说话人选择了概略复述。如果是崭新剧目,听众闻所未闻,演讲者就要选择详细复述了。

## 二、描述

描述,就是用生动形象的语言,对人物、事物或事件进行具体的叙述,以起到渲染气氛、突出特征或塑造形象等作用。据其内容,可分为人物描述、物体描述、事件描述和环境描述。人物描述,就是运用生动形象的语言对人物的外貌、言语、行为和心理进行具体的叙述。物体描述,就是对各种看得见、摸得着的具体事物诸如动物、植物、生活用品或艺术品的描述。事件描述,就是对事情发生的经过或过程进行栩栩如生的讲述。环境描述,就是对人物活动或事件发生的场所、环境或背景所作的描述。

描述要求内容真实,形象鲜明,语言生动,恰如其分,力戒毫无根据地乱拼乱凑或过分夸张渲染;描述还要求观察细致,想象丰富。经常做描述训练,有助于提高人的观察力和想象力，增强言语的形象性和感染力。

**【案例 2 - 16】**

### 在马克思墓前的讲话

3 月 14 日下午两点三刻，当代最伟大的思想家停止思想了。让他一个人留在房里总共不过两分钟，等我们再进去的时候，便发现他在安乐椅上安静地睡着了——但已经是永远地睡着了……

（资料来源：董家骧，臧永清. 中外名人演说词大观. 沈阳：春风文艺出版社，1992.）

这是大家耳熟能详的恩格斯在马克思墓前讲话的开头一段。演讲者怀着十分虔敬而又节制的心情详细叙述（描述）了马克思这位"当代最伟大的思想家"逝世前最后一刻的情形。演讲者运用诗一样的语言，称马克思的去世为"停止思想了"、"安静地睡着了"、"永远地睡着了"，具有营造庄严、悲壮氛围的强烈效果，十分感人，这是一般陈述或说明语所无法企及的。

## 三、评述

评述，就是对人物、事物、事件或某种思想、观点、立场发表自己的见解，以起到传播思想、宣传主张、引起共鸣或抨击、鼓动、说服等作用。据其方式，可分为先述后评、先评后述和边述边评三种。先述后评，就是先叙述要评论的内容，然后进行评论。述的方式可以是复述、描述或解说，内容可集中地放在前面；评的内容主要是对述的对象发表观点和意见，可以相对集中放在后面。一般评述人物、事件、见闻或别人的讲话，都适合采用这种方式。先评后述，就是先提出自己的观点，稍作阐释，然后再引述相关材料以证明自己的观点。一般观点比较明确、肯定或说话形势比较急切，采用这种形式，具有"先声夺人"的效果。边述边评，就是一边叙述一边评论。一般在比较从容、自由的状态下使用，但述评后要注意归纳小结，不然容易漫无边际或使人不得要领。评述据其内容，也可以分为人物评述、事件评述和一般内容评述。

无论是何种评述，都要做到观点明确，意见公允中肯，内容真实，理据充分，逻辑严密，语言精当；力戒语无伦次，东拉西扯，离题万里，空洞无物。评述要求具有开阔的视野和画龙点睛的能力。经常做评述训练，有助于提高人的分析、评判和归纳、概括事物的能力。

【案例 2 - 17】

庶民的胜利

我们这几天庆祝战胜，实在是热闹得很。可是战胜的，究竟是哪一个？我们庆祝，究竟是为哪个庆祝？我老老实实讲一句话，这回战胜的，不是联合国的武力，是世界人类的新精神；不是哪一国的军阀或资本家的政府，是全世界的庶民。我们庆祝，不是为哪一国或哪一国的一部分人庆祝，是为全世界的庶民庆祝；不是为打败德国人庆祝，是为打败世界的军国主义庆祝。

（资料来源：董家骧，臧永清. 中外名人演说词大观. 沈阳：春风文艺出版社，1992.）

这是李大钊 1918 年 11 月 15 日在北京天安门前（亦说 1918 年 11 月末或 12 月初在中央公园）庆祝协约国胜利大会上演说的第一段。演说者虽然开头就指出"这几天庆祝战胜，实在是热闹得很"，但是并没有跟听众去细致描述如何"热闹"，而是迅速转向评述"胜利的意义"，发表自己的观感，表明自己的立场，跟听众一起分享一种"世界人类的新精神"——劳工（庶民）时代的到来！这就是评述。

## 四、解说

解说，就是对客观事物或事理作准确的说明或解释，以让听众对事物的功用、性质、特征、出处或来历等获得了解，使其具有相关知识。据其内容，可分为实物解说、程序解说和事理解说；据其程度，可分为详细解说和简约解说；据其风格，可分为平实性解说、形象性解说和谐趣性解说。解说的方法包括下定义、作诠释、打比方、举例子、分类和作比较。

无论何种解说，运用何种方法，都要求内容真实正确，条理清楚明白，语言浅显通俗，力戒主观武断，任意夸张或佶屈聱牙，深奥难懂。解说要求具有很强的科学性、逻辑性和知识性。经常做解说训练，有助于开阔视野，增长知识，发展科学而平实的口语风格。

【案例 2 - 18】

徐悲鸿《八骏图》解说词

徐悲鸿早在巴黎高等美术学校学习期间，就常常去马场写生，并精研马的解剖，积稿盈千。他自己曾说过："我爱画动物，皆对实物下过极长时间的功夫，即以马论，速写稿不下千幅，并学过马的解剖，熟悉马之骨架肌肉组织，然后详审其动态及神情，方能有得。"正因为如此，他才能成竹在胸，游刃有余地去捕捉瞬间即逝的动态神情，得心应手地采用前人不敢涉猎的大角度透视，创作出崭新的艺术形象。

（资料来源：百分网，徐悲鸿八骏图解说词，http：//www.oh100.com）

这是《徐悲鸿〈八骏图〉解说词》的最后一段，主要是告诉听众：徐悲鸿对马这种实物从马场写生到精研马的解剖是"下过极长时间的功夫"的，所以他才能把马画得那样不同寻常。全文在复述了《八骏图》是一幅怎样的作品，描述了徐悲鸿笔下骏马栩栩如生的形象，评述了徐悲鸿笔下骏马所昭示的人文意义的基础上，再加上这段解说，帮助听众加深对徐悲鸿和他笔下的马的认识，这就是解说的作用。

## 五、抒情

抒情，就是对人物、事物、事件或环境、氛围发出感慨、流露感情的一种表达方式，以起到分享心情、调动情绪、争取同情或激发斗志等作用。据其方式，可分为直接抒情和间接抒情。直接抒情，就是不加掩饰地直接抒发表达对某种事物的思想感情，一般运用感叹句加语助词，如"多好的战士，多好的母亲啊！"（蔡朝东《理解万岁》）间接抒情，就是在叙述、描述或议论的过程中含蓄内敛地抒发表达对某种事物的思想感情，一般要通过细心体会、分析才能明白其抒情性。抒情的方法，包括反复、排比、夸张、对偶、反语、赞叹和呼告等。

无论何种抒情，运用何种方法，都要求情感真切自然，情趣健康高尚，内涵丰富隽永，力戒内容空泛，虚情矫饰。经常做抒情训练，有助于提高说话的感染力，培养健康高尚的情趣。

【案例 2 - 19】

### 我有一个梦想

朋友们，今天我对你们说，在此时此刻，我们虽然遭受种种困难和挫折，我仍然有一个梦想。这个梦是深深扎根于美国的梦想中的。

我梦想有一天，这个国家会站立起来，真正实现其信条的真谛："我们认为这些真理是不言而喻的：人人生而平等。"

我梦想有一天，在佐治亚的红山上，昔日奴隶的儿子将能够和昔日奴隶主的儿子坐在一起，共叙兄弟情谊。

我梦想有一天，甚至连密西西比州这个正义匿迹、压迫成风、如同沙漠般的地方，也将变成自由和正义的绿洲。

我梦想有一天，我的四个孩子将在一个不是以他们的肤色，而是以他们的品格优劣来评判他们的国度里生活。

（资料来源：董家骧，臧永清．中外名人演说词大观．沈阳：春风文艺出版社，1992．）

这是 1963 年 8 月 28 日十个黑人组织在华盛顿举行 25 万人参加的"自由进军"游行集会时，马丁·路德·金在林肯纪念堂发表的著名演讲《我有一个梦想》的中间一段。那次演讲的效果是震撼世界的，至今仍回响在人类历史的天空。马丁·路德·金因此获得 1964 年诺贝尔和平奖，被誉为"为世界有色人民树立了一个榜样"。此次演讲之所以成功，除了主题切中人类现代文明和美国现实生活的敏感神经外，跟演讲词的风格有很大的关系，全文像这样连续运用排比句、段表达强烈的爱憎和诉求之情的文字有好几处，比喻精当、语言犀利、行文流畅、气势充沛，十分具有感染力、鼓动性和号召力。这就是抒情在说话与演讲中的作用，无论是直接抒情还是间接抒情。

**【案例讨论】**

### 纵横家苏秦与张仪的故事

纵横家是战国时期一批叱咤风云的人物。他们知大局，善揣摩，通辩辞，无所不出，无所不入，无所不可，开合有度，纵横自如，可称为中国五千年中最早也最特殊的谋士、说客、辩才、辞令家、外交政治家。他们的突出才能可以用赵国的平原君称赞毛遂的那句话："三寸不烂之舌，强于百万之师。"其代表人物是苏秦与张仪，一个主张合纵，一个主张连横，太史公司马迁称他们二人为："真倾危之士哉！"（倾邦覆国的人物）

"合纵之祖"——苏秦

苏秦，东周洛阳人，曾拜鬼谷子先生为师。学成后，外出游历了好几年，非常狼狈地回到家里。他的哥哥、弟弟、嫂子、妹妹、妻子、侍妾都暗地里讥笑他，说："周人的风俗，向来是治理产业，努力从事工商，以博取十分之二的利润为目的。如今你去掉了根本去搬弄口舌，倒霉，活该！"苏秦听了这些话，心里感到惭愧而暗自伤心，就关门不出，把他的书都取出来，再次发愤阅读，说："一个读书人已经埋头读书了，却不能用自己的知识去取得高位和荣耀，书读得再多，又有什么用处呢？"于是，他从这些书中找出一本《周书阴符》，伏案攻读。读了一年，他从书中找出了许多揣摩国君心意的诀窍，说道："凭借这些知识，我可以去游说当代的国君了。"

当时，列国之中，齐、楚、燕、韩、赵、魏、秦最为强盛，而七国之中又首推秦国最强。苏秦经过反复思考，形成了一个促成六国结盟以共同对抗秦国的战略思想，即"合纵"。他先去游说周显王。显王的近臣们平素就熟悉苏秦，都轻视他，不肯相信。于是苏秦向西到了秦国。这时秦国刚杀了商鞅，讨厌那些游说之士，不愿任用。于是苏秦往东到了赵国。赵肃侯的弟弟奉阳君讨厌苏秦。苏秦离开赵国又游历到燕国。经过一年多才见到燕文侯。经过一番游说，燕文侯说："我们的国家弱小，西边靠近强大的赵国，南边接近齐国，齐、赵都是强国。你一定要用合纵的策略使燕国获得安定，我愿把国家交给你安排。"于是燕文侯供给苏秦许多车马和金币，让他到赵国去。经过游说，赵肃侯回答道："我年纪轻，治理国家的时间很短，从未有人告诉过我治国的长远之计。如今您有意为各国谋生存，使诸侯得以安定，我诚恳地把国家托付给您。"于是装饰车子一百辆，加上黄金一千镒，白璧一百双，锦绣一千匹，用来邀约其他诸侯结盟。于是苏秦又游说韩宣王、魏襄王、齐宣王、楚威王，都获得成功。

苏秦做了合纵盟约的领导人，兼任六国的相国。于是苏秦把合纵的盟约送到秦国，秦国有十五年不敢出函谷关。（据《史记·苏秦列传》）

"连横之父"——张仪

张仪是魏国人。当初曾和苏秦一起师事鬼谷子先生，学习游说之术，苏秦自认为才学比不上张仪。

张仪完成学业，就去游说诸侯。他曾陪着楚相喝酒，席间，楚相丢失了一块玉璧，门客们怀疑张仪，说："张仪贫穷，品行鄙劣，一定是他偷去了宰相的玉璧。"于是，大家一起把张仪拘捕起来，拷打了几百下。张仪始终没有承认，只好释放了他。张仪回到家中，他的妻子又悲又恨地说："唉！您要是不读书游说，又怎么能受到这样的屈辱呢？"张仪对他的妻子说："你看看我的舌头还在不在？"他的妻子无不戏谑地说："舌头还在呀。"张仪说："这就够了。"

那时，苏秦已经说服了赵王而得以去各国结缔合纵相亲的联盟，可是他害怕秦国趁机攻打各诸侯国，盟约还没结缔之前就遭到破坏。又考虑到没有合适的人可以派到秦国，于是派人暗中引导张仪说："您当初和苏秦感情很好，现在苏秦已经当权，您为什么不去结交他，用以实现功成名就的愿望呢？"于是张仪前往赵国，呈上名帖，请求会见苏秦。苏秦就告诫门下的人不给张仪通报，又让他好几天不能离去。这时苏秦才接见了他，让他坐在堂下，赐给他奴仆侍妾吃的饭菜，还屡次责备他说："凭着您的才能，却让自己穷困潦倒到这样的地步。难道我不能推荐您让您富贵吗？只是您不值得录用罢了。"说完就把张仪打发走了。张仪来投奔苏秦，自己认为都是老朋友了，能够求得好处，不料反而被羞辱，很生气，又考虑到诸侯中没有谁值得侍奉，只有秦国能侵扰赵国，于是就到秦国去了。

不久苏秦对他左右亲近的人说："张仪是天下最有才能的人，我大概比不上他呀。如今，幸亏我比他先受重用，而能够掌握秦国权力的，只有张仪才行。然而，他很贫穷，没有进身之阶。我担心他满足于小的利益而不能成就大的功业，所以把他召来羞辱他，用来激发他的意志，您替我暗中侍奉他。"苏秦禀明赵王，发给他金钱、财物和车马，派人暗中跟随张仪，和他投宿同一客栈，逐渐地接近他，还以车马金钱奉送他，凡是他需要的，都供给他，却不说明谁给的。于是张仪才有机会拜见了秦惠王。惠王任用他作客卿，和他策划攻打诸侯的计划。

这时，苏秦派来的门客要告辞离去，张仪说："依靠您鼎力相助，我才得到显贵的地位，正要报答您的恩德，为什么要走呢？"门客说："我并不了解您，真正了解您的是苏先生。苏先生担心秦国攻打赵国，破坏合纵联盟，认为除了您没有谁能掌握秦国的大权，所以激怒先生，派我暗中供您钱财，这都是苏先生谋划的策略。如今先生已被重用，请让我回去复命吧！"张仪说："哎呀，这些权谋本来都是我研习过的而我却没有察觉到，我没有苏先生高明啊！况且我刚刚被任用，又怎么能图谋攻打赵国呢？请替我感谢苏先生，苏先生当权的时代，我张仪怎么敢奢谈攻赵呢？"张仪出任秦国宰相以后，写信警告楚国宰相说："当初我陪着你喝酒，我并没偷你的玉璧，你却鞭打我。你要好好地守护住你的国家，我反而要偷你的城池了！"（据《史记·张仪列传》）

"一战"后，德国著名学者斯宾格勒在《西方的没落》一书中高度赞扬中国的纵横家，认为当今世界形势颇似春秋战国，虽不能出现以纵横术主宰世界历史发展的人物，但纵横家的思想具有实际的借鉴作用，用之无害，不用可惜。日本学者、企业家大桥武夫把《鬼谷子》用到经营活动中，编写了一部鬼谷子应用实例集《"兵法"与"鬼谷子"》。《鬼谷子》的影响已从单纯的外交领域走入更广泛的社会领域。

阅读《纵横家苏秦和张仪的故事》，讨论：构成苏秦、张仪卓越口才的核心要素是什么？

**【基本训练】**

## 心理沟通与转换模拟训练

1. 两人一组，构成"主动方"与"被动方"。被动方就某一事件、人物、话题或观点，拟定自己的心理态势（立场或观点），然后由主动方说出。类似心理揣度游戏。

2. 既可以在上述练习基础上，也可以另选话题。一方顽强地坚持己方立场，拒不改变；另一方则极力说服对方改变。

# 第三章　竞聘演讲口才

　　竞聘，是指党政机关、企事业单位和社会团体在领导与管理工作人员职务晋升、岗位变动过程中，通过一定范围内的公开竞争程序确定晋升、留任、轮岗人选的一种干部选拔任用形式。随着我国民主政治建设进程的加快，这种干部选拔任用形式将会被广泛采用，成为各级各类高级精英领导与管理人才脱颖而出的重要渠道。在角逐激烈的竞聘中，相关人员需要发表演讲。因此，我们将竞聘演讲口才作为领导与管理口才训练的第一章，其也是学习其他章节的起点和基础。

## 第一节　竞聘演讲的意义和内容

### 一、竞聘演讲的意义

　　竞聘上岗已经成为我国新时期组织部门选拔任用干部的一种重要形式。竞聘演说，指参与竞岗人员为了实现竞争上岗目标而发表的一种十分具有竞争性和技巧性的演说。竞聘演说的意义，在于推介自己、引导舆论、争取选民。竞聘者需要在特定的场合和有限的时间内，通过有节制的侃侃而谈充分展现自己的政治素养、思想品德、人格魅力和分析、概括、表达、解决问题的能力，拿实力证明自己比别人更强，让听众和评委横向比较，择优投票，用优势去赢得人气。

【案例3-1】
#### 我的竞聘演讲何以能够成功
　　在我院举行的中层干部竞聘演讲中，共有六十位竞选者上台演讲。组织者规定每位竞聘者演讲的时间不能超过三分钟，考虑到演讲时间是在人们的注意力容易分散甚至有可能昏然欲睡的下午，会议将持续三个多小时，演讲的内容大同小异：无非是演奏一个先报户口、再唱颂歌、后表决心的三部曲，而听众却都是擅长舞文弄墨的知识分子的具体情况，我对演讲词进行了精雕细琢，力求既凝练又不失口语化，既严谨又不失诙谐，并在结构布局上狠下苦功：引人注目的开头、内容丰满的主体、委婉含蓄的结尾。功夫不负有心人，我的三分钟演讲一扫严肃、沉闷的会场气氛，赢得了阵阵笑声和掌声，获得了同事们的一致好评。

［资料来源：孙亚明. 竞聘办公室副主任的演讲词. 演讲与口才，2005 (3).］

一个单位的中层干部竞争上岗，符合条件的有六十人参加竞聘演讲（报名的人肯定更多），每个人的演讲时间限定三分钟，可见竞争激烈。当事人深知自己是有实力的，而且抱定"天生我材必有用"的必胜信念，经过一番精心准备，功夫不负有心人，最终角逐成功。这种"不拘一格降人才"的选拔任用干部机制，既能"将最合适的人用到最合适的岗位"，也有利于优秀人才脱颖而出。

## 二、竞聘演讲的内容

竞聘演讲的内容包括竞聘岗位（名称与性质）、个人经历、竞聘优势、竞聘成功后的工作设想以及对待竞聘成败的态度等。这样选择内容，比较系统全面，便于听众和评委了解自己的基本情况、立场和观点以作出评判。竞聘演讲只需要围绕这些内容建构话语，组织篇章，就能稳操胜券；无须别出心裁，与众不同，另搞一套，那样反而会被归入另类，淘汰出局。竞聘演讲的内容一般通过演讲词的标题、开头、正文和结尾有层次地呈现出来。

**【案例 3 - 2】**

### 竞聘办公室副主任的演讲词

各位同志：

大家好！

有人说，人最大的不足不在于看不到自身的不足，而在于看不到自身巨大的潜能，大多数人只发挥了个人能力的 20%。受这句话的激励，我前来竞选办公室副主任一职，我先作一下自我"表扬"：

我一直把"一支粉笔、两袖清风、三尺讲台、四季耕耘"作为座右铭，执着从教，痴心不改。有人也许会问：你不是在暑假管理过手机店吗？是的，我认为现在的教师应该是理论的强者、实践的高手。通过社会实践，我的就业指导课上得更精彩了。企业经营不是我的梦想，店早已让下岗职工经营，也算是我为再就业工程作了一点贡献。

我的专业是中文，当过大学文学社社长、主编，具有较强的文字表达能力，公开发表文章四十多篇；勤工俭学，当过推销员，"千山万水跋涉，千言万语宣传，千方百计推销，千辛万苦工作"，喜欢富有挑战性的工作，具备锲而不舍、吃苦耐劳的精神。（掌声）

工作上我一向力争上游，不甘落后：从事教学工作整整十年，"十年辛苦不寻常"，曾获教学优秀奖，被评为优秀班主任；在就业指导办公室工作三年，"明知山有虎，偏向虎山行"，积极开拓毕业生就业市场，敢于并乐于向前进道路上的拦路虎挑战，社交、管理和随机应变的能力得到领导和群众的肯定。（掌声）

同时，我真诚、随和、宽容、乐观、风趣，有较强的沟通能力。

下面作一下自我批评：凡事一丝不苟，过分追求尽善尽美，当然这既是优点，有时也是缺点。（笑声）

竞聘学院办公室副主任，我谈几点工作设想：

一、全力以赴协助主任做好办公室工作，出色完成领导交办的各项任务和日常工作。

二、与时俱进，开拓创新，围绕学院工作目标，研究新情况、解决新问题，适时提出具有前瞻性、针对性和可操作性强的建议；增强服务意识，发挥好上下沟通、左右协调的桥梁作用。

三、充分调动办公室人员的工作热情，多关心帮助，少指手画脚，努力营造团结、紧张、严肃、活泼的工作氛围。

有人说，大材小用，基本没用，因为大材小用会扼制人的潜能的发挥；小材大用，基本有用，因为小材大用有利于激发人的潜能：希望借我院人事改革的"东风"，使我这块"小材"得到大用的机会，一旦如愿，竭诚欢迎诸位用挑剔的眼光看我，多提宝贵意见。最后，我想以丘吉尔的名言作结："我没什么好奉献，有的只是热血、辛劳、眼泪和汗水。"

[资料来源：孙亚明. 竞聘办公室副主任的演讲词. 演讲与口才，2005（3）.]

《竞聘办公室副主任的演讲词》完全符合一般竞聘演讲词的内容要求。除称呼和问候语外，正文共 11 个自然段。第 1 自然段，点出参加竞聘的动机（发挥自身潜能）和所竞聘的岗位（学院办公室副主任）；第 2～6 自然段，讲自己的经历（教书十年、经营过手机店、在就业指导办公室工作三年、勤工俭学当过推销员、当过大学生文学社社长和主编）和竞聘的优势（中文专业出身，具有较强的文字表达能力；喜欢具有挑战性的工作，工作一丝不苟，能吃苦耐劳，且待人真诚、宽容、随和；社交、管理能力得到领导和群众的好评）；第 7 ~ 10 自然段，讲竞聘成功后的工作打算；第 11 自然段，讲对待竞聘成败的态度。全文章法严明，内容全面，详略得当，疏密得体。

# 第二节　竞聘演讲的特点与要求

## 一、竞聘演讲的特点

### （一）目标的明确性

竞聘演讲者一上台就要鲜明地亮出自己参加竞聘的目标，即所竞聘的岗位。通过演讲展示自己跟竞聘岗位相匹配的个人实力，所选用的材料和运用的手法都要为这个目标服务。这就要求演讲者在撰写演讲稿前要对竞聘岗位做大量的调查研究，全面熟悉与了解岗位的特征和胜任此岗位所需具有的素质。演讲中也要通过正面的自我介绍，让听众了解自己，判定本人是否符合竞聘岗位的条件。一般采用如下方式展示自己的竞聘目标：

尊敬的各位领导、同志：

我首先感谢领导、同志们的信任和支持，给我这个机会参加竞争上岗演讲。我叫×××，现年×岁，××党员，××学历，××职称，现任××工作，我竞争的岗位是××。

### 【案例 3 - 3】
#### 卡特接受民主党总统提名的演说

我叫吉米·卡特，我要竞选总统。

自从我第一次说出这句话到现在已经很长时间。在走遍我们伟大的国家之后，我来到这里接受你们的提名。

我用肯尼迪讲过的话接受你们的提名："怀着诚挚而感激的心情，我只有一个信念：用我的身体、大脑和精神的全部力量，引导我们的党重新获得胜利，引导我们的国家走向伟大。"

（资料来源：美国第39任总统卡特1976年7月5日接受民主党总统提名的演说）

### （二）过程的竞争性

参与竞聘某个职务或岗位的人员，肯定不止一人，而凡是参与竞聘者都志在必得，可以说是"八仙过海，各显神通"。因此，竞聘的竞争性贯穿于竞聘工作的始终，也必然反映到对竞聘演讲的要求上来。这就要求竞聘演讲，一般来说，必须从形式和内容两个方面进行全面包装。当然，也可以特别突出某个方面的特色或优势，做到以少胜多，或者以特、优胜一般。不过，后者为险招，不太靠谱。

### 【案例3-4】
#### 竞聘党委工作部部长演讲词

……我竞聘党委工作部部长一职，有五大优势：

（1）在部队时，我就对党和国家的各项方针政策比较关注，多年来的积累，使我具备了扎实的政治理论基础，这是担任党委工作部部长，做好职工思想政治工作的首要条件。

（2）洁身自好、认真务实的工作作风，使我在职工中树立了良好的个人形象；谦虚谨慎、耐心细致的工作态度，使我在与下属沟通交流，协调处理问题时更得心应手，这也是做好党委工作部工作的基本条件。

（3）十五年在公司工作，使我对公司各方面情况比较熟悉，开展思想政治工作更有针对性、实效性。

（4）五年的部队政治部生活使我对组织、宣传、党务及公文写作等基本业务技能非常熟悉，这都是作为党委工作部部长所必备的业务素质。

（5）2003年至今在党委工作部任职期间，我按照公司党委的要求，配合公司工作中心，加强企业党建，开展主题教育，加大宣传力度，成功创办了《沟通》报，通过多种形式把企业的思想政治工作开展得有声有色，在员工中营造了"心齐、气顺、风正、劲足"的良好氛围，受到了广大干部职工的一致好评……

（资料来源：文秘网，竞聘党委工作部部长演讲词，http：//www. wenmi114. com ）

《竞聘党委工作部部长演讲词》，从篇幅上看，竞聘者采取了"放大业绩"

的竞争策略，用了较大篇幅着力讲了他胜任党委工作部部长一职的五大优势。业绩丰富，内容充实，论据充分，富有说服力，不失为一种竞争策略。

### （三）时间的限定性

竞聘演讲在时间上有严格规定，一般为 5～15 分钟，也有少于这个规定的。这就要求竞聘演讲必须看菜下饭，量体裁衣，演说者不能想讲什么就讲什么，想讲多长就讲多长。为了公平公正起见，演讲者应该老老实实根据限定的时间准备演说，力求以少胜多，做到言简意赅；而不要因为超时或少于规定的时间而遭扣分，或企求观众、评委网开一面。有关这方面的成功案例请参阅本章的案例 3-1《我的竞聘演讲何以能够成功》，兹不赘述。

### （四）言辞的抒情性

俗话说"感人心者莫先乎情"。竞聘演讲虽然靠的是逻辑和理性，拼的是实力，但绝不是没有感情的干巴巴的条陈。如何让评委、群众郑重地为你投上一票呢？除了你的素质、才干和承诺，你还要适当通过演讲词的抒情性和感染力，"以情动人"；不能动人心弦者，得票率自然会大打折扣。当然，竞聘演讲词的抒情性，要严格把握分寸，做到"草色遥看近却无"，若把竞聘演讲弄成抒情比赛，那就贻笑大方了。

### 【案例 3-5】
#### 竞聘副乡长的演讲词

……在我决定竞聘副乡长这一职位时，听到有人这样说，他刚毕业回来就想当官，真是官迷心窍。我想说这话的人一定是不了解我的过去，也不了解我的心。乡亲们知道，我是孤儿，是吃百家饭长大的，也是靠大家资助才上完大学的。树高千尺不能忘了根，人活着不能忘了本。如今我放弃留在大城市的机会，回到咱黄土高坡来竞聘副乡长，就是想来回报养育了我的这片土地，更快地把知识变成生产力，给大家带来经济效益。……

[资料来源：张学明. 竞聘演讲，以情动人. 演讲与口才，2007（12）.]

这段演讲词通过一番真情告白——欲擒故纵、欲扬先抑、打比方、摆事实，实话实说，显著地提高了它的抒情性，有助于演讲者得分。竞聘者处理得恰如其分，一方面让听众感到竞聘者是一个知恩图报的人，另一方面也表明了竞聘者动机纯正，没有离开竞聘演讲的正题，言辞也比较谨慎朴素。

## （五）章法的逻辑性

竞聘演讲应该主要靠逻辑和理性取胜。竞聘演讲的逻辑性要求主要体现在演讲规则和礼数的遵守、演讲内容服从演讲目的需要、观点和材料组合富有逻辑的排列等方面。深层一点讲，演讲者所提供和展现的信息——你的任职优势、施政纲领、抱负和理想，一定要符合竞聘岗位的特点和实际，能够体现和满足竞聘岗位的要求；否则，可能只是一场痴人说梦的个人秀。

**【案例3-6】**
### 竞聘教学系副主任的演讲词

……作为系副主任，要发挥好副职的参谋智囊作用、骨干带头作用、桥梁纽带作用，团结和带领全系教师努力工作，为此应采取以下措施：

（1）教师是学校发展的决定因素，因此，必须加大教师培养力度，优化队伍结构。比如鼓励教师攻读硕士、博士学位；采取"走出去，请进来"的办法，培养业务骨干教师。

（2）教学质量是学校生存和发展的关键。因此，系领导抓教学质量的精力要到位，进一步落实教学质量监控措施。比如，落实听课、评课制度；改进教学方法和考试方式；把教学评估结果作为考核教师业绩的重要依据。

（3）教研和科研成果是衡量学校办学质量的重要指标。必须进一步强化教师的教研、科研意识，争取研究成果有新突破。比如，组成课题组，申报重大课题；实行评优研究成果"一票否决"制。

（4）课程建设是高校一刻也不能放松的工作，必须加大建设力度，力争治安系有更多的合格课程、重点课程，同时确保"犯罪心理学"省级重点地位不动摇。

（5）带好队伍。作为系副主任，要用过硬本领带动大家，用优异成绩鼓舞大家，用良好作风影响大家，用诚挚感情团结大家，形成团结、友爱、和谐的人文环境，与全系老师一道，同干事业，共创未来。

（资料来源：刘汉民．竞聘演讲词赏析与评改．广州：中山大学出版社，2003．）

这段演讲词紧扣竞聘教学系副主任的岗位职责要求，承诺竞聘成功以后自己的工作设想和打算，环环相扣，层层相因，无一句废话和虚言，显得逻辑严密、态度端正。

## 二、竞聘演讲的要求

竞聘演讲是检验竞争上岗干部政策水平、理论修养、逻辑思维、文字功底、口头表达和工作能力等综合素质的有效形式。俗话说"是骡子是马拉出来遛遛"。因此竞聘者一定要懂得竞聘演讲的基本要求，按照竞聘演讲的基本规则，抓住时机，精心准备，力争脱颖而出。

### （一）气势先声夺人

竞聘演讲的一个重要特征就是竞争性，而竞争的实质是"压倒"对手。这就要求竞聘演讲者先要在气势上胜人一筹。这气势不是盛气，不是霸气，不是骄气，也不是傲气，而是基于一种任职条件和优势的自信心的自然流露。

【案例 3 - 7】

#### 竞聘教务处处长的演讲词

……我报名参加处长竞争，有以下几个方面的优势：一是政治方面的优势。在省委办公厅工作，政治素质是第一位的。这些年来，我比较注重在学习和实践中逐步提高自己的政治水平。因工作的需要，厅领导安排我经常阅看省军级文件，参加省委常委会议服务工作，参加省委、厅里一些重要的政治活动的服务工作，跟随着省委领导和厅领导下基层调查研究……二是写作方面的优势。考入湖南大学中文系，经过四年的系统训练，打下了比较深厚的语言文字功底；参加工作后，一直从事文字写作工作，写作水平不断提高。近 10 年，先后在中央办公厅的内部刊物、《人民日报》、《求是》等发表文章 100 多篇……三是管理方面的优势。担任综调室主任，既要写文章，又要抓管理。我主要是用制度管人，按制度办事。我对本室的管理比较规范、科学、严格，业绩比较突出……四是敬业方面的优势。敬业爱岗是做好工作的重要前提。我以三个"为乐"时刻勉励自己，即以读书为乐、以工作为乐、以事业为乐，对工作始终兢兢业业、一丝不苟……

（资料来源：刘汉民．竞聘演讲词赏析与评改．广州：中山大学出版社，2003.）

这段竞聘大学教务处处长的演讲词，绵里藏针，给人的感觉就是大气——"此人颇有来头"！他一连列举了四个竞聘优势，其中前两个优势——在省委办公厅工作，在中央办公厅内部刊物、《人民日报》、《求是》等杂志发表文章使人感到无可匹敌，这种"大词"和"大材料"的运用，有助于演讲得分。

### （二）风度从容自信

"自信，这是一切伟大事业的创业者所必须具备的首要品质。"英国著名思想家塞缪尔·约翰的话可谓道出了"自信"的本质。著名演说家戴尔·卡耐基曾说过："不要怕推销自己。只要你认为自己有才华，你就应该认为自己有资格担任这个或那个职务。"气势源于自信，自信源于个人丰富的学识、过人的胆识或某种得天独厚的竞争优势，但你要通过演讲将它们和盘托出，使它们呈现在听众面前，成为"看得见、摸得着"的东西。

**【案例 3 - 8】**

#### 大学生竞选村干部演讲词

老乡们：

你们好！

今天，我走上演讲台的唯一目的就是竞选"一村元首"——村长。我坚信，凭着我新锐不俗的"官念"，凭着我的勇气和才干，这次竞选演讲给我带来的必定是下次的就职演说。

我从没有担任过村干部，缺少经验，这是劣势，但正因为从未在"官场"混过，一身干净，没有官相官态、官腔官气，更不可能是官油子；少的是畏首畏尾的私虑，多的是敢作敢为的闯劲。正因为我一向生活在最底层，从未有过高高在上的"体验"，对摆"官架子"看不惯，弄不来，就特别有民主作风。因此，我的口号是"做一个彻底的平民村委会主任"。

（资料来源：百分网，大学生村官竞选演讲，http：//www.oh100.com，节选）

这段《大学生竞选村干部演讲词》，一上来就给人自信的感觉。他紧扣自己"从来没有当过村干部"这个竞争短板，将它变为竞争优势，侃侃而谈，讲出其中的道理。正当乡亲们将信将疑之时，他又顺势抛出自己的竞聘口号："做一个彻底的平民村委会主任。"这种一唱三叹、一波三折的做法，往往能够令听众印象深刻，不知不觉中就接受竞聘者，而这一切来自演讲者的从容自信给听众的感染。

### （三）态度真诚老实

竞聘演讲就是"毛遂自荐"，态度上一定要真诚老实，有一分能耐说一分能耐，不能为了竞聘成功而夸大其词。竞聘演讲面对的听众，一般都是本单位或本行业的领导和群众，大家对演讲的内容是否真实客观，是心中有数的。如果竞聘者不实"展示"自己，夸大自己的业绩，就会给听众留下不诚实的印象，这无疑会影响竞聘者的竞争力。正如英国著名思想家培根所言："说谎总是弱者的策略。强者则敢于面对事实，讲出真相。因此，一个需要掩饰的政治家，其地位一定是相当软弱的。"列宁也说过："吹牛撒谎是道义上的灭亡，它势必引向政治上的灭亡。"

坊间有个笑话，话说教务处处长竞聘校副院长，他演讲说："我非常热爱教学工作，热爱学生。为了加强对学生的思想政治教育，提高学生的业务素质，我经常同学生谈心，经常下班辅导。一年来，我共接访学生 5 000 余人次。尽管我很累，但是我的心却是甜蜜蜜的。因为我为学院的建设贡献了自己的力量，为学生的成长倾注了我的心血。"他的话音未落，台下哄堂大笑。因为一年接访学生达 5 000 人次，全校学生在校时间共 9 个月，约 270 天，这样平均每天接待学生 20 人次，这可能吗？另据史料记载：美国内战结束后，陶克将军竞选国会议员，他的对手是他当年手下的一名士兵，名叫约翰·海伦。一位是功勋卓著的将军，一位是普普通通的士兵，几乎所有的人都认为陶克将军会取胜，但结果却出人意料：将军败给了他的士兵。究其原因，是在竞选演讲中，将军列举了自己的赫赫战功，言辞慷慨激昂，但对民众始终保持高姿态；而士兵则朴实真诚，让人觉得真实，更具亲和力。

### （四）语言简练有力

老舍先生说："简练就是话说得少，而意包含得多。"这种言少意多的语言，干净利落有力量。竞聘演说虽然是宣传自己的好时机，但一定要懂得"简洁是天才的姊妹"和"以少胜多"的道理。竞聘演讲都有时间限制，你要学会用尽可能简洁的语言传递尽可能丰富的意思。

"如果大娘婶子姑娘姐妹们选我当妇女的头儿，我一定会让你们放心。因为我也是女人，也有丈夫，有家，也怀孕生过孩子。我知道哪些利益该为咱妇女争，哪些事该咱妇女去干。你们要是信得过我，就请投我一票！我绝不会让你们失望。"（竞选乡妇联主任）

"父老乡亲们，请大家相信我，支持我，给我提供一个舞台，让我挑起村委会主任这副担子，带领大家大步奔小康。不要犹豫，投我一票吧，因为选我就等于选了你自己。"（竞聘村委会主任）

以上两段演讲词，都是单刀直入，直奔主题，非常具有表现力和穿透力。像这样的句子："我知道哪些利益该为咱妇女争，哪些事该咱妇女去干"、"不要犹豫，投我一票吧，因为选我就等于选了你自己"，掏心掏肺，掷地有声，最能打动选民的心，说到选民的心里去。竞聘演讲词，无论是开头自报家门，主体陈述竞聘理由，还是结尾表决心，都应该以高密度、大容量、言简意赅和简洁有力为主要语言风格。

## 第三节　竞聘演讲的技巧

一份完整的竞聘演讲稿可分为标题—称呼—开头—正文—结尾五个部分。竞聘演讲过程则由称呼—开头—主体（正文）—结尾四个部分构成。除标题为演讲稿特有外，竞聘演讲的过程跟竞聘演讲稿的结构一致。以下我们分别谈谈相关技巧和注意事项。

### 一、标题

竞聘演讲稿的标题分自拟和他人添加两种。从文体角度，可以分为三类：一是文体式标题，即事项＋文体字样，如："竞聘演讲（稿）"；二是公文式标题，即由事项＋竞聘岗位（职务）名称＋文体名称构成，如："竞聘××县副县长的演讲（词）"；三是普通文章式标题，如："我为什么竞聘导游"、"假如我是班长"。

第一种和第三种标题多为自拟，第二种多为他人添加。

三类标题各有优劣：文体式标题高效直白，但给人简单的感觉，只适合在较低层次使用；公文式标题严谨、规范，普适性好，适合在一切场合使用；普通文章式标题活泼，适合在某些气氛较为轻松的场合使用。

此外，也有一种正副标题并用的双标题形式，如：

竞争自有良才出，勿以成败论英雄
——竞争人事处处长的演讲

舌头、大脑与灵魂是主诉检察官的三大法宝
——竞选主诉检察官演讲词

主标题阐明理念或表明态度，充当"文眼"，有吸引眼球或先声夺人的作用；副标题具体说明竞聘的岗位或职务。主副标题，一虚一实，相互映衬，显得庄重、华丽、有气势，较适合才情充沛的演讲者使用。但值得注意的是，这种标题形式，只适合成型的演讲稿；现场演讲时不可能照本宣科地将演讲题目读一遍，因而起不到制造声势的作用。

无论选择哪种标题，都要语言简练、表意明确，切忌刻意雕琢、追求花样。

## 二、称呼

竞聘演讲的称呼指对现场听众的称呼。一般有繁简两式。

简短称呼一般是笼统地称呼在场的全体听众为"×××"，如：

亲爱的同志们（朋友们、老师们、同学们、战友们、父老乡亲们）

繁复称呼一般是分别称呼在场主要的或重要的听众，有少至两项、多至三项或更多的，如：

尊敬的评委、同志们（朋友们、老师们、同学们、战友们、父老乡亲们）

尊敬的评委、各位领导、同志们（朋友们、老师们、同学们、战友们、父老乡亲们）

尊敬的评委、××书记（校长、董事长、经理、县长、教授、博士）、各位领导、同志们（朋友们、老师们、同学们、战友们、父老乡亲们）

一般而言，竞聘演讲的称呼对象具有特定性。可因各国（各地方、各行业领域）礼仪的不同和礼数的大小，有繁简之分，但不能随意增减。

各种称呼也各有优势：简短称呼，亲切自然，适合一切场合；繁复称呼，周到严谨，适合较大场合。

称呼前面，也可根据演讲者感情表达的需要和被称呼对象的特殊身份，加上"尊敬的"等敬语，但要恰当，切忌"最最"、"亲爱的"等大词、甜词滥用。

总之，竞聘演讲称呼，要根据演讲者表达感情的需要和现场气氛而定，力求质朴、庄重、得体、干净利落、亲切自然。

## 三、开头

紧承称呼部分，就是竞聘演讲的开头，一般用来表达竞聘者的心情和对听众的谢意，也是竞聘演讲者最想要、最应该说的话。竞聘演讲的开头对整个演讲具有"定调"作用，所以选择什么样的方法切入，显得十分重要。常见的方法有以下几种：

### 1. 致谢法

首先应感谢支行领导为我们创造了这次公平竞争的机会！此次竞聘，本人并非只是为了当官，更多的是为了响应人事制度改革的召唤，在有可能的情况下实现自己的人生价值。

首先，我要真诚地感谢这次竞聘演讲活动，使我这个退伍的傻大兵有机会走上竞聘副局长的讲台。请你们相信，我这个做了五年处长的老兵有能力站好"新岗"！在这里，我给所有支持我的人敬礼了！

首先我衷心地感谢大家耐心地坐到现在听我最后一个演讲。

竞聘者一上场，就以诚挚的心情来表达自己的感谢之情，给人以有礼貌、有修养的感觉。这种方法能较快地拉近演讲者与听众和评委的情感距离，但要恰如其分，不能用过多的媚词，否则会产生精神贿赂听众和评委的嫌疑。

### 2. 心情表白法

这次，承蒙大家的厚爱和举荐，我能站在这里参加竞选，心里很激动，也很兴奋。

有句话说"人到中年万事休"，我却认为：人到中年不能休！我把这次竞争上岗看作是人生道路的第二起跑线，在这里，衷心希望大家能为我鼓劲加油！

当着这么多的领导和乡亲们发表演讲，我这是"大姑娘上轿——头一次"，但是我相信，我不会辜负领导和乡亲们的期望。

我从部队转业到这里不到三年，领导和同志们无论从生活上还是从工作上，都给了我无微不至的关心和帮助，现在又给了我竞聘办公室主任的机会，我从心眼里感谢大家对我的信任和支持，借此机会，我给大家鞠躬了！

从个人参加竞聘演讲的感受入手，给人随和、亲切、自然、如拉家常的感觉，自然容易争取好感。但这种方法的运用要紧扣竞聘演讲的主题，做到要言不烦，点到为止，切忌为话心情而话心情，东拉西扯，专注于故事，游离于现场，冲淡了演讲的气氛。

3. 套近乎法

大家早就熟悉我了，但是今天我想让大家更好地认识我……

我叫××，在座的各位都比较熟悉。这是因为我在市委宣传部已经快 10 年了，不管怎样，与大家混了个脸熟……

这种方法类似于心情表白法，所产生的自然亲切的效果不言而喻。但严格地讲，它不适合较大或较为庄重的场合，容易滑向油滑或率真，也给人拉票的嫌疑。

4. 开门见山法

我叫×××，1974 年生于一个贫困的小山村，1995 年毕业于北京师范大学中文系，中共党员……

我叫××，18 岁参军，历任排长、连长、参谋、参谋长，在部队多次立功受奖……

竞聘者一开场就自报家门，介绍自己的基本情况，如姓名、学历、职务、经历等，一下子将听众及评委带入正题，不绕圈子，不来虚的，不搞花架子，给人质朴、自然、真实、高效的感觉，这当然不失为一种好方法。但质朴也是它的缺点，给人不艺术、不灵活的感觉。

5. 提纲挈领法

我今天来参加竞选，是来作自我挑战的！是来接受大家检验的！我平时喜欢当老黄牛，今天我想做千里马！我的演说内容主要分为两个部分：一是我竞聘办公室主任的优势；二是谈谈做好办公室工作的思路。

我叫××，在省财政厅工作，我要竞聘的是副厅长的职位。我演讲的内容概括起来是三句话：摆正自己的位置；立足内部管理；树立良好的形象。

在演讲的开头用简练的话语将演说的内容加以概述，归纳为一二三，引导听众思维，方便听众记忆，有利于听众抓住演讲内容的要点。这种方法给听众的印象是干练、果断，但前面一般也有些许铺垫，不然会给人突兀、直接、缺乏热情的感觉，这也是它的不足。

## 四、正文

正文也称主体，是竞聘演讲内容的核心或实质性部分，一般包括自我经历、竞聘理由、对未来岗位的设想及对竞聘成败的态度等。它的重要性在于，任何好的开头和结尾都不能代替正文的价值，听众和评委对竞聘演讲者在多大程度上是此次竞聘岗位最合适的人选，主要依据竞聘演讲内容的主体加以判断。对竞聘演讲主体内容的安排要注意以下几点：

1. 自我介绍，要突出重点

竞聘演讲肯定要介绍自己的经历或基本情况，如自己的年龄、学历经历及所任职务等，但绝对不是"有碗数碗有碟数碟"，面面俱到；相反，它应该是"有所为有所不为"的，应该重点介绍那些跟竞聘岗位或职责要求有密切关联的信息，使自我介绍成为展示自己优势的切入点。即便是自身的缺点或弱势，也要设法使它变为优势或长处。例如：

　　我叫×××，1986年参加工作。在将近20年的工作时间里，我先后从事过工程计算、计算机软件开发、计算机数学、教务管理和学生管理工作，有多项独立完成的课题、工厂推行现代化管理成果奖和学校教研成果奖，尤其是担任学生管理工作以来，我的思想和能力得到了很大的提高，获得了学院的嘉奖。（竞聘教务处副处长）

　　我，一没有光荣的党票，二没有金灿灿的大学文凭，三没有丰富的阅历，只是一个初涉人世的25岁的小伙子。你们有百分之百的理由，怀疑我能否担当起广安市水表厂厂长的重任。然而，工友们，请你们细心地想一想：我们广安市水表厂长期处于瘫痪的边缘，难道是因为你们的历任厂长，没有党票、没有文凭、没有阅历吗？

　　例一突出在将近20年的工作时间里，"我"具有丰富的教务管理和学生管理工作经历，与"教务处副处长"的工作岗位要求相吻合。例二将"初涉人世"的不足变为优点：正好轻装上阵，大胆执着，开拓进取。

　　2. 竞聘理由，要突出优势

　　竞聘演讲在表明能力、陈述竞聘理由时，也不能面面俱到，全面出击，而应当针对竞聘岗位职责的性质和特点，突出自身的优势或专长，因为竞聘选择的往往就是具有某方面专长或优势的人才。突出专长或优势，就是突出自己的竞争力。例如：

　　我是计算机专业毕业的研究生，计算机软件的开发与应用以及计算机常见故障的处理是我的专长。我利用业余时间编写的"CAI环境下微型网络学习系统"被一所中学采用，我撰写的《谈谈计算机常见故障的排除方法》等四篇专业论文在省级以上学术刊物发表。以上成绩表明我有能力胜任计算机软件开发部副主任一职。

　　今天我竞争的职位是综合科科长，理由有三：第一，我认为这有利于提高自己的综合素质，全面发展自己。第二，我认为自己具备担当该职务所必需的政治素养和个人品质。首先，我的敬业精神比较强，工作认真负责，勤勤恳恳，任劳任怨，干一行，爱一行，专一行。其次，我的思想比较活跃，接受新事物比较快，爱学习、爱思考、爱出点子，工作中注意发挥主观能动性，超前意识强，这有利于开拓工作新局面。再次，我办事稳妥，处事严谨，在廉洁自律上要求严格，这是做好一切工作的保证。最后，我信奉诚实、正派的做人宗旨，能够与人团结共事，而且具有良好的协调能力。第三，我认为自己具备担当该职务所必需的知识和能力。……

不言而喻，如果没有更多的竞争者或更好的人才，例一中的演讲者就是"计算机软件开发部副主任"最好的人选。而例二中的演讲者就不一定被看好了，因为他虽然列举了自身很多竞聘理由，但几乎没有一条跟"综合科科长"岗位要求较为吻合的任职优势，给人的印象是素质全面而平平。

3. 施政纲领，要宏观大气

竞聘演说在陈述竞聘理由和优势以后，要用简明扼要的语言亮明自己的施政纲领，以供听众和评委进一步考察你的政治、业务才能。施政纲领的提出，一般来说，不必针对具体的工作，但一定要紧扣岗位特征、国际国内大势走向或本行业领域人们关注的社会热点，力求从宏观上总揽大局，纵横捭阖，条分缕析，侃侃而谈，这样才能显示你的领袖才能和领导思维。例如：

……这次竞争，如能当上处长的话，我将大胆地负起责任，抓好如下几项工作，概括起来就是在我领导的处里提倡"一种精神"，打好"两个功底"，坚持"两条原则"，强化"两种意识"。提倡"一种敬业精神"——政治思想工作就是要落实到培养敬业乐业的精神上，这是思想保证和精神动力。打好"两个功底"——理论功底和调研功底。抓课题是今天的调研，抓队伍是明天的调研。只有打好这两个功底，处里的同志才有工作的后劲，工作中才能拿出有新意的可行性强的决策方案。坚持"两条原则"——围绕中心服务省委的原则和实事求是、敢讲真话的原则。这是调研人员的天职所在和政治品质所在。强化"两种意识"——全局意识和精品意识。首先就是要维护班子的团结，与领导班子在各个方面保持一致。要充分发挥处里同志的智慧，深入调研，从全局的高度出发，出"有新意、有深度、有实策、有品位"的拳头产品。

（资料来源：豆丁网，http：//www.docin.com）

这段承诺，紧扣调研机构和人员的职责展开。所讲内容："一种精神"、"两个功底"、"两条原则"和"两种意识"，虽然都是比较宏观、抽象和原则性的东西，但也正是这种讲法才显得富有张力，能够让听众和评委感受到竞聘演讲者具有驾驭全局的领袖气质和领导才能。

## 五、结尾

竞聘演讲的结尾，一般用于表明态度，即无论竞聘成功与否，都要一如既往，努力做好工作。演讲心理学家认为，听众最关注的是演讲的两端，即开头和结尾。所以好的结尾也能给演讲者加分。这里介绍几种竞聘演讲结尾技巧：

1. 祈求支持法

祈求支持法就是在演说即将结束时，不放过最后的机会，再次用诚恳、热切的语言祈求听众和评委的支持，借此赢得听众的投票。

最后我要说，请投我一票，我将是你们最好的人选，我将不辜负大家的期望。

各位领导、各位评委，请相信我，投我一票！我将是一位合格的处长，我会以实际行动来证明你们的选择没有错！

2. 表达信心法

在演说即将结束时，演说者可用简洁的话语表达自己对竞聘上岗的信心和决心。

领导、老师们，我有信心、有决心搞好学校办公室的工作，愿与大家共创美好的未来，共同迎接辉煌灿烂的明天。

振兴财政，匹夫有责，人生难得几回搏！只要同志们愿意给我机会，我就绝不会使同志们失望。谢谢大家！

我今天的演说虽然是毛遂自荐，但不是"王婆卖瓜，自卖自夸"。我只是想向各位领导展示一个真实的我。如果我能竞聘上岗，我有信心、有决心把副局长的工作做好。

3. 表明态度法

表明态度法就是演说者在演说即将结束时表明自己对竞聘成败的看法，向听众和评委展现自己宠辱不惊的态度。

作为此次竞聘上岗活动的参与者，我感慨良多，写了如下一副对联，上联是"竞争自有良才出"，下联是"勿以成败论英雄"，横批是"志在参与"。是对是错，恭请大家评说。

最后，我想引用一位领导同志经常告诫我们的话，作为我演讲的结束语：得一官不荣，失一官不辱，重要的是把自己的工作做好。

最后，我表个态，如果领导和大家把我推上这个岗位，我将珍惜这个机会，用心、用情、用良心干好工作；反之，不能上岗，我将一如既往，在以后的岗位上尽心、尽力、尽职、尽责。无论结果如何，我都始终会"老老实实做人，扎扎实实做事"。言必信，行必果。谢谢大家！

**4. 表达谢意法**

表达谢意法就是演说者在演说的最后，再次向听众表示诚挚的感激之情，借以增加听众和评委的支持倾向。

最后，借此机会，我要向多年来所有关心、帮助、支持和鼓励过我的同事、领导，表达最真诚的谢意！谢谢大家！

**5. 运用修辞法**

竞聘演讲结尾很重要，因此也可以运用以下修辞方法给演讲增色：

（1）巧引名言。

演讲结尾套用名言、警句、格言、诗句等，总能使演讲更富有感染力。例如：

古希腊大学者阿基米德有这样一句名言："给我一个支点，我能撬动整个地球。"在这里我也模仿着说一句自己的誓言：给我一个机会，我一定让咱厂这部机器运转得更好。

……同志们，现在大家都在看《钢铁是怎样炼成的》这部电视剧，在这里我只想用保尔的那段名言结束我的演讲：人最宝贵的是生命，生命属于我们只有一次，一个人的生命应该这样度过：当他回首往事时，他不因虚度年华而悔恨，也不因碌碌无为而羞耻。这样在他临死的时候就能够说：我已把整个生命和全部精力都献给了最壮丽的事业——为人类解放而斗争。

（2）巧辟蹊径。

竞聘演讲比拼的是实力，但结尾也不妨出其不意，玩点"个性"和"新奇"，可能比直言的效果要好。例如：

……如果我有幸能当选办公室主任，我将倾入全部的热情，树立不为名、不为利，为事业埋头苦干的奉献精神，不断加强业务学习，充分发挥我的特长，使办公室工作开展得有声有色。我的工作思路有以下三点：……也许我的表现未能赢得你，也许我的能力未能征服你，也许各位评委会用一个挑战节目里常说的一句话对我说：也许你委屈，也许你不服，但是你被淘汰了。但我会微笑着面对这次失败，因为我觉得，我能站在这个讲台上就是一个胜利者。但是我还是祈望各位评委能微笑地对我说：恭喜你，你当选了！

（资料来源：博才网，http：//bd.hbrc.com）

（3）巧用新语。

结尾的语言，在规范、准确的基础上，还可以灵活机动地使用一些大家喜闻乐见的新鲜的词语。例如：

我深深地懂得，共产党的官不好当，共产党的基层官更不好当。如果我能竞争上岗，在其位，不谋其政，随时都有可能被人民"炒鱿鱼"。因此，我下定决心，全心全意为父老乡亲服务，推改革之波，助小康之澜，把大家带上一条共同富裕的康庄大道。

（4）巧出新意。

竞聘演讲结束时，一般都要很有礼貌地说声"谢谢"。但"谢"字也有会说与不会说之分。试看如下数例，你是否觉得一个比一个更会说"谢"呢？

我的演讲完了，谢谢。

最后，让我再次感谢领导给我这个难得的竞聘机会，感谢各位评委和在座的所有听众对我的支持和鼓励。

今天天气这么冷大家还都来捧场，这使我非常感动。无论我竞聘是否成

功，我都要向各位领导、评委和在座的朋友们表示深深的谢意。（说完给大家深深地鞠了一躬）

今天的竞争上岗，是赛马。赛马是为了拉车，拉更大的车。但要拉好车，光靠一匹马的力量是不行的。尤其是对于我这匹普通的马来说，更需要领导的驾驭、同志的相帮。我相信：有上级的鞭策做动力，有年轻人的智慧做营养，有老同志的经验做导航。我一定会不负众望，一定能和大家一起共同谱写出新篇章，创造出新辉煌！

总之，无论称呼、开头、正文和结尾，竞聘演讲既忌言过其实、事无巨细、一览无余，也忌拿腔拿调或过分谦虚。

## 【案例讨论】

### 我的竞聘演讲何以能够成功

在我院举行的中层干部竞聘演讲中，共有六十位竞选者上台演讲。组织者规定每位竞聘者演讲的时间不能超过三分钟，考虑到演讲时间是在人们的注意力容易分散甚至有可能昏然欲睡的下午，会议将持续三个多小时，演讲的内容大同小异：无非是演奏一个先报户口、再唱颂歌、后表决心的三部曲，而听众却都是擅长舞墨的知识分子的具体情况，我对演讲词进行了精雕细琢，力求既凝练又不失口语化，既严谨又不失诙谐，并在结构布局上狠下苦功：引人注目的开头、内容丰满的主体、委婉含蓄的结尾。功夫不负有心人，我的三分钟演讲一扫严肃、沉闷的会场气氛，赢得了阵阵笑声和掌声，获得了同事们的一致好评。现作以下简要分析，以求抛砖引玉。

一、开头出新，提高"收视"率

"我，来自某某系，本科毕业"自报家门、千篇一律的开头枯燥无味，而"人最大的不足不在于看不到自身的不足，而在于看不到自身巨大的潜能，大多数人只发挥了个人能力的20%"这样的开头，既发人深省，又自然而然地道出参加竞选的缘由，可谓一箭双雕。

二、扬长而不避短，化劣势为优势

我在暑假经营过手机店，不明真相的人会认为我不安心工作下海经商，避而不谈只会加深误解，对此事毫不讳言并作出合情合理的解释，化劣势为优势。

在演讲过程中，我向听众展示了四个优点、一个缺点，优点占绝对优势，缺点轻描淡写，一笔带过。

"金无足赤，人无完人。"竞聘者对自身缺点缄默不言会给人自负甚至虚伪之感，实为下策。而毫无保留地袒露竞聘某职位的"致命"弱点也不可取，因为在竞选时需要的不是自我批评，而是信心百倍的实力展示。面对缺点，我不露痕迹地设置歧义，"明修栈道，暗度陈仓"，让人初听起来是缺点，略加思索后却恍然大悟是优点的模糊语言——"过分追求尽善尽美"，这既体现了谦逊的美德，又为自己的优势增添了砝码，可谓一举两得。

三、巧用多种修辞手法，增强演讲词的艺术性

"一支粉笔、两袖清风、三尺讲台、四季耕耘"，一二三四的排列既朗朗上口，又鲜明地勾勒出严谨从教的画面。大材小用活用为"小材大用"，妙趣横生又彰显谦逊美德，改传统、保守的自我批评为自我"表扬"，表现出张扬的自信和幽默的个性。对偶、排比、顺口溜穿插其间，颇有韵味。"从事教学整整十年，'十年辛苦不寻常'"，使人联想起曹雪芹的《红楼梦》的"字字看来都是血，十年辛苦不寻常"；"明知山有虎，偏向虎山行"烘托出敢于并乐于向困难挑战的精神，为演讲词增色不少。

四、结尾耐人寻味，提高"回头"率

振臂高呼表决心、喊口号式的结尾是无法"余音绕梁，三日不绝"的，丘吉尔名言的适时引用蕴含着如果竞选成功将心甘情愿地为之付出"热血、辛劳、眼泪和汗水"的意思，摆脱了俗套，让人回味无穷，又给人情真意切之感。

[资料来源：孙亚明．我的竞聘演讲何以能够成功．演讲与口才，2005（3）．]

阅读以上文章，讨论撰写竞聘演讲稿应注意的事项。

**【基本训练】**

**竞聘演讲角色模拟训练**

模拟角色，撰写一篇竞选某个职务的演讲稿，除了满足竞聘演讲稿在结构和内容上的一般要求外，还要至少用上教材介绍的三种以上的演讲技巧。

# 第四章 就职演讲口才

经过激烈的角逐竞聘上岗后，竞聘成功人员还需要发表就职演讲。就职演讲虽然不像竞聘演讲那样令人"战战兢兢，如履薄冰"，但是它事关未来执政之旅是否"一帆风顺"，因此也要认真学习研究。

## 第一节　就职演讲的意义和内容

### 一、就职演讲的意义

竞聘上岗成功以后，履新前还要有一次比较大的正式的与观众见面的机会并要讲话。就职演讲就是新当选的领导包括国家领导人、政府首脑、企事业单位或社会团体领袖，面对特定范围的听众或代表发表施政纲领与任期目标或打算的一种政治演说。新当选的领袖，虽然是过关斩将、新鲜出炉的精英，但是特定范围的人民群众仍然很想知道，他上任后将怎样开展工作。就职演讲的意义在于，新官走马上任之时要就职务范围内的人们普遍关心或感兴趣的问题，发表自己的立场和观点，以进一步展示自己的领袖才能，从而为接下来的工作打下良好的民心和舆情基础。

【案例4－1】
#### 第四任就职演讲
首席大法官先生、副总统先生、朋友们：

你们会理解，而且我相信你们会同意我的想法，即这次就职仪式要简单，演说要简短。

今天，我们美国人和盟友，正在经历一个最为严峻的考验时期。这是一次对我们的勇气、决心和智慧的考验，也是一次对我们根本性民主制的考验。

如果我们成功地、光荣地经受住这场考验，那我们就做了一项具有重大历史意义的工作，男人、女人和孩子们都将会永远引以为荣。

今天，当我面对同胞，面对上帝，庄严地宣誓完毕站在这里时，我知道，我们不会失败，这就是美国的决心。

在未来的岁月里，我们将为一种正义的、光荣的、持久的和平而努力工作，如同我们今天为战争的彻底胜利而工作和战斗一样。

我们能够而且一定能够取得这样的和平。

我们要为完美的局面而奋斗。我们虽然不会马上达到目标，但我们仍将继续奋斗。我们也许会犯下错误，但我们决不能因为丧失斗志和抛弃道义原则而犯错误。

我记得，在我们似乎感到安稳无忧的日子里，我们的老校长皮博迪博士说过："生活中的事情并不总是一帆风顺的。有时我们眼看就要登上顶峰，可是情况似乎很快急转直下，又开始走下坡路了。但我们要牢记一个重要事实：文明本身的趋向永远是向上的，如果在数个世纪的高峰和低谷之间画一条线，这条线一直都是呈上升趋势的。"

我们1787年的宪法并不是一份完美无缺的文献，至今它仍未尽善尽美。但它却提供了一个坚实的基础，让不同种族、不同肤色、不同信仰的各式各样的人们来建立一个牢固的民主大厦。

因此，今天，在1945年这个战争年代，我们用可怕的代价换取了若干教训，我们会从中获益匪浅。

我们已经认识到，单凭我们自己是无法生活在和平之中的，我们自己的富足有赖于相距遥远的其他国家的富足。我们已经认识到，我们必须像人一样生活，而不是作为鸵鸟，或是马槽里的狗。

我们已经学会做世界公民，做人类大家庭里的一员。

我们已经懂得一个简单的真理，正如爱默生所说："只有当朋友，才能交朋友。"

如果用疑虑重重、互不信任和心怀畏惧的态度去谋求和平，我们就不可能获得永久的和平。只有以信念、理解、信任和勇气去争取和平，我们才能赢得和平。

全能的上帝一直以各种方式赐福于我们的国家。它赋予我们的人民坚强的意志和有力的双手，用以为自由和真理而打退各种强大的进攻。它赋予我们的国家一种信仰，这种信仰已成为苦难深重的世界各国人民的希望。

因此，我们现在要向上帝祈祷，祈求它赐给我们远见，让我们看清我们的道路——一条使我们自己和全人类通向更加美好的生活的道路——一条通往实现上帝意愿和世界和平的道路。

（资料来源：董家骧，臧永清. 中外名人演说词大观. 沈阳：春风文艺出版社，1992.）

富兰克林·罗斯福（1882—1945），是美国第31位、第32任总统，也是美国历史上唯一蝉联四届的总统。1944年是欧洲战局决定胜败的一年，显然临阵换帅是不明智的，美国人民举着"我们需要罗斯福"的牌子又一次把他留在了白宫。考虑到罗斯福的健康以及正值战时等因素，这次总统就职典礼仪式相当简单，盛大游行和豪华舞会都取消了，罗斯福也只演讲了六分钟。基于这样的背景，可见富兰克林·罗斯福《第四任就职演说》（1945年1月20日）的特殊意义。尽管这次演讲的确比较简短（几乎是古今中外任何当选国家元首或领导人就职演讲中最为简短的一篇，全文才一千多个字），但是它的内容却不同凡响：号召全体美国人民，团结全世界一切爱好和平的民族、国家和人民，将世界反法西斯战争进行到底，直至取得完全胜利！很显然，在这样一个非常时期，当选总统借助就职演讲，向全国人民作出这样一个主题鲜明、中心突出的演讲，对于鼓舞美国人民的斗志，在胜利的前夜，看到胜利的曙光，其作用是巨大的、无可比拟的。

## 二、就职演讲的内容

就职演讲的内容包括：当前的形势或存在的问题、施政纲领、目标、方法措施和承诺等。这样安排内容，一环扣一环，环环相生，便于满足听众的需求，为接下来的施政积攒人气。就职演讲只需要围绕这些内容施展辞令，无须另搞一套。当然，遇到战争或事关全局的重大事件、灾情等，可以别开生面，则另当别论。就职演讲的内容也是通过演讲词的标题、开头、正文和结尾有层次地呈现出来的。

【案例4-2】
### 就任湖南邵东县县长的演讲

衷心感谢大家对我的信任，选举我为邵东县人民政府县长。此时此刻，我感到无上光荣，但更多的是一种强烈的责任感和使命感，因为我接受的是118万邵东人民的重托。

邵东具有辐射地域广阔的市场优势、层出不穷的人才优势、藏富于民的资金优势、四通八达的信息优势，特别是有政治坚定、开拓进取的干部队伍，有敢于竞争、敢为人先的优良民风。这些年，邵东人民在县委、县政府的正确领导下，取得了经济建设和各项社会事业的显著成就。我有幸当选为邵东县县长，这是沾了历届老领导的光，沾了在座各位领导和代表的光，沾了邵东人民的光。我深深地谢谢各位领导、各位代表和全县人民！

面对大家的信任，面对过去的辉煌，面对组织和人民的期盼，我必须冷却兴奋，拿出清醒，担起责任。我觉得自己现在是一名考生，刚进入严肃的考场，审视重大的考题，唯有严肃认真，才能接受人民的检验；又像一名运动员，接过前任领导的接力棒，在辉煌纪录的鼓舞下进行新的冲刺，唯有全力拼搏，才能不负人民的期望。

今年是实施"十一五"规划的开局之年。在新的事业起跑线上，我将在县委的领导下，与在座各位和全县人民一道，忠实实践"三个代表"重要思想，全面落实科学发展观，恪尽职守，扎实工作，尽力实施"兴工强县"战略，推进社会主义新农村建设，积极加快"工业化、农业产业化和城镇化"进程，力争县域经济总量进入"全省六强"，努力打造"实力邵东"；尽力深化各项改革，创新体制机制，全方位扩大开放，努力打造"活力邵东"；尽力提高经济增长质量和效益，注重经济和社会协调发展，注重资源节约和环境保护，注重社会稳定和精神文明建设，努力打造"和谐邵东"。为实现这些目标，我将倾我所有，尽我所能，殚精竭虑，鞠躬尽瘁。借这个机会，谨立"勤"、"实"、"廉"三字誓言，请大家监督。

"勤"就是勤奋学习，勤恳工作，勤政为民。学习是修身和立业之本。学理论，学政策，学法律，学经济，学科技，更要学好邵东干部和人民群众改革开放实践这本书。学以致用，把自己的全部心血和智慧献给邵东，勤勤恳恳，执政为民，俯首甘为"孺子牛"。

"实"就是实话实说，实事实办，真抓实干。保持求实的精神、务实的作风。空谈误民，实干兴县，我将坚决做到，把心思用在实干上，措施落在实事上，精力放在落实上。不图名，不图利，不图轻快，不图短期效益。

"廉"就是廉洁从政，一身正气，两袖清风。我要始终把自己摆在人民公仆的位置，怀着平常之心，做好"平民县长"，不沾不正之风，不取不义之财，不为不法之事，不行不德之举，坚决做到权为民所用，情为民所系，利为民所谋。民主产生力量，团结诞生希望。我一定诚心接受县委的领导，诚心接受人大和政协的监督，做发扬民主、精诚团结的模范。

人民信任之恩，理当涌泉相报。我将始终铭记今天，认真履行诺言，努力把邵东的事情办好办实，写好邵东和谐发展的新篇章。我相信，天道酬勤，有耕耘就会有收获；我也坚信，有县委的坚强领导，有各位人大代表、政协委员的监督支持，有全县干部群众的共同努力，邵东的明天一定会更好！

［资料来源：艾方毅. 就任湖南邵东县县长的演讲. 演讲与口才，2007（1）.］

从内容上看，《就任湖南邵东县县长的演讲》是一篇比较正规的就职演讲词：第一自然段，表示感谢；第二自然段讲邵东已经具备的发展优势并再次表示感谢；第三自然段，表明"我"的态度："接过前任领导的接力棒，在辉煌纪录的鼓舞下进行新的冲刺"；第四至七自然段，提出努力打造"实力邵东"、"活力邵东"、"和谐邵东"的工作目标与"勤"、"实"、"廉"三字誓言；最后一个自然段，表达信心和决心："邵东明天一定会更好"。

# 第二节　就职演讲的特点和要求

## 一、就职演讲的特点

就职演讲与竞聘演讲具有某些异曲同工之处。所以，上述竞聘演讲的特点：目标的明确性、言辞的抒情性和章法的逻辑性等，就职演讲也具备。除此之外，就职演讲在内容上还具有郑重的承诺性和明显的鼓动性特点。

### （一）明确的目的性

就职演讲的目的，是要向听众表明自己任职期间的施政纲领、工作目标和方法措施，表明自己的任职态度，以唤起听众支持、拥护的热情，从而营造台上台下和衷共济的良好开局气氛。演讲这些内容，要求明确、肯定，毫不含糊，让听众听个真切、明白，并心悦诚服。

【案例 4 - 3】
### 第 18 任韩国总统朴槿惠就职演讲

尊敬的各位国民、700 万海外侨胞们：

我今天站在这里，满怀开创希望的新时代的决心与憧憬，正式就任大韩民国第十八任总统。

感谢各位国民赋予我如此重大的历史使命，感谢出席就职仪式的李明博总统、各位前任总统，以及世界各国的恭贺使节和海内外来宾们。

……

尊敬的各位国民！新一届政府将通过经济复兴、国民幸福、文化昌盛三大梦想的实现开创一个新的时代。首先，为实现经济复兴，政府将大力推进创造经济和经济民主化的建设。其次，为实现国民幸福，政府将进一步增加社会福

利，确保人人老有所养、少有所乐。最后，在文化昌盛方面，将加强精神文化
建设，营造一个文化气息浓郁的社会环境。

……

尊敬的各位国民！希望各位与我一起，与政府一起，共同开创希望的新时
代，重现新时代的"汉江奇迹"！

（资料来源：中华励志网，韩国总统朴槿惠就职演讲稿全文，http：//
www. zhlzw. com，节选）

《第18任韩国总统朴槿惠就职演讲》是一份典范的就职演讲词。它对大
韩国民作出三项郑重承诺："经济复兴、国民幸福、文化昌盛"；并提出兑现
这些承诺的措施；最后发出号召，希望国民与总统一起，与政府一起，"共同
开创希望的新时代"。通篇感情充沛、情感真挚、内容明确具体，这恰恰是当
前处于"全球经济危机余波未平，朝鲜核问题悬而未决，资本主义市场面临
新的挑战"中的大韩民众所期待的！

## （二）郑重的承诺性

郑重的承诺性，是就职演说内容的一个显著特征。任职者在明确提出了自
己的施政纲领、工作目标之后，还必须以郑重的态度立下承诺，告诉听众自己
将"言必行，行必果"，保证工作目标的实现；否则，将接受公众的问责。
"责任重于泰山"，"君子之言，驷马难追"。就职演讲对于承诺的表达，态度
要庄重严肃，语言要铿锵有力、掷地有声。

【案例 4 - 4】

### 当选舒兰市市长时的表态

我们政府一定要在市委的领导下，在人大依法监督、政协的民主监督下，
竭尽全力地做好政府工作，千方百计地把舒兰经济搞上去，一心一意让舒兰百
姓富起来，让你投这张信任票之后不遗憾、不后悔、不冤枉、不落空、不失
望！……中国有句古训说得好：为政之要在于安民。我们的政府是人民的政
府，我们的权力是人民给的。所以，我时时刻刻都要牢记，党和人民给予我的
官位，是为人民服务的岗位；党和人民给予我的权力，是为人民服务的工具。
到任何时候，我都会记住：领导就是服务，干部就是公仆。干部干部，就是先
干一步，干部干部，是干群众干不了的那部分。……正人先正己，今后我一定
要认真学习不落后，努力工作不失职，摆正位置不越线，廉洁自律不谋私。在
舒兰工作，我要做到：一是安心，二是尽兴，三是实心，四是决不贪心。安心

就是我已经把家搬过来了，安安心心地在舒兰干点事；尽心就是尽心尽力，尽职尽责，承担起政府应该承担的义务和责任；实心就是实实在在地为舒兰经济的振兴和发展，为舒兰百姓富起来干点实事，干点好事，干点人们都认为难办的事；不贪心就是清清白白地做官，老老实实地办事，堂堂正正地做人。在这里，请各位代表并转告全市广大人民群众监督我；我也转告一些人，理解我、支持我，请不要给我送礼。（节选）

[资料来源：朱淳. 当选舒兰市市长时的表态. 演讲与口才，2006（12）.]

《当选舒兰市市长时的表态》是一篇典型的就职演讲词。节选的这一部分，主要是演讲者的就职承诺："我们政府一定要在市委的领导下，在人大依法监督、政协的民主监督下，竭尽全力地做好政府工作，千方百计地把舒兰经济搞上去，一心一意让舒兰百姓富起来，让你投这张信任票之后不遗憾、不后悔、不冤枉、不落空、不失望！""请各位代表并转告全市广大人民群众监督我；我也转告一些人，理解我、支持我，请不要给我送礼。"这些话十分契合选民的期待心理，他们乐听、爱听，但也会"听其言而观其行"。

### （三）明显的鼓动性

就职演讲跟竞聘演讲一样，主要依靠的是逻辑和理性的力量，但也绝不排斥情感策略的运用；反之，无论竞聘演讲还是就职演讲，都要善于打情感牌，"拿事说理"的同时还要"以情感人"。就职演讲者必须用自己的施政纲领、目标和措施去感染、激励听众，用自己的政治热情和责任感去唤醒、鼓舞听众。就职演讲内容上的鼓动性，表现为言辞上的抒情性。当然，跟竞聘演讲一样，就职演讲的抒情性要严格控制在一定范围内，后者甚至更加需要具有节制性。

尊敬的各位国民！今天的大韩民国是各位用鲜血与汗水孕育而成的。各位以坚强的意志与魄力完成了我国工业与民主化建设，实现了伟大的历史变革。"汉江奇迹"的出现正是因为有你们，那些在德国矿山里，在中东沙漠中，在零下几十度的战争前线坚守的人们，千千万万为家庭与祖国奉献一生的我国国民。感谢你们！

我记得，在我们似乎感到安稳无忧的日子里，我们的老校长皮博迪博士说过："生活中的事情并不总是一帆风顺的。有时我们眼看就要登上顶峰，可是情况似乎很快急转直下，又开始走下坡路了。但我们要牢记一个重要事实：文明本身的趋向永远是向上的，如果在数个世纪的高峰和低谷之间画一条线，这条线一直都是呈上升趋势的。"

以上两段文字分别摘自《第 18 任韩国总统朴槿惠就职演说》和富兰克林·罗斯福《第四任就职演说》（1945 年 1 月 20 日）。前一段运用比喻和排比，盛赞国民对国家的贡献，极尽抒情之能事，目的是要鼓励国民同新总统和新政府一道，建设充满希望的未来。后一段通过叙述和引用，娓娓道来，如话家常，十分温暖人心，目的也在于唤醒美国人民，对世界和平的未来充满希望。撇开上下文，你很难想象它们是国家总统就职演讲内容。

### （四）严密的逻辑性

就职演讲内容的组织，跟竞聘演讲一样，要求具有良好的逻辑性，不能是信马由缰的抒情诗。就职演讲内容的逻辑性要求主要体现在演讲规则和礼数的遵守、演讲内容服从演讲目的需要、观点和材料组合富有逻辑的排列等方面。深层一点讲，演讲者所提供和展现的内容——施政纲领、目标、措施和承诺之间，要符合当前岗位的实际，能够满足和体现人们的期待；否则，可能只是一位成功当选者的个人梦呓。

### 【案例 4 - 5】

#### 就任北大校长演说

五年前，严几道先生（严复——引者）为本校校长时，我正好在教育部工作。开学时曾为北大做了一些事情。各位多是从预科毕业而来的，所以想必是听说过我的。士别三日，刮目相看。时间已经过去了好几年，各位也一定是有了长足的进步。我今天执掌北大，有三点思想要告诉各位：

一是抱定宗旨。各位来北大求学，肯定有一定目标。如果想知道你的目标是否正大，就要先知道何谓大学。一般人专科学校毕业之后工作，这是理所当然的。然而上大学则不是这样。大学，研究高深学问的地方。外人常常批评我们北大腐败，因为来北大读书的人，都有当官发财的思想，所以从预科毕业后，大多数是进入法律系，进入文科的很少，进入理科的更少，大概是因为读法律是做官的捷径吧。因为一心想做官，所以不问老师的学问深浅，而是官职大小。官阶大的人，特别受欢迎，大概是为了方便毕业后有人提携吧。现在我国懂政法的，大多进入政界，做教授的很少，所以聘请教师，不得不请兼职的人，这也是不得已的办法。讨论外人批评的合适与否，不具体说了，消弭批评最好的办法就是提高自己，别人说我们腐败，我们问心无愧，有什么可怕的呢。真是有做官发财的目的的话，北京有很多专科学校，进入法律系的可以毕业于法律学校，进入经济系的可以报考商业学校，又何必来上北大呢？所以各位要抱定宗旨，为了寻求知识而来，进入法律系的，不是为了做官；进入经济系的，不是为了发财。宗旨定下来了，事情自然就进入正轨。各位在这里学习，或者三年，或者四年，时间可谓不少，如果能珍惜分秒，孜孜以求，收获造诣是会很大的。如果只是为了升官发财，目标是错误的，结果自然不同。平时自由散漫，临考时才死记硬背，不关心有没有获得知识，只管分数的高低；考试一完，就把书扔到一边，混了三四年，文凭到手，凭借这个在社会上闯荡，这岂不是与上大学的目的完全背离了吗？虚度光阴，毫无学问，是耽误自己啊。辛亥革命之所以发生，就是因为清朝官吏的腐败。就是现在，也有很多人对当官的不满意，也是因为他们道德沦丧。现在各位如果不在这个时候打好基础，勤奋学习，如果将来为生计所迫，出来做事，担任老师，则一定会耽误学生；进入官场，则一定会耽误国家。这是贻误别人。误人误己，谁又愿意这样呢？所以目标不可以不正大。这是我对各位的第一点希望。

二是砥砺德行。（略）

三是敬爱师友。（略）

我到校上班才几天，很多校务还不是很了解，现有两个计划：一是改良讲义。各位到这里既然是研究高深学问的，当然也就跟中学和专科学校不同，不仅要靠教师讲授，更要靠潜心自学。以后印教义，只印提纲，具体内容，以及重点难点，都由教师口述，或者自行查资料解决，以求学有所得，真正对大家的学习有用。二是添购书籍。本校图书馆书籍虽多，但是新书很少，如果不广泛购书，肯定不能满足同学们的需要。现在正筹集钱款，多买新书，等将来书架饱满，同学们旁采博引，自然不用担心知识缺乏。今天和各位说的就这么多，来日方长，随时都可以和我商讨这些。

（资料来源：百度百科，就任北大校长的演说，http：//baike. baidu. com）

蔡元培（1868—1940），近代民主主义革命家、教育家。1917—1928 年任北大校长，奠定北大治校理念根基，影响及今。《就任北大校长演说》（原文为半文言文，为方便阅读，翻译成现代文），开宗明义，向学生提出三点希望："大学者，研究高深学问者也。"学生进入大学应为求学，而非仅仅为了升官发财；在研究学问之外还要砥砺德行，提高自身的素质和修养；而作为学校之主体的师生应该建立一种互敬互爱、互相劝勉的关系。三点希望，环环相扣，层层相因。整个行文措辞，遵循的是理性和逻辑的规则，让理据服人。这也是一般学术演讲、政治演讲的共同特点。

## 二、就职演讲的要求

就职演讲既是满足选民期待心理的第一道曙光，也是当选者积攒人气的第一声号令。俗话说"好的开头等于成功的一半"。因此就职演讲者一定要抓住机遇，按照就职演讲的规则和要求，精心准备，务求"开门红"。就职演讲应该满足以下要求：

### （一）态度坦率真诚

就职演讲的主要内容是新任领导对广大人民群众的一种表态和承诺，其目的是取得信任和支持，因此演说态度一定要坦率真诚，切忌故作姿态，矫揉造作。列宁说："政治上采取诚实的态度，是有力量的表现。"就职演讲也应该谨记这条执政原则。

【案例 4 – 6】
#### 向国会两院发表的就职演说
参议院和众议院的公民们：

在人生沉浮中，没有一件事能比本月十四日收到你们送达的通知更使我焦虑不安。一方面，国家召唤我出任总统一职，对于她的召唤，我只能肃然从命。但我却十分偏爱、并曾选择了退隐，我还满怀奢望，矢志不移，决心以此作为我暮年的归宿。斗转星移，我越来越感到隐退的必要和亲切，因为喜爱之余，我已经习惯；还因为岁月催人渐老，身体常感不适。另一方面，国家召唤我担负的责任如此天大而艰巨，足以使国内最有才智和经验的人度德量力；而我天资愚钝，又没有民政管理的经验，应该倍觉自己能力的不足，因此必然感到难以担此重任。怀着这种矛盾的心情，我唯一敢断言的是，通过正确理解可能产生影响的各种情况来恪尽职守，乃是我忠贞不渝的努力目标。我唯一敢祈望的是，如果我在执行这项任务时因沉溺于往事，或因由衷感到公民们对我高度的信赖，因而过分受到了影响，以致在处理从未经历过的大事时，忽视了自己的无能和消极，我的错误将会出于动机纯正而减轻，而大家在评判错误的后果时，也会适当宽恕产生这些动机的偏见。

（资料来源：董家骧，臧永清．中外名人演说词大观．沈阳：春风文艺出版社，1992．）

乔治·华盛顿（1732—1799），美国首任总统，美利坚合众国的奠基人，被美国人称为"国父"。出生于大种植园主家庭，早年曾服役于英国殖民军中，任美国独立战争大陆军总司令。1787年主持费城会议，制定联邦宪法，1789年当选为总统。这是1789年4月30日，华盛顿在国会向两院发表的就职演说。经过八年战争和政治动乱的美国，问题成山，困难重重。华盛顿就任总统，在两院不同党派中本有争议，要想在有抵触情绪和思想成分复杂的听众面前发表一次成功的演说，确非易事。华盛顿在整个演说中，既不抱侥幸心理（求得反对者的谅解），也不回避事实（害怕授人以柄），而是以诚恳的态度、神圣的使命感、热烈的爱国激情，使人感到平等、亲切。实践表明，无论组阁还是执政，华盛顿使自由派和保守派保持了平衡，使全国各地区、各政治集团的利益在政府中都得到均衡反应，无愧于伟大政治家称呼。

### （二）内容实事求是

就职演讲的核心内容是任职期间的工作目标、提出的依据和施政的措施。当演讲者宣布这些内容后，听众就会默默记在心里，并经常拿出来核实。就职演讲绝不能因为一时需要，为了"收买人心"而"放空炮"，许下不能兑现的承诺。正像诗人艾青在《诗人必须说真话》中所说："人民不喜欢假话，哪怕多么装腔作势，多么冠冕堂皇的假话，都不会打动人们的心。人人心中都有一架衡量语言的天平。"

【案例4－7】
#### 奥巴马就职演讲词的精彩片段之一

我们都明白我们现在处于危机当中。我们的国家处于战争状态，与一个影响深远的、暴力与仇恨的网络作战。我们的经济遭到严重削弱，这是部分人贪婪和不负责任的后果，但也因为我们作为一个集体没能作出艰难选择，为新时代做好准备。有人失去了家园；就业减少；企业倒闭。我们的医疗过于昂贵；我们的学校有太多缺陷；每一天都有更多证据证明我们使用能源的方法助长了我们的敌人，威胁了我们的地球。

在重申我们国家的伟大的时候，我们明白这种伟大并非既定。它是必须争取的。这不是怯懦者走的路，不是喜欢悠闲甚于工作的人所走的路，不是只寻求名利的人所走的路。带领我们走过漫长崎岖的繁荣与自由之路的，是冒险家、实干家、创造者——他们有些是名人，但更多的是默默劳动的男人和女人。

处处都有工作要做。经济状况需要果断迅速的行动，我们不仅仅要行动起来创造新就业，而且要为增长铺垫新基础。我们将修建道路与桥梁，电网、数字线，帮助我们的商业，让我们联系在一起。我们将给科学恢复应有的地位，并运用技术的奇迹提高医疗的质量，降低成本。我们将利用太阳能、风能和土壤的能力为我们的汽车和工厂提供燃料。我们将改造我们的学校、学院和大学，满足新时代的要求。所有这些我们都是可以做的，而且所有这些我们都将会做。

以上三个片段，截取于巴拉克·奥巴马2009年1月20日就任美国第44任总统时的演讲词。第一个片段，讲美国"现在处于危机之中"；第二个片段，讲美国"国家的伟大"，是靠千千万万美国人奋斗取得的；第三个片段，讲美国国内目前有很多工作要做。无论是指出危机、部析美国精神，还是提出未来的努力方向，都切合实际，没有因为"哗众取宠"或"出语惊人"的需要而任意夸大或缩小，给人以不诚实、不可信或不可能兑现的感觉。

### （三）语言简洁有力

就职演讲的内容表面上看很简单，只是当选履新前表个态。但是"态度"是有内容的。演讲者是在什么情况下当选的？依据什么情况提出哪些施政目标？实现这些目标的方法措施和现有基础是什么？目标能不能兑现——你的承诺、决心和信心有哪些？……讲起来一大堆，稍不留意就洋洋万言。如果选择三言两语，肯定会给人不严肃、不庄重或不负责任的感觉。就职演讲虽然不像竞聘演讲那样有严格的时间限制，但是也要力求"速战速决"。语云"言以简为当"，这一原则也符合就职演讲要求。

### 【案例4-8】
#### 奥巴马就职演讲词的精彩片段之二

一直如此。这一代的美国人也必须如此。

……

今天，我们聚集在一起，是因为我们选择希望而不是选择恐惧，选择团结目标而不是冲突和不协调。

今天，我们宣布结束琐碎的委屈、虚伪的承诺、互相揭丑、陈旧的教条，这些东西扼杀我们政治的时间太长久了。

……

为了我们，他们带着为数不多的财产，远渡重洋寻求新生活。

为了我们，他们在血汗工厂辛苦工作，在西部定居；忍受鞭子的抽打，耕耘坚硬的土地。

为了我们，他们在康科德和盖茨堡、诺曼底和溪山等地方战斗、死亡。

……

这是公民的价值与承诺。

这是我们信心的来源——知道上帝召唤我们塑造不可预测的命运。

以上这些片段，也是截取于巴拉克·奥巴马 2009 年 1 月 20 日就任美国第 44 任总统时的演讲词。演讲者在回顾历史、宣誓今天的责任、列举先辈的业绩和表达对未来的信念与承诺时，都选择了具有高度浓缩力和表现力的短句子，以跟它们前后相对翔实些的内容相呼应。显然，无论是竞聘演讲还是就职演讲，从规范和效果相统一的意义上讲，拖沓或简短都不恰当；正确的做法是详略得当、繁简相宜、错落有致。

### （四）风格朴实庄重

就职演讲表明就职态度、宣布施政纲领并作出郑重承诺，是一件极其庄重严肃的事情，来不得半点"轻浮"，风格要朴实庄重。从表达方式上讲，多使用朴实的叙述和简要的说明，辅之以适当的描写、议论和抒情，尤其是后者，以节制、含蓄、点染见长，无限的夸张、铺排和渲染都在禁止之列。

### 【案例 4 - 9】
#### 总统就职演讲词的精彩片段

我今天站在这里，我们面临的任务使我谦逊，我感谢你们的信任，我会谨记我们的祖辈所承受的牺牲。我感谢布什总统为我们国家作出的服务，感谢他在过渡期间所展示的慷慨与合作。

尊敬的各位国民！我不能容忍任何威胁到我国国民生命安全与大韩民国国家安全的行为。朝核试验是对民族生存与未来发展的挑战，最终的受害者必将是朝鲜本身。希望朝鲜尽快弃核，选择和平与共同发展的未来道路。不要再将资源耗费于核武器与导弹研发，不要再继续与世界为敌、自取孤立，希望朝鲜尽快融入国际社会中，担负起应尽的责任，寻求共同发展。

因此，我们现在要向上帝祈祷，祈求它赐给我们远见，让我们看清我们的道路——一条使我们自己和全人类通向更加美好的生活的道路——一条通往实现上帝意愿和世界和平的道路。

以上三段演讲词，分别截取自奥巴马 2009 年 1 月 20 日就任美国第 44 任总统时的演讲词、朴槿惠就任韩国第 18 届总统职演说和富兰克林·罗斯福第四任就职演说的开头、中间和结尾。奥巴马在演讲的开头，分别运用了"谦逊"和"慷慨"等形容词，表明自己就职演讲的心情和对前任总统的感谢；朴槿惠在演讲中讲到"国民生命安全与大韩民国国家安全"时，用了"不能容忍"、"希望"等语调十分庄重的词语申明立场、表达承诺；罗斯福的演讲结尾，运用了"祈求"、"美好的生活道路"等较富抒情的词语，表达对未来的期待。无论是感谢、期待与郑重承诺，都给人感情真挚、言辞恳切、庄重朴实、大方得体的感觉。既不是激情奔放、一泻千里，也不是干巴巴说教、矜持得让人窒息。

# 第三节 就职演讲的技巧

一份完整的就职演讲稿也可以分为标题—称呼—开头—正文—结尾五个部分。就职演讲过程则由称呼—开头—主体（正文）—结尾四个部分构成。除标题为演讲稿特有外，就职演讲过程跟就职演讲稿的结构一致。以下我们也分别谈谈相关技巧和注意事项。

## 一、就职演讲稿的标题

就职演讲稿的标题也分自拟和他人添加两种。自拟，一般为文体式标题，即只标"就职演讲"或"就职演讲稿"字样；他人添加，一般为公文式标题，即由事项＋所就任的岗位（职务）名称＋文体名称构成，如《就任××县副县长的演讲》，或者由就任者姓名＋事项＋就任岗位（职务）名称＋文体名称构成，如《朴槿惠就任韩国第 18 任总统演讲》，或者由就任岗位（职务）名称＋就任者姓名＋事项＋文体名称构成，如《第 18 任韩国总统朴槿惠就职演讲》。文体式标题，简单直白，只适合在较低层次使用；公文式标题庄重严肃，适合在较高层次使用。

由他人添加的标题，也有一种双标题形式，如：

没有无法逾越的墙

——首任就职演说

（林肯 1861 年 3 月 4 日首任就职演说）

凭借上帝的指引

——总统就职演讲

（胡佛 1929 年 3 月 4 日总统就职演讲）

主标题阐明理念或表明态度，充当"文眼"，有利于突出主旨；副标题具体说明事项和文体。但这种标题形式，只适合"看"不适合"讲"，一般为后人所加。由于竞争上岗的角逐已经尘埃落定，所以就职演讲稿的标题，如果是自拟的话，无须采用双标题形式。

选择哪种标题并不重要，重要的是就职演讲过程和内容本身。

## 二、称呼

就职演讲的称呼也有繁简两种。

简短称呼一般是笼统地称呼在场的全体听众为"×××"。如：

公民们（国民们、同胞们、同志们、老师们、同学们、战友们、父老乡亲们）

繁复称呼是分别称呼在场的主要或重要听众，有少至两项，多至三项、四项、五项甚至更多的。如：

各位领导、同志（朋友们、老师们、同学们、战友们、父老乡亲们）

首席法官先生、副总统先生、朋友们（富兰克林·罗斯福 1945 年 1 月 20 日第四任就职演讲）

首席法官先生、艾森豪威尔总统、尼克松副总统、杜鲁门总统、尊敬的牧师、各位公民（肯尼迪 1961 年 1 月 20 日就职演说）

马赛厄斯参议员、伯格首席法官、布什副总统、奥尼尔议长、多尔参议员、尊敬的牧师、我的家人和朋友们、公民们（里根 1985 年 1 月 21 日连任就职演说）

一般而言，如同竞聘演讲，就职演讲称呼对象具有特定性。可因各国（各地方、各行业领域）礼仪的不同和礼数的大小，有繁简之分，但不能随意增减。

各种称呼也各有优势：简短称呼，亲切自然，适合一切场合；繁复称呼，周到严谨，适合较大场合。

称呼前面，也可根据演讲者感情表达的需要和被称呼对象的特殊身份，加上"尊敬的"等敬语，但要恰当，切忌"最最"、"亲爱的"等大词、甜词滥用。

文献显示，欧美政要（如总统、首相）就职演讲，也有不使用称呼的。

总之，就职演讲的称呼，也要根据演讲者表达感情的需要和现场气氛而定，力求质朴、庄重、得体、干净利落、亲切自然。

## 三、开头

紧承称呼，是就职演讲的开头，一般用来表达就职者最想要、最应该说的话。就职演讲的开头似乎不像称呼那样具有特定性；当你见得多了，你会发现，它们简直可以称为"不拘一格"。以下介绍一些常见的开头方法：

1. 真诚感谢法

【案例 4 - 10】
### 真诚感谢法的开头三例
在我即将承担一个自由的民族经过挑选所委派于我的艰巨职责时，我谨利用这一合乎惯例而又庄严的时刻来表达我被你们的信任所激起的感激之情，并接受我的职守所规定的责任。

（杰克逊 1829 年 3 月 4 日首任就职演说）

这里有一个人，他已经在我们心中、在我们的历史上赢得了永久的位置。里根总统，我代表我们的国家，感谢你为美国所做出的伟大业绩。

（布什 1989 年 1 月 20 日就职演说）

××是一个好地方，这里孕育了××等名人，又是我国著名的××产地。自从我踏上这片热土，我就被这片土地深深地吸引，我很荣幸能到这样一个历史悠久、区位独特、人杰地灵、物产丰富和发展势头持续向好的县城工作，我心中有太多的感激。

首先，我要感谢历届县委、县政府为××经济社会发展所打下的良好发展基础。

其次，我要感谢历届县委为××经济社会发展所培养的优秀干部队伍。

同时，我要感谢历届县委、县政府为××经济社会发展所形成的良好工作作风。

前人之事后人接，在此，我郑重表态……

（某县新任县委书记的就职演说）

（资料来源：第一范文网，http：//www.diyifanwen.com）

作为一位成功的竞争上岗者，就职演讲者在他披荆斩棘、脱颖而出的过程中，一定离不开各方的支持。值此隆重登场亮相之际，首先就以诚挚的心情表达自己的感谢之情，这是最应有的礼数。可以主要感谢某一最高权威个人或组织，也可以感谢几个方面的权威个人或组织。这种方法的使用在西方并不多见，但在中国国内尤为普遍。

2. 极力称颂法

【案例4－11】
### 极力称颂法的开头两例

在我就任我国最高职务的今天，我想到了作为我国人民精英的千千万万法国男女。他们在漫长的两个世纪中，在和平和战争的环境中，用劳动和鲜血创造了法国的历史，他们只是在我们社会出现短暂而光辉的突变时才偶然登上历史舞台。

（密特朗1981年5月10日就任法国总统演讲）

今天，我请你们和我一起共度这庄严的时刻。值此井然有序地进行权力移交之际，我们盛赞使我们能永享自由的举国团结一致。

（尼克松1969年1月20日首任就职演说）

极力称颂法应该是真诚感谢法更进一步或更直接的运用，前者比后者更有利于博得拥戴、攒足人气。称颂的对象一般也是感谢的对象——卓越的个人或组织（包括最广大的人民群众）；称颂的内容应该是其至高无上的权威、巨大的作用或不朽的业绩。跟竞聘演讲不同的是，这里可以尽量使用大词而不会有献媚的嫌疑。这种方法的使用在贵含蓄的儒家文化圈里比较少见。

3. 申明意义法

【**案例** 4 – 12】

### 申明意义法的开头两例

此时此刻，我在你们和上帝面前宣誓，这个誓言不只是我个人的，而是我们大家的。我们同住在一个国家，同属一个民族。我们国家的命运和我们民族的未来并不是靠一个公民，而是要靠所有的公民。

这就是这一时刻的庄严及其意义所在。

（约翰逊 1965 年 1 月 20 日总统就职演说）

今天，我们会聚于此，与我国和世界其他地方前来庆贺的人士一起，对新生的自由赋予光辉和希望。

这异常的人类悲剧太过漫长了，这经验孕育出一个令全人类引以为豪的社会。作为南非的一介平民，我们日常的一举一动，都要为南非创造现实条件，去巩固人类对正义的信念，增强人类对心灵深处高尚品德的信心，以及让所有人保持对美好生活的期望。

（曼德拉 1994 年 5 月 10 日就职南非总统的演讲）

（资料来源：百度文库，http：//wenku. baidu. com）

4. 形势任务法

【**案例** 4 – 13】

### 形势任务法的开头两例

这是一个举国奉献日。我相信今天我的同胞们期待在我即将履行总统职责之时，坦诚地阐述针对我们国民现状的策略。现在正是坦诚、勇敢地披露事实、说出全部实话的最好时刻。我们不必回避，老老实实地面对我国的现状。这个国家将一如既往地坚持、获得重生并且将会繁荣。首先，请允许我强调一下我的坚定信条，唯一令我们不由自主地害怕的东西就是害怕本身——不可名状的、不合理的、毫无原因的恐怖，它麻痹了我们反败为胜的斗志。在我国历史上每一个黑暗时刻，总有一个坦诚有力的政府得到人民的理解和支持，这是胜利之本。我坚信你们会再一次给面对这些艰难日子的政府同样的支持。

（富兰克林·罗斯福1933年3月4日首任就职演说）

（资料来源：西祠胡同社区网，http：//www. xici. net）

上星期五晚上，我接受了英王陛下的委托，组织新政府。这次组阁，应包括所有的政党，既有支持上届政府的政党，也有上届政府的反对党。显而易见，这是议会和国家的希望与意愿。我已完成了此项任务中最重要的部分，战时内阁业已成立。五位阁员中包括反对党的自由主义者，代表了举国一致的团结。三党领袖已经同意加入战时内阁，或者担任国家高级行政职务。三军指挥机构已加以充实。由于事态发展的极端紧迫性与严重性，仅仅用一天时间完成此项任务，是完全必要的。其他许多重要职位已在昨天任命。我将在今天晚上向英王陛下呈递补充名单，并希望于明日一天完成对政府主要大臣的任命。其他一些大臣的任命，虽然通常需要更多一点的时间，但是，我相信议会再次开会时，我的这项任务将告完成，而且本届政府在各方面都将是完整无缺的。

（丘吉尔1940年5月13日出任首相后的首次演说）

（资料来源：新浪博客，http：//blog. sina. com. cn）

应该说，上述申明意义法、下文开门见山法同这里的形势任务法，同出一辙：都是紧扣主题、根据需要、就地取材的一种开头方法。后者不同于前两种方法的特殊点在于，事非所急不能称为形势，所以，这种方法特别适宜于非常时刻（时期）、情况和条件下使用。查看历史可知，1930—1933年是美国的经济大萧条时期，遍及全美国的是饥荒、死亡和营养不良。而1940年的英国，正处于反法西斯战争的前哨：仅1940年9月30日，德军猛烈地轰炸英国伦敦，使伦敦变成火海，仅英军击落的德军飞机即有1 200多架。此前两个多月，德军向伦敦投下了成吨的炸弹，数千人被炸死。从8月9日起每天都有数千人死亡，数千人受伤。

5. 开门见山法

**【案例 4 – 14】**

### 开门见山法的开头两例

十分感谢各位代表对我的信任与支持，选举我为××县人民政府县长。我深知这一信任的分量，在你们的身后是××万人民的重托。县长的任期是有限的，而责任是无限的。我将为××的建设与发展，奉献自己全部的热情、智慧和汗水，以不负××人民的期望，不负历史的重托。在今后的工作中，我将努力做到……

（某县人民政府县长就职演讲）

当前，我市正处在加快发展的重要时期，在这样的关键时刻，党和人民将代理市长的重任交给我，我深知自己能力有限，压力较大，但更深知责任重大。我将决心在省委、省政府和市委的正确领导下，在市人大常委会的有力监督与支持下，努力挑起这副重担，团结带领市一班人，殚精竭虑，恪尽职守，与时俱进，扎实工作，继续把市改革开放和现代化建设事业推向前进，向全市人民交上一份比较满意的答卷。在今后的工作中要努力做到三点……

（某市代理市长任职表态讲话）

（资料来源：第一范文网，http：//www.diyifanwen.com）

这种方法省却了任何礼节和闲言絮语，也可以叫做工作表态法。就职演讲的本质就是当选者对他的选民的承诺与表态，演讲者一上来就直奔主题，可见其高效、干练，所产生的真诚、爽快的效果自不待言。这种方法在国内被较多人使用。

6. 心情表白法

**【案例 4 – 15】**

### 心情表白法的开头两例

一个教授被任命为校长，对个人而言是一个大的变化，对愿意当官的人来说，这也是值得高兴的。然而对我则未必如此，著名经济学家樊纲将人分为三类：第一类是想当官的；第二类是不想当官只想做学问或搞技术的；第三类则是随遇而安，没有明显偏好，既可以做官，也可以做其他的事。我肯定不属于想当官的。我在我的一本书中写到，我认为我本质上是一个学者，在法学院做教授才是我的归宿。而离开行政位置后这几年做教授的日子，我确实有一种归宿感。因为我认为自己是在做自己愿做的，而且有一定价值的事。对于到西政当校长，我曾一度犹豫，因为我缺乏做官的偏好，对任何官位都缺乏较大的兴趣。但是我后来仍然表示愿意试一试。因为，我还是想做点事，想为西政做点事。可以说，我到西政的第一个想法是，我不是来当官的，而是来做事的。来西政做事，说一句好听一点的话，就是报效西政……

（资料来源：万良春. 领导科学案例新编. 北京：中国经济出版社，2006.）

刚从前辈手中接过这面旗帜，心里不能平静；这里既有激动，但更多的还是一份沉重。旗帜，不仅仅是一面旗帜；我想，刚才主席所授予的，更多的应是对我们新一届时政人的一份信任；我刚所接过的，更多的应是我和我的战友们必须共同肩负起的那份责任。

（资料来源：第一范文网，某青年时事政治协会主席任职讲话，http：//www. diyifanwen. com）

几乎每个就职演讲的人，都无不心潮澎湃、思绪飞扬，都想从此时此刻的心情说起。但这个方法的运用是有条件的：第一，你要么具有非凡的资质或声望，或者特别年轻、幸运，与众不同，否则，没有人想听故事或者对你的心情感兴趣；第二，演讲的环境和气氛相对自由宽松；第三，从心情说起，目的是引出就职的正题——你的态度和承诺；第四，要非常节制，点到为止。可能正是由于以上种种，这种方法的运用较少，而西方比我国多见。

7. 别出心裁法

【案例 4 - 16】
### 别出心裁法的开头示例
朋友们，在开始表达我认为与此刻相适宜的想法之前，请允许我荣幸地念一小段个人的祷词。请诸位低下头：

全能的主啊，此刻我们站在这里，我和那些将在本届政府行政部门工作的同事一起祈祷，我们恳求您让我们鞠躬尽瘁，为在场的各位及四面八方的同胞们竭诚奉献我们的一切。

我们祈求您赐予我们明辨是非的能力，并使我们的一言一行由此得到指导，受到我国法律的制约。我们特别祈求，我们能够关心全体人民，而不论他们身居何种地位、属于哪一种族和从事何种职业。

愿持有不同政治信仰的人们，能根据我们宪法的思想很好地进行合作，并以此作为共同的目标；这样，所有的人都能为我们挚爱的国家、为您的荣耀而工作。阿门！

（艾森豪威尔1953年1月20日首任就职演说）

（资料来源：董家骧，臧永清. 中外名人演说词大观. 沈阳：春风文艺出版社，1992.）

虽是别出心裁，但句句不离主题——"我和那些将在本届政府部门工作的同事"，愿意"为在场的各位及四面八方的同胞们竭诚奉献我们的一切"。可见，就职演讲的开头方式，尽可以千变万化，但宗旨只有一个——发表你的施政纲领，使大家"求个放心"。

## 四、正文

正文即就职演讲内容的主体部分，一般包括形势背景、施政目标、方法措施和郑重承诺等。其重要性自不待言，听众想从新任领袖那里得到的态度和承诺，不仅是有具体内容的，而且是货真价实的。对就职演讲内容的安排要注意以下几点：

1. 分析形势，要入木三分

就职演讲提出施政纲领、目标和兑现目标的方法手段，一定要涉及提出这些纲领、目标和方法措施的理由或依据，这就是某国、某地区、某单位或部门在某个特殊时期面临的形势和任务。演讲者对这些形势和任务的分析，务必深刻到位；否则，就显得针对性不强，缺乏说服力和感召力，就达不到演讲的目的。例如：

【案例4－17】
### 奥巴马2009年1月20日首任就职演说片段
我们都明白我们现在处于危机当中。我们的国家处于战争状态，与一个影响深远的、暴力与仇恨的网络作战。我们的经济遭到严重削弱，这是部分人贪婪和不负责任的后果，但也因为我们作为一个集体没能作出艰难选择，为新时代做好准备。有人失去了家园；就业减少；企业倒闭。我们的医疗过于昂贵；

我们的学校有太多缺陷；每一天都有更多证据证明我们使用能源的方法助长了我们的敌人，威胁了我们的地球。

这些是危机的指示灯，可以用数据和统计说明。不那么容易衡量的、但同样深刻的是我国信心的削弱——一种焦灼，担心美国的衰退是一种必然，而且下一代必须降低期望。

今天，我要告诉你们，我们面临的挑战是真实的。它们是严重的，而且数量众多。我们无法轻易解决它们，无法在短期内解决它们。但知道这一点，美国——它们将得到解决。

（资料来源：新浪博客，奥巴马2009年就职演讲稿，http：//blog. sina. com. cn）

这是奥巴马首任就职演说第四至第六自然段内容，提出"我们现在处于危机当中"。何出此言？演讲者从看得见的战争、经济、医疗、教育、能源与看不见的民心与信心多个方面，一一指出问题，证明这种危机是"真实的"、"严重的"、"而且数量众多"的，绝不是耸人听闻、空穴来风或"为作新诗强说愁"。这就为下文提出"摆脱幼稚的时机已经来临"、"美国——它们将得到解决"的施政口号，作了很好的铺垫，营造了良好的听觉气氛。

2. 施政目标，要明确具体

施政目标或者就职承诺，好比新任领袖带给大家的一份见面礼，或称礼包。这个礼包送出去的效果怎样，要注意三点：第一，礼包要大，施政目标要具有宏观性、长远性和根本性，能鼓舞斗志、激动人心；第二，要包装漂亮，要尽可能使用热情洋溢的语言，以较为简略、概括和生动的形式，将目标蓝图展现在听众面前；第三，要有内容，且最好是人民群众期盼已久或迫切所需的内容。施政目标内容要新、实、美，切忌陈旧、空泛。如某代理市长就职表态：

【案例4－18】

### 施政目标示例

（我）在今后的工作中要努力做到三点：

一、自觉接受人大监督。（略）

二、认真履行职责。加快我市发展，是时代的要求，人民的期盼，也是摆在本届班子的历史责任和首要任务，自己只有负重前进，务实苦干，认真履行职责，尽心竭力工作，才能不辜负党和人民的期望。一是要加强班子团结。团结是人心的聚合，是智慧的凝练，是力量的源泉，在工作中，自己要从改革、发展、稳定的大局出发，讲团结、谋大事、求发展，坚持重要工作事先酝酿，重大事项集体决策，班子成员之间坦诚相见，遇事多商量，意见勤沟通，思想常交流，充分调动一班人干事创业的积极性，发挥整体功能，形成上下一心干工作、左右配合谋发展的氛围，共同把全市人民的事办好。二是要加快职能转变。牢固树立执政为民的理念，进一步深化行政审批制度和干部人事制度改革，推进政务公开，优化发展环境，努力建设一个清正廉洁、务实高效、依法行政、从严治政、便民为民、亲民爱民的服务型政府，实现职能的大转变，忠实地履行好人民赋予的权力，以良好的业绩造福于民，以良好的政风取信于民。三是求真务实抓落实。我将继续坚持以经济建设为中心，牢记加快发展这个第一要务，围绕市党代会、人代会确定的"三增一稳"、"五个加快"的奋斗目标和市委"三抓"工作要求，大力弘扬求真务实精神，大兴求真务实之风，进一步改进工作作风，狠抓任务落实，努力在求"真"上动脑筋，在求"实"上下功夫，坚持为群众多办实事，多办好事，不摆花架子，不做表面文章，力戒形式主义。以实干求实效，以实干促发展。

三、带头严于律己。（略）

（资料来源：第一范文网，代理市长任职表态讲话材料，http：//www. diyifanwen. com）

表面上看，这位代理市长的三项承诺，内容明确具体，颇符合就职演讲的要求；但细加分析，这是那种十分流行的典型的"八股文"：很革命，很正确，放之四海而皆准，但实际上空洞无物，看不出是针对该市某个特定发展时期（时刻）某些特定需要而"量身定做"的。就拿其中的第二点来说，该代理市长说他将从"加强班子团结"、"加快职能转变"和"求真务实抓落实"三个方面来履行职责，明白人一听，这仍然是糊弄人的：仅一、三两点就"驴唇不对马嘴"，因为严格地讲，班子团结和求真务实抓落实，不属于一市之长的职责，而是一些开展工作的必备条件和必须遵循的原则。看来，"施政目标明确具体"，主要是指施政目标内容要有较好的特定的针对性。

3. 方法措施，要切实可行

承诺的兑现、目标的落实，都要借助和依靠具体的方法措施。就职演讲里有关方法措施的内容也要明确具体、切实可行，经得起推敲，不能支支吾吾，空口白话，给人"放空炮"的感觉。还是以上文为例：

二是要加快职能转变。牢固树立执政为民的理念，进一步深化行政审批制度改革和干部人事制度改革，推进政务公开，优化发展环境，努力建设一个清正廉洁、务实高效、依法行政、从严治政、便民为民、亲民爱民的服务型政府，实现职能的大转变，忠实地履行好人民赋予的权力，以良好的业绩造福于民，以良好的政风取信于民。

如何"加快职能转变"？我们只能从该代理市长上述承诺里看到政府职能转变的某些内容，诸如"深化行政审批制度改革和干部人事制度改革，推进政务公开，优化发展环境"，但是看不到开展这些工作、兑现承诺的方法措施。可以说，这段承诺，连方法措施的影子都没有，更谈不上切实可行。试举一个正面的例子：

**【案例 4 - 19】**
### 奥巴马 2009 年 1 月 20 日首任就职演说片段

处处都有工作要做。经济状况需要果断迅速的行动，我们不仅仅要行动起来创造新就业，而且要为增长铺垫新基础。我们将修建道路与桥梁，电网、数字线，帮助我们的商业，让我们联系在一起。我们将给科学恢复应有的地位，并运用技术的奇迹提高医疗的质量，降低成本。我们将利用太阳能、风能和土壤的能力为我们的汽车和工厂提供燃料。我们将改造我们的学校、学院和大学，满足新时代的要求。所有这些我们都是可以做的。而且所有这些我们都将会做。

（资料来源：新浪博客，http：//blog. sina. com. cn）

这是奥巴马就职演讲中的一段，紧承上文"我们必须……再次开始重塑美国"而来。怎样果断而迅速地行动起来，"创造新就业"，"为增长铺垫新基础"？这里一连用了四个"我们将……"（排比）提出他的施政措施，这既然是他的设想与承诺，就可以说出来，让美国人民掂量掂量，他们这位新总统有没有水平，或者是否对美国人民"放空炮"。

4. 郑重承诺，要铿锵有声

就职演讲无论篇幅长短，听众最看重的就是新任领袖的承诺。事实也正是这样，就职演讲无论是对施政纲领、目标、措施的提出，还是对它们所包含的深刻背景和时代精神的揭示，目的都是清晰地表达承诺。因此，就职演讲凡涉及承诺部分，务必使用十分坚强的语气发出十分肯定的声音，给人以力量、希望、信心、勇气和信任，切忌闪烁其词、犹豫不决或有气无力。如：

**【案例 4 - 20】**

### 林肯1861年3月4日首任就职演说片段

不满意的同胞们，内战这个重大问题的关键掌握在你们手中，而不是在我手中。政府不会对你们发动攻击。你们不做挑衅者，就不会受到攻击。你们没有对天发誓要毁灭政府，而我却要立下最庄严的誓言："坚守、维护和捍卫合众国宪法！"

我不愿意就此结束。我们不是敌人，而是朋友；我们一定不要成为敌人。尽管激情会让我们的情感关系扭曲，但没必要绷断。回忆的神秘之弦，从每一个战场和爱国者之墓伸向这片广阔土地上的每一颗跳动的心和温暖的壁炉，必将再度被我们善良的天性中更为美好的天使拨响，那时我们仍将陶醉于联邦大团结的乐章。

（资料来源：董家骧，臧永清. 中外名人演说词大观. 沈阳：春风文艺出版社，1992.）

**【案例 4 - 21】**

### 曼德拉1994年5月10日总统就职演说片段

我们终于取得了政治解放。我们承诺，会将依然陷于贫穷、剥削、苦难、受着性别及其他歧视的国人解放出来。

我们已成功地让我们千千万万的国人的心中燃起希望。我们立下誓约，要建立一个让所有南非人，不论是黑人还是白人，都可以昂首阔步的社会。他们心中不再有恐惧，他们可以肯定自己拥有不可剥夺的人类尊严——这是一个在国内及与其他各国之间都保持和平的美好国度。

（资料来源：百度文库，曼德拉总统就职演说，http：//wenku. baidu. com）

只要略知美国和南非这两个国家、林肯和曼德拉这两个人物以及他们同他的国家故事的人，都能掂量出这两段承诺在那些激动人心的一刻所迸发出的力量：一段是对国家联邦政府仍然怀有敌意的部分同胞的承诺，一段是对全体南非人的承诺，两段承诺都以人类正义的名义，由国家最高统帅发自肺腑、铿锵有声，至今回响在人类文明的天空！

## 五、结尾

就职演讲的结尾应该比竞聘演讲显得更加坚定有力，努力追求敲骨震髓、余音绕梁的效果。这里介绍几种就职演讲结尾技巧：

**1. 希望式结尾**

希望式结尾，即演讲者站在跟听众利益共同的立场上，希望并祝愿大家都有一个美好的未来。这是我们见得最多的一种结尾方式。显然，无论何种演讲，在演说结束时向听众提出希望、展示期待，总是最好的选择。例如：

**【案例 4 - 22】**

希望式结尾两例

最后，让我站在上帝的面前进行最为热烈的祈祷。从我们共和国诞生以至于今，上帝都一直用他的双手抚育我们成长，今后他也一定会这样支配我的全部意愿和行动，激发我国同胞的豪情，从而使我们战胜一切艰难险阻，永远成为团结而幸福的人民。

（杰克逊 1833 年 3 月 4 日连任就职演说）

"千里之行，始于足下。"站在承前启后的关键节点上，踏上赶超发展的新征程，我深感责任的重大、任务的艰巨、使命的神圣。我坚信：有历届领导打下的坚实基础，有以××书记为核心的区委的坚强领导，有区人大、区政协强有力的监督支持，有一支善于干事创业的干部队伍作坚强后盾，有全区 20 万人民的共同努力，我和政府一班人，一定会恪尽职守，勤奋敬业，不负重托，不辱使命，履行好人民赋予的职责，圆满完成区人代会确定的各项目标任务，在奋力实现"两个率先"、建设生态经济强区的历程中不断创造新的佳绩！

（某区长就职演说）

（资料来源：第一范文网，http：//www. diyifanwen. com）

**2. 号召式结尾**

号召式结尾，即演讲者以共同利益代言人的身份向全体听众发出号召，共同为实现美好的愿望而努力奋斗。这种顺势而为的方式，能够将群众情绪推向高潮，因而也是使用较多的一种结束方法。例如：

**【案例 4 - 23】**

### 号召式结尾两例

现在还不是庆祝胜利的时候，而是需要我们献身的日子。聚集于此的并不是党派的势力，而是人性的力量。人们在内心期待着我们，他们的生活有待作出抉择，他们希望我们说明我们将要做些什么。谁将不辜负这一重托？谁能勇于尝试而不怕失败？我号召所有正直的人们，所有爱国之士，所有具有远见的人和我站在一起。只要他们为我出谋划策，只要他们做我的坚强后盾，在上帝的佑助之下，我就不会使他们失望。

（威尔逊1913 年 3 月 4 日就职演讲）

（资料来源：百度文库，http：//wenku. baidu. com）

各位代表、同志，一个人在一个工作岗位上的时间无论多长，对于一个地方发展的历史来说都是相当短暂和有限的，我们的事业是一场接力赛，我十分珍惜组织和人民赋予我的职责和使命，努力接好这一棒。发展过程中我们也会面对许多困难和矛盾，本人个子不高，但我愿竭尽全力，即便跳起来也要去努力追求我们的奋斗目标。让我们在市委、市政府和镇党委的坚强领导下，在镇人大的监督支持下，在政府部门、各级组织和广大干部群众的共同努力下，去不断开创本镇的美好明天！

（某新任镇长的就职演说）

（资料来源：第一范文网，http：//www. diyifanwen. com）

3. 表白式结尾

表白式结尾，即演讲者对听众表达郑重承诺并寄予厚望。就职演讲的本质就是表达承诺，在即将结束前，运用较为抒情的方式再次集中表达盛情浓意，肯定是较为切题的一种结束方法。如：

**【案例 4 - 24】**

### 表白式结尾两例

今后我当仰承各位的好意，尽忠职守，只要大家感到需要作出你们有权作出的更好的选择时，我便准备退休。唯愿主宰天地万物命运的上帝引导我们，使我们的计议尽善尽美，并使它们结出丰硕的成果，让大家共享和平与繁荣。

（托马斯·杰斐逊 1801 年 3 月 4 日总统就职演说）

（资料来源：董家骧，臧永清. 中外名人演说词大观. 沈阳：春风文艺出版社，1992.）

同志们！我有信心、有决心带领政府一班人和大家一起干好余庆的事业，建设好我们自己的家园！说一万句漂亮话，不如干一件实事！大家还是看我的行动吧！我热爱余庆，我热爱余庆人民，我热爱这 1 623 平方公里的土地！我珍惜与大家一起共同建设美好余庆的机会，我将努力为余庆的发展，为余庆的美好明天贡献我的全部力量！最后我用朱镕基同志当年任总理时的一句名言来结束我的发言：哪怕前面是地雷阵，哪怕前面是万丈深渊，我都将义无反顾，勇往直前！

［资料来源：宋晓路. 当选余庆县县长后的表态演讲. 演讲与口才，2007 (8). ］

4. 感谢呼号式结尾

感谢呼号式结尾，即将希望、祝愿、号召和感谢等许多美好的感情汇聚成简短的句子或一句话以结束演讲。它也是将演讲者和群众的感情推向高潮的一种结束方式，有敲金戛玉、空谷回荡的效果，也被较多人使用。如：

【案例 4 - 25】
**感谢呼号式结尾两例**

这是一个召唤我们在这个充满考验的世纪里阔步向前的希望，这是一项有待于我们大家以勇敢、宽容和对全能上帝的祈祷去完成的工作。

我的同胞们，谢谢你们！

（艾森豪威尔 1953 年 1 月 20 日首任就职演说）

让所有人得享正义。让所有人得享和平。让所有人得享工作、面包、水和盐分。让每个人都明白，每个人的身体、思想和灵魂都获得了解放，从属于自己。这片美丽的土地永远、永远、永远不会再经历人对人的压迫，以及遭全球唾弃的屈辱。对于如此光辉的成就，太阳永不会停止照耀。

让自由战胜一切，愿上帝保佑南非！

（曼德拉 1994 年 5 月 10 日就任南非总统演说）

无论运用何种技巧，就职演讲都要避免讲空话、说大话，这就要求事前做足调研和案前工作。在发表施政纲领之前，实实在在搞一些调查研究，掌握一些数据和事实，对即将就任的职务有充分的了解、精心的设想和十足的信心，讲起话来，内容就会很丰富，而无须装腔作势"放空炮"。

**【案例讨论】**

### 大学生村干部任职演讲稿

各位领导，各位同事：

下午好！

秋高气爽，秋意浓浓，在这收获的美好季节，在这令人无比激动、终生难忘的日子，我们在座的42名大学生终于迎来人生道路的又一个崭新起点，即将成为一名光荣的大学生村干部。借此机会，我代表我们42名即将赴任的大学生村干部，对区委、区政府给予我们的关心和爱护以及区委组织部等5个部门在公开选拔大学生村干部工作中付出的辛勤劳动表示衷心感谢！

今天，我们有幸从275名大学生报名者中被选拔出来担任村干部，感到无比幸运和光荣。农村和农民养育了我们，我们应该用学到的知识回报家乡父老。即将走上村干部岗位，我们深感责任重大。虽然我们从小生在农村、长在农村，但我们并不真正了解农村和农民。面对既熟悉又陌生的农村，如何更好地发挥自己的聪明才智，开展好农村工作，对我们来说是一次全新挑战。既然我们选择了"村官"，也就选择了奉献。我们将把农村作为展示自我、实现理想的新舞台，及时调整心态，摆正位置，尽快实现从学校到农村、从大学生到村干部的转变，以积极的姿态迎接未来的挑战。

"雄关漫道真如铁，而今漫步从头越。"面对崭新的未来，我们将时刻牢记全心全意为人民服务的宗旨，以饱满的精神、昂扬的斗志、良好的作风，满腔热忱地投入农村工作中去。我们将虚心学习，深入调研，尽快熟悉农村工作的方针和政策，掌握农村工作的特点和规律，不断提高服务农村的本领和能力；我们将勤奋工作，创新思维，充分发挥自身的优势和特长，结合农村实际，勇于实践，努力为新农村建设添砖加瓦；我们将扑下身子，扎根基层，尊重农村基层干部和农民，甘于吃苦，乐于奉献，在平凡的岗位上踏实工作，用实际行动谱写大学生村干部的绚丽诗篇！

（资料来源：上学吧，大学生村官任职演讲稿，http：//www. shangxueba. com）

赏析以上就职演讲稿，讨论就职演讲应注意的事项。

【基本训练】

## 就职演讲角色模拟训练

模拟角色，撰写一篇就任某个职务的演讲稿，除了满足就职演讲稿在结构和内容上的一般要求外，还要至少用上教材介绍的三种以上的演讲技巧。

# 第五章　主持会议的口才

　　主持或出席会议，是各级领导进行有效交流与管理的一种重要形式，也是他们日常工作的重要组成部分。据说，全世界每年举办的各种会议数十万个，与会者约上亿人次（基层单位举行的会议就更多了）。领导干部在工作中大约有一半的时间是用于主持或出席各种会议。在我国，会议已成为党和国家机关、企事业单位实行集体领导、进行民主决策和处理日常工作的一种重要方式，是宣传、贯彻、执行党和国家的路线、方针、政策，统一思想，提高认识，交流经验，布置工作，统筹协调，解决问题的重要手段。主持会议的口才是领导与管理口才的重要组成部分。

## 第一节　会议的功能和类别

### 一、会议的功能

　　会议是一种群体沟通方式，是发布、贯彻或体现组织信息、领导权威或集体意志的重要行政手段或过程，它具有凝聚人心、统一意志、调动积极性（如生产、工作会议）、传播知识、交流思想、推动知识创新（如学术演讲与交流会议）、增进友谊、加强互信、活跃社会文化生活（如需要领导出席并主持的重大茶话会、酒会、颁奖晚会等）等多方面的意义。会议具有以下五大功能：

　　（1）决策功能。如1978年12月18日至22日召开的中国共产党十一届三中全会，通过中央全会，决定"把全党的工作重点转移到社会主义现代化建设上来"。

　　（2）执行功能。如2009年10月25日至26日，西藏自治区召开社会治安综合治理工作会议暨2005—2008年度综治工作表彰大会，会议传达了全国社会治安综合治理表彰大会精神、全国部分省（区、市）综治办主任座谈会精神和《中央社会治安综合治理委员会关于进一步加强社会治安综合治理基层基础建设的实施意见》，并对 2005 年以来全区社会治安综合治理工作中涌现出的先进集体和先进个人进行了表彰。

（3）沟通职能。如 2012 年 12 月 28 日，中共淳安县委、县人民政府为听取党外人士的意见建议，充分发挥统一战线成员参政议政、民主监督的作用，召开党外人士情况通报会，对"百日大攻坚、项目大推进"的总体情况进行了通报。

（4）协调功能。如 2008 年元月 25 日，颍上县在县工业园区会议室主持召开工业园区建设调度会，慎城镇政府、工业园区管委会、县发改委、经委、建设、国土、交通、财政、水务、房产、招商、农委、公路、环保、人事、广电、质监、国税、地税、公安、供电、海事、高速公路管理站、行政服务中心等单位负责同志参加了会议。

（5）监督功能。如 2012 年 1 月 20 日，昆山农村商业银行在华美达大酒店三楼宴会厅召开年终总结评比会议，分别评选出 2012 年金融创新一等奖、二等奖、三等奖若干名和先进基层单位或组织若干个。董事长对获得荣誉的单位和个人表示祝贺，对全行 2012 年取得的成绩表示肯定，同时也分析了存在的问题和当前的形势。

## 二、会议的类别

从举办会议的主体（单位）性质角度，可将会议分为组织类会议，即由国际政治组织、国家机关和地方政府、社会组织或人民团体举办的会议；企业类会议，即由生产企业或商业公司、财团举办的会议；学会类会议，即由各种行业学会、协会举办的会议。

根据会议的规模即参加会议的人数多少，可将会议分为小型会议，即出席人数从几人到几十人不等的会议；中型会议，即出席人数在一两百人或三五百人的会议；大型会议，即出席人数在数千人以上的会议；特大型会议，即出席人数在万人以上的会议或集会。

从会议的性质和内容来看，常见的会议有工作会议，即特指研究解决一般生产、工作过程中某个当务之急的问题的会议；业务会议，即特指研究解决某个专门领域里的业务问题的会议；代表大会，即通过一定数量的代表按照组织章程解决重大议题的专门会议；年会，即按照组织章程周期性举办的专业会议；论坛，即由不特定组织针对某些热点问题举办的观点碰撞与交锋会议；讲座，即由不特定组织邀请特定领域的专家学者就某个专门问题发表学术演讲；

座谈会、纪念会、表彰会、集会等，这类会议一般不作重大决定，主要起到交流经验、联络感情、鼓舞斗志的作用。

按照会议所要完成的任务来分，则有告知性会议、征求意见性会议、执行性会议、立法性会议等。

按照会议进行的阶段来分，则有预备会议与正式会议等。

按照会场多少及分布特点，会议还可以分为单会场会议和多会场会议，如电话会议、视频会议等。

会议的种类很多，从不同的角度可作不同的划分。由于会议的名目和种类繁多，几乎没有一种划分方法能够穷尽。

# 第二节　会议主持的任务与言语要求

## 一、会议主持的任务

主持人是会议的灵魂。会议主持的主要任务是：

### （一）计划的执行

无论何种会议，都具有鲜明的主题，特定的时间、地点、出席人员（规模）和特定的议程（任务）。会议主持的首要任务就是确保会议按计划进行，不能随便更改会议议程。为此，会议主持必须完全熟悉会议的流程，牢牢把握主题，不能偏离主题。如果会议主持即单位领导，不是外聘专业主持，会议主持应该全程参与会议议题的确立、议程的安排，过问会议通知的发出、会务准备及会场布置（包括音像设备、记者采访和会议记录准备），检查出席人员到会情况。一旦万事俱备，会议就要准点开始。

### （二）内容的串联

会议主持的任务之一，就是宣布会议的开始，介绍会议的主题、日程、出席人员或嘉宾，掌控会议的进程，调控会议的氛围，做好会议的总结，宣布会议的结束等，通过其搭桥接榫、过渡照应的作用，把整个会议流程连缀成一个有机整体。会议主持主要是运用连接语（俗称"串台词"）将会议流程串联起来的。连接语的运用大有学问：何处用何处不用，话长还是话短，事先预备还是临场发挥，写在纸上还是记在脑子里等，都要事先谋划，切不可临阵磨枪，随意发挥。

### （三）时间的控制

在会议流程的执行过程中，时间的控制是最重要的。一般来说，吸引与会者注意力的是会议主题，凝聚与会者意志力的是会议内容，而掌控与会者步调的只能是时间。会议流程中的时间，犹如一首歌曲的音符、节奏和旋律，只有步调一致才能共同唱好一首歌。为此，会议主持的时间意识必须非常清晰，要预告开会的起止时间，控制每位发言人的时间，给列席领导留下发言时间，给总结留出必要的时间等。我们经常会遇到"拖会"现象；或者相反，会议尚未结束而议程已经完成。遇到这两种情况，会议主持都要随机应变，根据会议的性质、目标、内容和现场情况作出相应调整，不要轻易增加或缩减会议时间，改变会议议程。

### （四）氛围的掌控

会议主持的另一个重要任务，就是氛围的掌控。会议是现场的，无论是秘书还是主持人，都不可能事先预料现场可能发生的一切，这就要求会议主持不当"传声筒"而当"调控器"，对会议氛围作出有效掌控。调控氛围与掌控时间，这是把握会议全局的两根有力杠杆。一般会场最易发生"开小会"、"起哄"、"跑题"、"无人回应"等情况，或迟到早退、交头接耳、接打手机、随便走动等现象。对此，会议主持不能视而不见、置之不理或不知所措，而应认真控制局面，调节气氛。

## 二、会议主持的口才要求

有时会议的主持和司仪即主持会议的领导；有时主持和司仪由聘请或指定的专人担任，领导只负责出席会议或发表讲话。由谁担任会议的司仪，是一门学问，属于礼仪学的范畴。不管由谁担任，成功的主持都要求具备良好的形象与自信的态度，高超的表达能力与临场的应变能力，丰富的人性与富于个性的台风。在口才上要求做到：

### （一）简明得体

会议主持的语言一般是经过事先反复斟酌、推敲确定下来的比较精致的语言，应该是书面语和口语的结合。一般重要的导语、过渡语和结束语应该是书面语，而根据会议现场临时作出的反应性与调控性语言应该是口语。无论是口语还是书面语，都要求要言不烦、言简意赅。导语要直奔会议主题，简介会议程序、与会对象和与会要求；过渡语要简洁自然、衔接巧妙；结束语要晓畅明快、收缩有力。临时组织的语言，也要字斟句酌，勿信口开河。一般来讲，会议主持的职位，可能既低于参加会议的领导，又高于其他与会成员（与主席台就座的其他人员基本平级）。这样一个特殊的角色，要求主持人的讲话既符合本次会议的要求，又符合平时的身份。总结阶段，可对下属的发言进行适度提升，表明自己有对基层工作给予指导的义务和权利；而对上级领导的讲话则要注意引用原话，重点强调，表明坚决贯彻的决心。提要求要采用指令性而不是商量式语气，所提要求也不能凌驾于领导之上；否则，就有僭越之嫌了。

从实际情况来看，大多数会议主持的导语和过渡语都处理得比较好，但结束语往往显得冗长拖沓、重复啰唆。主要有两种情况：一是"小结"部分喜欢将几个人讲话的大小标题简单地罗列起来再重复一遍；二是"提要求"部分喜欢发表长篇大论，对如何贯彻左一个明确意义，右一个落实措施，以显示高度重视。正确的做法，应该是在"小结"部分，将讲话人的主要观点或典型经验进行概括提升，而不是简单重复；在"提要求"部分，只要将关键环节、重点要求讲清楚、强调到位就可以了。

在会议总结中，有时我们也会听到主持人说一些诸如"重要讲话"、"重要指示"、"坚决贯彻执行"、"有着十分重要的指导意义"、"必将产生深远的影响"等溢美之词。其实，会议的总结，要根据会议的级别、类型、规模、讲话者的身份以及讲话的内容作出恰当的评价，不能夸大其词、任意拔高；否则，效果会适得其反。

### （二）突出重点

每次会议都有一个中心议题或研究问题，传达上级指示精神，或布置任务，讨论年度工作计划等。会议的议题是整个会议的灵魂，因此，会议主持要严格按照会议议程来组织和引导与会者，在不同类型的会上发挥不同的作用：在学术研讨会上，要起到提出观点、引导讨论的作用；在经验交流会上，要起到肯定做法、总结推广的作用；在工作布置会上，要起到落实措施、提出要求的作用；在庆功表彰会上，要起到激励先进、号召学习的作用。主持人只有将主持内容与召开会议的目的有机结合起来，注意突出重点，才能达到预期效果，才是成功的主持。

但在实际工作中却存在两种倾向。一是主持人一声不吭。开会时大家各自聊天、看报，没有讨论正题，主持人也不制止大家，眼看时间过去了，会议一无所获。另一种倾向是主持人说话有气无力。主持人讲话，往往只用"下面开始开会了"、"下面请×××讲话（发言）"、"今天的会议就到此结束"等干巴巴的几句串场词，一句话都不多说，自以为是作风干练，实际上是没有尽到主持人的责任，是工作不负责任的表现。

### （三）灵活应变

理论上，主持人应是"会议的公仆"，他的责任是确保会议取得圆满成功。首先，会议主持应根据会议的类型确定会议气氛的基调：或欢快热烈，或紧凑严肃……会议的类别不同，主持人应该运用不同的风格语调主持会议。如主持小型座谈会，要力求语言活泼、语气轻松，努力为与会者畅所欲言营造宽松的氛围；主持大型会议，要力求语气平缓、声音明亮，努力为大会营造庄重严肃的气氛。其次，会议议程的安排也有讲究：分量较重的问题应安排在前面，日常议题和琐细议题安排在后面，敏感问题安排在会议中间。再次，引导与会者的发言也是会议主持的重要任务。会议进行过程中，主持人应该密切注意以下问题：发言内容是否偏离了议题；发言者的观点是否出于各人的利害；全体人员是否都在专心聆听发言；发言者是否过于集中于小部分人；是否有从头到尾都没有发过言的人；某个人的发言是否过于冗长；发言的内容是否有利于得出正确的结论等。

在实际工作中，由于与会者的思想认识、思维方式和基本素质有差异，会议随时可能出现个别格调与整体基调不协调的情况。发生这种情况，一方面会议主持应有所预测并备有预案；另一方面应保持清醒的头脑，凭借自己对问题的态度、工作经验和语言技巧，扭转局面，把握方向，使会议朝着积极健康的方向发展。会议进行过程中，当会议主持提出一些问题时，可能没有人回答。遇到这种情况，会议主持应该使用一些技巧，譬如通过眼神或直接点名，鼓励与会者发言。与冷场相反，个别与会者可能高谈阔论，"霸占"会场，影响其他人发言，主持人可以直接阻止或通过限制发言时间制止这种行为。总之，会议主持根据会场气氛和与会者的反应引导会场，是会议主持的责任。

# 第三节 会议主持的言语技巧及注意事项

## 一、会议主持的言语技巧

有人将会议主持的言语技巧归纳概括为三句话，即"工于开场，巧于连接，精于结束"。

### （一）开场技巧

开场白是会议的"序曲"，是为会议氛围定调的关键，要精心设计，提前写好文稿或打好腹稿，不要即兴发挥。开场白或直入主题，提纲挈领、要言不烦地把会议的内容主题讲明白；或借题发挥，调动全场情绪，使与会者兴奋起来，营造良好的氛围；或信手拈来，出口成章，富于启示和诱导，引导全场迅速进入主题，都不失为好的开场。因而也就形成了两类常见的开场技巧：一类是开门见山、直奔主题的；另一类是精心设计、营造氛围的。兹介绍如下：

1. 开宗明义，直奔主题

【案例 5 - 1】

**直奔主题的开场白三例**

2008 年 8 月 8 日晚，北京奥运会开幕式在国家体育场"鸟巢"举行，一系列欢迎表演之后，23 时 36 分，国家主席胡锦涛从座位上缓慢站起，用十分平稳、坚实而有力的语调说："我宣布，北京第 29 届奥林匹克运动会开幕！"至此，从 1908 年到 2008 年，中华民族对奥林匹克运动整整百年的期盼终于变成现实。

2012 年 3 月 5 日上午 9 时，第十一届全国人民代表大会第五次会议在人民大会堂开幕，听取国务院总理温家宝作政府工作报告，审查年度计划报告和预算报告。

人大常委会委员长吴邦国主持会议："各位代表，第十一届全国人民代表大会第五次会议出席代表 2 978 人，今天的会议出席 2 924 人，缺席 54 人，出席人数符合法定人数。现在我宣布，中华人民共和国第十一届全国人民代表大会第五次会议开幕。"

同志们：

今天这次会议，主要是以总书记"七一"重要讲话和"三个代表"重要思想为指导，深入贯彻省、市委工作会议精神，进一步动员全市上下解放思想，抢抓机遇，干事创业，推动全市经济和社会事业超常规、高速度、跨越式发展，加快建设富而美的现代化园林城市。参加今天会议的有：全市副局级以上领导干部，担任过副市级以上实职的离退休老干部，离岗待退的原市级领导干部，市直部门科股长，市属及以上企业主要负责人。今天的会议有三项议程：一是×××副书记传达省、市委工作会议精神；二是市委×××书记作重要讲话；三是我就会议精神贯彻讲意见。会议进行第一项，请×××副书记传达省、市委工作会议精神。

（资料来源：成功励志网，http://www.17coolz.com）

第一例只有一句话，即宣布运动会开幕；第二例只有两句话，分别报告了出席会议的代表数，宣布大会开幕；第三例则有四句话，分别报告了会议的主题、出席人员和议程等。这样的大白话、大实话开场白，听起来没有什么特色，但与会者也不会感到意外，因为它适合主持人的身份和当时的场合，是最常用的开头方法。所谓开宗明义，直奔主题，就是指在会议开头就把会议的宗旨、议题、重点、要求和程序说清楚，让会议一下子进入正题，显得高效朴实。这类开场白一般用于较大场合如外事活动、国际会议或一般基层单位平常中小型会议。

2. 精心设计，营造氛围

【案例5-2】

### 营造氛围的开场白三例

春来谁做韶华主，总领九英是牡丹。古城洛阳迎来了第九届牡丹花会。热情好客的洛阳人，诚挚地欢迎外国朋友、港澳台同胞和来自祖国各地的客人光临……

（资料来源：第一范文网，http://www.diyifanwen.com）

同学们，据我所知，世界上专为某个作家成立而且其影响经久不衰的学会只有两个，一个是研究莎士比亚戏剧的莎学会，一个是研究中国曹雪芹《红楼梦》的红学会。《红楼梦》是咱们国家文化宝库中的宝中之宝，是一部百读不厌的优秀著作。《红楼梦》共一百二十回，数十万字之巨，我们设想一下，生活当中有没有人真的把《红楼梦》读了一百遍？我告诉大家：有！今天我们请来的唐教授，一生痴爱《红楼梦》，读了不下一百遍，甚至能把其中的大部分内容熟练地背出来。唐教授对《红楼梦》很有研究，出版了六部专著，发表了四十多篇论文，是国内外知名的"红"教授。现在我们就欢迎唐教授来给大家讲一讲"大学生如何欣赏红楼梦"。

（资料来源：中国演讲与口才网，http://www.360koucai.com）

2008年4月17日，26位在网络上为广东科学发展积极建言献策的网友代表，被邀请参加"解放思想，共同为广东科学发展'灌水'、'拍砖'"座谈会，会议由广东省委书记汪洋主持，望着会议桌上摆放的写着"三季稻"、"无限温馨"、"夜郎锅王"等"网名"的座位牌，汪洋说：今天，把互联网上各路豪杰从网上请出来，过去你们在网上"华山论剑"，今天咱们在珠岛宾馆面对面"拍砖"，希望你们发表高见，为广东继续解放思想、努力争当实践科学发展观的"排头兵"增添活力，注入动力。

（资料来源：演讲与口才，http：//www.koucai.com.cn）

第一例引古诗词营造牡丹花卉节开幕式欢迎气氛；第二例通过从"红学"到"'红'教授"的层层铺垫营造学术报告开场气氛；第三例通过巧引典故和网络热词，为省委书记亲民问政座谈会营造轻松气氛。这样的开场白，是经过精心设计准备的，它符合大会的主题，目的是更好地调动与会者的情绪，开好大会。这类开场白，主持风格庄重华贵，通常用于具有迎送喜庆氛围或有嘉宾在场的会议。

不同的会议需要不同的气氛。诸如欢迎仪式，需要气氛热烈；征求意见会需要气氛宽松；研究解决问题的会议则需要气氛严肃。主持会议的开场白，要尽量避免陈旧死板。诸如"现在开会了，请×××同志讲话，大家欢迎……"、"××晚会现在开始，第一个节目是……"这种千篇一律的格式，可能令人生厌。

### （二）调控技巧

会议主持的一个重要任务，就是承上启下，穿针引线，在会议的各个组成部分之间发挥推进或缓冲的作用。如前面的节奏慢了、主题偏了或情绪低了，需要主持人来调节，推进会议进程；前面的节奏快了、态度过激或情绪紧张了，也需要主持人来缓冲一下。常见的会议过程容易出现冷场、离题、争论激烈或意见分歧、会议议程拖沓等问题。针对这些问题，会议主持如何当好"服务员"和"调控器"？兹介绍一些方法：

1. 如何打破冷场僵局

主持会议的过程中，经常会遇到无人发言或某一部分人毫无反应的现象。这种冷场现象不利于某些会议预期目标的实现。造成会议冷场的原因很多，一般来说，原因不同，对策也就不同。

例如，面对年轻的听众，主持人要主动鼓励他们发言，并告诉他们说错了也没有关系；而当他们发言时，主持人应表现出对其发言的兴趣，并举出其中合理性部分加以肯定：

小王，你年轻，请你带个头，说错了也不要紧！
小张的意见很好，对我们很有启发！

面对老成持重的听众，主持人要善于"点将"并多给他们一些理解和尊重：

老章，您对这个问题很有研究，请您先讲讲吧！
老刘，大家就等着听您的高见哩！怎么样？您带个头吧！

面对说话有顾虑的听众，主持人可事先讲明政策，鼓励大家讲真话、说实话：

今天的会就是请大家来提意见的，大家可以畅所欲言，把心里的话都讲出来，不必有什么条条框框，说错了也不要紧，对发言不作记录，只记录会议形成的结论。

面对事不关己的听众，主持人应积极创造民主、活泼的会议气氛，去感染带动他们，或主动接近他们，征询他们对问题的看法。

面对羞于开口的听众，主持人可用幽默风趣的话语打开与会者的话题，也可让性格外向、胆子较大的同志先开口发言，进而调动大家发言的积极性。

而面对议题不明的听众，主持人应再作陈述，或改变阐述的角度，或采取打比方、举例的方式，让与会者明白会议讨论的议题。

2. 如何防止会议跑题

跑题是会议主持经常遇到的头痛问题。跑题在一定程度上具有调节会场气氛的作用，但也会助长拖沓的作风。会议主持一旦发现会议跑题，必须采取措施，及时将主题拉回来。拉回话题时，主持人应讲究策略，顺势而为，切勿生硬强行，以免对与会者情绪造成伤害，影响大家发言的积极性。常见的策略有：

（1）引人注目式。一般来说，会议主持是会场目光投注的焦点。遇到会场秩序混乱或跑题时，主持人可以首先选择通过诸如特殊的眼神和手势、略作夸张的微笑和身姿，轻敲桌面、轻轻击掌，或颔首示意等方式，引起听众的注意，从而"赢回"维持会场秩序或拉回话题的主动权。例如：

同志们，请看看会议的大屏幕，或者请注意阅读会议下发的第×份文件，第×个问题，请围绕会议的主题畅所欲言。

（2）随声附和式。有时跑题的内容是一些群众十分关心的问题，也是亟待解决的问题，所以群情激奋，讨论非常热烈。此时，主持人可先附和一番听众的意见，然后因势利导，把分散的话题拉回到会议的主题。例如：

老赵等同志说到的问题，确实重要，他们的看法也很有价值，今后可专门为此开讨论会。不过，今天我们的中心议题是如何改进教学方法，请大家集中对这个问题发表意见。

（3）主动插话式。主持人可有意加入偏离话题的讨论中，然后适时插入一句转折的话，使讨论峰回路转，顺势转入正题。例如，在讨论会议议题时，与会者的讨论却转到当前国际热点问题上去了。这时，主持人不妨先插上几句，随后接道：

当前的国际形势确实让人捉摸不透，在这样的国际环境中，我们很有必要增强事业心和紧迫感，那还是先看看我们自身的工作该怎么做吧。

（4）开诚布公式。有时，如果通过上述方式都不能奏效，会议主持人可以利用大会赋予的"主持会议"的特别权力，开诚布公地告诉大家跑题了。你可以这样说：

是不是我的主持方向或者思路不对，误导了大家？今天的会议主题是×××

我可以明确地告诉大家，今天的会议主题是×××，与现在大家讨论的大相径庭……

3. 如何制止无谓争论

开会时会出现在对某个问题进行讨论时，由于与会者的学识、素养、社会经验不同，看问题的角度和解决问题的方案不同，因而出现不同意见和观点交锋，这是正常现象，也是会议讨论深入、开得成功的表现。遇到与会者各持己见、据理力争、互不相让的情形怎么办？

意见基本一致时，立即终止；意见大同小异时，允许求同存异，及时终止；很难一致时，下次再议；对于离题太远的发言，会议主持可寻找时机予以引导、提醒，拉回正题。

如果观点或意见已经趋向明确、统一时，主持人应终止论辩。

如果争辩双方偏离议题，主持人应提请注意。

如果讨论双方已经发生争吵，主持人应从会议组织性和纪律性要求出发，加以劝阻。

在遇到较为激烈的争辩时，如果争辩双方已经感情用事，出现相互攻击、影射或旧事重提时，主持人应断然采取措施，正面加以制止，以免矛盾激化，事态扩大。

对于恶语伤人者，必须进行批评教育，以平衡与会者的公正心理。

4. 如何控制会议进程

控制会议进程，确保会议顺利进行，完成它的预定日程，是会议主持的职责，也是其压力所在。主持人需要依照会议的规则，根据不断变化着的情况，灵活采用各种措施和方法，有针对性地调整各种关系，解决各种随机性问题。为此，会议主持必须掌握一定的控制技巧。

【案例 5 - 3】

**控制会议进程的技巧**

会前，主持人必须认真研读有关会议文件，了解会议议题和议程，了解与会者的构成及基本意见倾向。

主持人必须穿戴整齐、举止得体、声音洪亮、语调富于变化，有一定感染力，切忌多余台词和动作（如过分口语化、口头禅、动眼睛、玩文具、搔头抖腿等），切忌语无伦次或缺乏自信。

会前宣布会议规则或纪律，说明会议宗旨和议题，明确会议开始和结束时间，准时开会和散会，无特别情况，不随意变更会议议程。

主持人应努力创造与会议性质相适应的气氛，不要以与众不同的姿态和语调讲话，不要炫耀自己，不要在决议形成之前发表有倾向性的意见，更不能强迫他人接受自己的看法。

批评要有建设性，应尽力避免同与会者发生直接冲突。

在组织讨论时，应明确讨论与不讨论的界限，给每位与会者以平等的发言机会和权利，并及时纠正脱离议题的发言。

多议题会议的议题安排次序应科学合理，一般需要大家开动脑筋、集中献计献策的议题应放在会议前半部分时间进行。

应善于对各种发言进行比较、鉴别和综合分析，正确集中大家的意见，不时用简明扼要的语言归纳概括讨论的要点和有关发言人的意见。

当时机成熟时，应适时终止讨论或辩论，及时确认结论，形成决议，一个议题结束后应立即转换议题，以免延误时间或节外生枝。

会议较长时，应安排短暂休息并掌握好时机，休息不要安排在发言高潮或是某一问题讨论尚未结束时。

应采用各种方法和措施，避免或减少与会者中途退席，特别是其中的主要人物，应力争不出现中途退席现象。

当会场出现混乱时，应保持镇静，及时采取措施结束混乱状态，遇有紧急事态或极端事件，应选择休会或报警。

在会议进程控制方面，有人给会议主持"支招"：

朋友帮忙找个"托"——有人发言。

重申主题清思路——不开无轨电车。

说句笑话逗逗乐——不会冷场。

讲个故事大家听——打开思路。

扫视全场找"对视"——请他发言。

难答问题缓兵计——重复、代答、承诺。

敌对诘难稳情绪——坦诚论事、幽默排解、转移忽略、针锋相对。

矛盾冲突冷处理——打圆场、先休会。

总之，会议主持要胸有成竹、豁达宽容、全情投入、随机应变。

（资料来源：第一范文网，如何做好会议主持人，http：//www. diyifanwen. com）

## （三）结束技巧

会议在行将结束之前，一般说来，领导或会议主持应对会议作简明扼要的总结，将有关会议成果、讨论情况或所达成的共识，进行通报；对不能确定的或未解决的问题作简要的解释或说明。同时，对会后的工作加以部署或强调。好的结束，有助于增强会议的效果。主持人有效地进行会议总结，可以采用如下方式：

**1. 穿珠式**

与会人员的见解或会议成果中不乏闪光之处，会议主持可以运用联系与发展的眼光，把这些"零珠碎玉"穿起来，形成有价值的总结。

**2. 升华式**

与会人员的见解或成果中，或有表达得不够完善和深刻的，或有停留于感性认识阶段的，主持人可以站在更宏观或全局的高度，对众人的思想加以升华，从中找出有规律性的东西，将与会人员心中所有、口中所没有的东西表达出来，使众人的认识水平上升到更高的层次。

**3. 评论式**

这种方式可能更适用于报告会或策略性研究会议上。在与会人员听完报告或充分献计献策后，会议主持人可对报告内容或这些意见作出评论并表明自己的观点。

**4. 拍板式**

当大家的态度已经明了时，主持人就应及时拍板定案，不可犹豫不决，丧失良机，给人留下"会议没有取得成果"的印象。

一般来说，会后总结比会前介绍难度更大，主要原因有三：首先，听众坐了很长时间，身心比较疲倦，加之主报告已毕，注意力难再集中，人心思走，盼望早点散会；其次，"主角"退场，让出了"舞台"和"观众"，很容易刺激"配角"的"表现欲"；再次，主报告既已确定了会议的主旋律，无论主持人如何扣紧主题，他们往往都因准备不足，说得越多，失误越多。会议结束，主持人一定要明白"当前形势"，总结时不宜过多评论，评论时宜粗不宜细，不要内容越说越多，时间越拖越长，招致与会者怨怒，这是必须引以为戒的。

## 二、主持会议时的注意事项

要想成功地主持一次会议并非易事。因为会议的种类与情况各不相同，每一次会议的开头和结尾、会议的气氛等都各不相同，所以主持会议要防止被某种思维定式引向误区。

### （一）忌准备不足

会前准备很重要。一是确定会议议题；二是准备好会议有关材料；三是安排会议程序；四是确定会议时间、地点、参加会议的对象和人数，准备会场和会务。比较大型和重要的会议应列出会议日程，使整个会议按照程序进行。小型会议虽不必排列程序表，但主持人应心中有数，怎样开头，怎样结束，对会议过程应了然于心，这样才能应变自如。

### （二）忌"等会"现象

由于主持会议的领导或参加会议的群众未按时到场，往往出现"等会"现象，因此有人便总结出一条"经验"，即八点的会议八点半到，九点不误听报告。解决此问题关键在领导。首先，作为主持会议的领导要以身作则，率先示范；其次，要坚持准时开会，不等不拖；最后，要严格纪律，批评迟到者。

### （三）忌开头结尾无力

自古以来，人们做文章都追求"龙头凤尾"，主持会议也应该在开头和结尾上下一番功夫。有些领导主持会议不太注重开头和结尾，会议开始，三言两语，意不明，言已尽，给人以茫然感，使与会者不明白会议的议题，失去对会议的兴趣。一个好的会议结尾能对会议有促进作用，甚至能起到将其推向高潮的作用。

### （四）忌程序混乱

一般会议过程可分为导入、展开、结束三个阶段。导入要简明扼要且有吸引力；展开要连贯紧凑勿东拉西扯；结束要有议有决，防止虎头蛇尾。主持人只要按照会议程序主持会议，就能把会开好。

### （五）忌照本宣科

组织会议的人不能呆板拘谨。有些领导习惯于拿着讲稿一字一句地念，照本宣科。其实，即便是照念事先准备的文稿、法律条文或政治决议，也应该读得有轻重缓急，给人以鲜明的印象。

### （六）忌大喊大叫

有些领导主持会议，对听众不敏感，习惯于机械的说教或以势压人。其实只要言辞得当，完全不需要大喊大叫就可以引导好听众。如果发现与会者的注意力不集中，有时候把声音压低更能引起听众的注意。此外，主持人的语调、表情、手势和身体姿势，也无不影响着听众。

### （七）忌漫无边际

现代人时间观念强，对文山会海普遍反感。本来几句话就能讲清楚的问题，硬要拖上个把钟头；本来一两百个字就可以讲透彻的文件，硬要扯成洋洋万言，其中尽是老话、套话、假话、大话、空话、废话。

**【案例5-4】**

#### 让"官话"退出会场

在2008年1月23日政协重庆市第三届委员会第一次会议提案现场办理会上，重庆市委常委、常务副市长黄奇帆在听取汇报的过程中，突然打断了一政府官员的发言："这种场合就不要说这些官话了！没有必要！"就在这位副市长一声"断喝"之后，有的官员发言时从准备材料的第5页开始读起，摘帽脱靴，直接入题；有的部门"临场换将"，5分钟发言完毕；所有部门的发言都体现了"简明扼要"的风格……套用会议结束时主持人常用的一句"官话"就是：这次会议开成了一次"务实"的会议。

（资料来源：搜狐新闻，重庆副市长当场打断官员发言称不要讲官话，http://news.sohu.com）

会议主持人讲话应努力做到言简意明，同时也要不时提请会议发言者长话短说。例中会议主持人（常务副市长）打破情面来一声"断喝"，真是好样！

### （八）忌时间过长

据生理学家研究，当人参加会议或讨论时，脑力的最佳状态只能保持40到45分钟，超过一小时，与会者的注意力就会分散，会场纪律也会难以维持。对此，会议主持应保持高度自觉。

**【案例5-5】**

#### 太阳公司的会议成本

日本太阳工业公司每次召开会议都坚持计算并公布会议成本。该公司计算会议成本的公式是：会议成本 $= 2A \times B \times T$。"A"，表示单位人均小时工资的"3"倍。人均小时工资为什么要扩大"3"倍？因为劳动产值要远比职工工资高。为什么又乘以"2"？因为会议会使经常性的工作和生产中断，损失应以"2"倍计算。"B"表示参加会议的人数。"T"表示以小时为单位的会议时间。例如，一个人均月工资240元的1 000人的工厂，召开全厂人员会议2小时，其会议成本则为：$2 \times (3 \times 1) \times 1\,000 \times 2$ 即 $12\,000$ 元。这样的一般会议，竟要付出成本 $12\,000$ 元。

［资料来源：魏林禅. 日本太阳工业公司开会也要计算成本. 财会通讯，1984（52）.］

　　看来，尽量少开会、准时开会、开短会，从会议成本学的角度来看，也是很有科学道理的。

　　在 2009 年的"两会"上，全国人大代表、中科院院士钟南山就部分代表在审议发言时歌功颂德的现象进行抨击："我们开会，10 分钟的发言，前面 8 分钟是在歌功颂德，对报告歌功颂德，对自己歌功颂德，剩下的时间就没有了。"钟院士直言代表应该畅所欲言，这是求真务实的科学精神在会风诉求上的体现。

## 【案例讨论】
### 决定县委书记人选的市委常委会

　　烈山县隶属于平阳市。烈山县委书记耿子敬和县长赵成全双双因腐败而被处理。由谁来担任烈山县委书记？须知，任命不慎，非但不能使烈山重步正轨，而且无法使眼下的烈山安定下来。

　　以烈山班子调整为主议题的平阳市委常委会准时召开了。市委书记高长河向市委常委会建议，调现任市委副秘书长田立业任烈山县委代书记。根据惯例，市委组织部龚部长首先向与会常委们介绍了田立业的有关情况。龚部长介绍完情况，会议室里一片沉寂。高长河笑呵呵地道："田立业这位同志怎么样呀？大家都谈谈吧。"大家还是不作声，都盯着高长河看。高长河也不客气，说："好，你们不说，我先说。"高长河一副胸有成竹的样子，说："对田立业这个同志，我认为还是要作些具体分析。这个同志当了六年市委副秘书长，打了六年杂，没干多少实事，这是事实。我想问的是：这是田立业自己不愿做事呢，还是我们不让他做事呢？我们不让人家做事，现在反过来指责人家就没多少道理了吧？这和自己不愿做事不是一回事吧？"高长河顿了一下，又说："所以，对田立业，我们要历史地看、全面地看。这个同志曾经是市委重点培养的后备干部，六年前就在烈山当过两年县委副书记，资历、经验和实际工作能力都还行，先去烈山把工作抓起来，应该没有大问题。我特别注意到这位同志的工作思路，觉得颇有新意。"

　　龚部长马上接着高长河的话头大谈田立业思路对头，有政治头脑和经济头脑。许多常委便也跟着应和，气氛一下子热烈起来。这时，市委副书记孙亚东发表了一些不同意见："高书记，我虽然调到平阳工作时间不长，可对这位田秘书长也多少有所了解，据说该同志被市长、书记们私下评为平阳干部中的'第一号大甩子'（方言，意为爱写文讥讽时事），我们使用这样的干部，会造成什么样的影响？形象好不好呀？"

高长河笑了："我知道有些同志会提形象问题。那么我倒要反问一句了，我们的县委书记们究竟应该是个什么形象呀？耿子敬形象不错嘛，一脸官气，什么官？贪官！田立业有毛病，说话随便了些，可身上毕竟有正气嘛！他冷嘲热讽也是有原因的，我看大多也是有道理的。这几年，我们没把他摆在适当的位置上，没让他负什么具体责任，他说话随便一点，表现散漫一点，不奇怪嘛！"

孙亚东很认真："高书记，烈山可是个大县呀，又刚出了耿子敬的案子，你敢说田立业去了能干好？你就一点不担心？"

高长河沉默了一下，说："同志们，说实在话，建议使用田立业，我也是下了很大决心的。我的依据不仅仅是他过去的资历和工作思路，我觉得这位同志身上还有不少长处，最主要的是有一腔报国为民的热情。据我了解，这几年他也一直想下去做点实际工作，我们却一直没安排。那么，田立业上任后，是不是就一定能干好？我不是算命先生，也不是太有把握的，所以，我现在只是建议田立业去烈山县代理县委书记。干得好，留烈山；干不好，重新安排，不要怕。在这里，我想说明一点，就是要不拘一格用人才。只要是人才，就要大胆地用起来，不要让他闲置了。不是怕他出问题吗？那就要管起来嘛。靠什么管？靠一整套真正行之有效的规章制度。这个问题我们要进行专题研究，不是针对田立业一个人，而是针对我们平阳整个干部队伍。"

最后，平阳市委常委会作出任命田立业为烈山代理县委书记的决定。

（资料来源：周梅森. 中国制造. 北京：人民文学出版社，2001. 节选）

仔细阅读材料，分析并总结案例中会议主持的过程和特点。

**【基本训练】**
### 角色扮演：充当会议支持

扮演校园文化节学生科研论文交流会的会议主持，自拟会议主持的开场白、串场词和结束语等。根据教材有关主持会议的内容及口才要求，尽可能设想得周全些。

# 第六章　作报告的口才

实际工作告诉我们，各级领导干部不仅忙于主持或出席各种会议，并常常要求讲话（俗称"作报告"）。主持与出席会议、作报告，三者共同构成领导人员日常工作的基本内容，作报告比主持和出席会议更能体现领导水平。因此要高度重视与研究领导讲话艺术。

## 第一节　领导讲话的意义与种类

### 一、领导讲话的意义

领导讲话俗称"作报告"。但是"领导讲话"与"作报告"，除了语体差异外，也有程度和范围之分。凡是国家机关、企事业单位和社会组织领导人在正式工作场合下对一定数量的听众所作的有准备的演讲（包括即兴演讲），都可以称为领导讲话。作报告特指某些场合下更为庄重、隆重的讲话。本书是在较为宽泛的意义上使用"作报告"这一词的。领导讲话的意义已在领导与管理口才概述部分有所述及，这里再申明几点：

#### （一）领导讲话具有传递信息、宣传党和国家方针政策的作用

各级领导，尤其是负责党务、担任国家及地方政府行政职务的政治型领导，其本身肩负着宣传党和国家大政方针政策的职责。他们往往通过组织学习文件、传达会议精神、回顾历史、总结经验教训、宣讲或解释法律法规条文等形式，自觉宣传马克思主义、毛泽东思想、邓小平理论和"三个代表"等重要思想。

【案例6-1】
**在学习《邓小平文选（第三卷）》报告会上的讲话**
理论思维的成熟是党成熟的一个重要标志。改革开放十五年来，我们党在

理论上取得的最大收获，就是在马克思主义基本原理与中国实际相结合的第二次历史性飞跃中，创立了建设有中国特色社会主义的理论。这一理论，第一次比较系统地初步回答了中国这样的经济文化比较落后的国家如何建设社会主义、如何巩固和发展社会主义的一系列基本问题，用新的思想、观点，继承、丰富和发展了毛泽东思想，是马克思主义同中国实际相结合的最新成果，是当代中国的马克思主义。……十五年来，正是由于我们举起这面旗帜，依靠这个精神支柱，我们的党、我们的国家才得以克服困难、排除干扰，稳步走上了社会主义现代化建设的正确轨道，取得了举世瞩目的伟大成就。历史和现实的经验一再表明，坚持邓小平同志建设有中国特色社会主义的理论，就是真正坚持和发展马克思列宁主义、毛泽东思想。……

（资料来源：江泽民《在学习〈邓小平文选（第三卷）〉报告会上的讲话，节选）

党的十四大（1992 年 10 月 12—18 日在北京举行）提出了用邓小平同志建设有中国特色社会主义理论武装全党的战略任务。改革开放以来，全国形势总体上是好的，但在前进中，新问题、新矛盾也不断出现。正是在这样的情况下，《邓小平文选（第三卷）》出版，为进一步用建设有中国特色的社会主义理论武装全党，教育广大的干部和人民群众，统一思想，坚定信念，提供了最好的教材和最有力的武器。上文是党的十四大中央全会当选总书记江泽民于 1993 年 11 月 2 日《在学习〈邓小平文选（第三卷）〉报告会上的讲话》的部分内容，该讲话高度概括了第三卷的主要内容和伟大意义，起到了最权威、最有力的宣传作用。

### （二）领导讲话具有凝聚人心、催人奋进的作用

各种动员会（含战前动员会），布置生产、工作的会议和表彰、庆功会议上的领导讲话，都具有这样的作用。

【案例 6-2】

#### 谁说败局已定

担任了多年军队领导职务的将领们已经组成了一个政府。

这个政府借口军队打了败仗，便同敌人接触，谋取停战。

是的，我们的确打了败仗，我们已经被敌人陆、空军的机械化部队所困。……但是难道败局已定，胜利已经无望？

不，不能这样说！

……

我，戴高乐将军，现在在伦敦发出广播讲话。我向目前在英国国土上或将来可能来到英国国土上的法国官兵发出号召，不论是否还持有武器，请你们和我联系；我向目前在英国国土上或将来可能来到英国国土上的一切有制造武器技术的工程师、技师与技术工人发出号召，请你们和我联系。

无论发生什么事，法兰西抗战的烽火都不可能被扑灭，也绝对不会被扑灭。

明天我还要和今天一样在伦敦发表广播讲话。

（资料来源：董家骧，臧永清. 中外名人演说词大观. 沈阳：春风文艺出版社，1992.）

戴高乐（1890 年 11 月 22 日—1970 年 11 月 19 日），法国现代史上最杰出的军事家、政治家，法兰西第五共和国创建者及第一任总统。1940 年第二次世界大战期间，法国军队猝然溃败，仿佛败局已定。6 月 18 日下午 6 时，伦敦广播电台突然播出一个异常陌生的法国人的声音，顿时引起了人们的注意。这个法国人以铿锵有力的声音庄严宣告："无论发生什么事，法兰西抗战的烽火都不可能被扑灭，也绝对不会被扑灭。"话音落处，人们似乎看到法国溃败后第一面鲜明的不屈战旗正高高升起，上面写着两个大字——抵抗！由此一呼，拉开了著名的"法国抵抗运动"的序幕。整个演讲情感饱满，情绪激昂。尽管我们无法亲耳聆听他的演讲，但字里行间我们仍能感受到当时激荡在他胸中的那种反击侵略、复兴祖国的强烈的爱国主义情怀。

### （三）领导讲话具有传播知识、推动思想解放和知识创新的作用

一般的调查（考察）报告、形势报告、学习辅导报告和学术报告不用说，尤其是在事关国家、民族或地区命运的重大历史关头的政治领袖的讲话，更具有这样的作用。

【案例 6 - 3】

#### 邓小平南巡讲话

革命是解放生产力，改革也是解放生产力，推翻帝国主义、封建主义、官僚资本主义的反动统治，使中国人民的生产力获得解放，这是革命，所以革命是解放生产力。社会主义基本制度确立以后，还要从根本上改变束缚生产力发展的经济体制，建立起充满生机和活力的社会主义经济体制，促进生产力的发展，这是改革，所以改革也是解放生产力。过去，只讲在社会主义条件下发展

生产力，没有讲还要通过改革解放生产力，不完全。应该把解放生产力和发展生产力两个讲全了。

……

改革开放迈不开步子，不敢闯，说来说去就是怕资本主义的东西多了，走了资本主义道路。要害是姓"资"还是姓"社"的问题。判断的标准，应该主要看是否有利于发展社会主义社会的生产力，是否有利于增强社会主义国家的综合国力，是否有利于提高人民的生活水平。对办特区，从一开始就有不同意见，担心是不是搞资本主义。深圳的建设成就，明确回答了那些有这样那样担心的人。特区姓"社"不姓"资"。……

（资料来源：人民网广东频道，1992年邓小平南巡讲话，http：//gd. people. com. cn）

在当代中国改革开放的历史上，1992年邓小平南巡讲话的重要性，怎么估计都不为过。讲话针对当时人们思想中普遍存在的疑虑，站在时代的高度，从理论上深刻回答了长期困扰和束缚中国人民思想的许多重大认识问题。邓小平的"革命是解放生产力，改革也是解放生产力"的思想，"社会主义的本质是解放生产力，发展生产力"的观点，判断改革开放成败的"三条标准"（是否有利于发展社会主义社会的生产力，是否有利于增强社会主义国家的综合国力，是否有利于提高人民的生活水平）理论以及"计划经济不等于社会主义，市场经济也不等于资本主义"的主张等，被称为是继毛泽东思想以后，马克思主义理论与中国革命具体实践相结合的第二次伟大飞跃。

**（四）领导讲话具有增进互信、争取广泛团结的作用**

这在各种广播、电视等宣传类讲话中和接见、会见、感谢、答谢、慰问、庆贺等礼仪类讲话中体现得很充分。

**【案例6-4】**
### 宋美龄1943年在美国国会的演讲
议长先生，美国参议院各位议员，各位女士、先生：

受到诸位所代表的美国人民热情与真诚的欢迎，令我感动莫名。我事先不知今天要在参议院发表演说，只以为要到此说声"大家好，很高兴见到各位"，并向贵国人民转达敝国百姓的问候之意。不过，在来到此地之前，贵国副总统告诉我，他希望我和各位说几句话。

我并不善于即席演说，事实上根本称不上是演说家，但我不会因此怯场，因为前几天我在海德公园参观过总统图书馆。在那里看见一些东西鼓励了我，让我感觉各位或许不会对我的即席演说要求太多。

各位知道我在那里见到什么吗？我看到了许多，但最让我感兴趣的，莫过于一个放着总统先生演说草稿的玻璃箱，里头从第一份草稿、第二份草稿，一直到第六份草稿。昨天，我碰巧向总统先生提及此事，我说我很高兴知道，以他如此知名又公认为一流的演说家，还必须写这么多份草稿。他回答说，有时他一次演说得写十二份草稿。因此，今天本人在此发表的即席演说，我确信各位一定会包容。

贵国和敝国之间有着一百六十年悠久历史的情谊，我觉得贵国人民和敝国百姓有许许多多相似点，而这些相似点正是两国情谊的基础，我也相信并非只有我有这样的感觉。在此，我想说个小故事，来说明此信念。

杜立德将军和部下一起去轰炸东京，回程的时候有些美国子弟兵不得不在中国内陆跳伞，其中一人后来告诉我，他被迫从飞机跳伞，踏上中国的土地时，看到当地居民跑向他，他就挥手，喊出他会说的唯一一句中国话："美国，美国"，也就是"美利坚"的意思，美国在中国话的意思就是"美丽的国家"。这个大男孩说，敝国人民听了都笑起来，拥护他，像欢迎失散多年的兄弟一般。他还告诉我说，当他看到我们的人民，感觉他已经回到了家，而那是他第一次来到中国。

我来到贵国时是个小女孩，我熟悉贵国人民，我和他们一起生活过。我生命中成长的岁月是和贵国人民一起度过的，我说你们的话，我想的和你们一样，说的也和你们一样。所以今天来到这里，我也感觉我好像回到家了。

不过，我相信不只是我回到了家，我觉得，如果中国人民会用你们的语言与你们说话，或者你们能了解我们的语言，他们会告诉你们，根本而言，我们都在为相同的理念奋战；我们有一致的理想，亦即贵国总统向全世界揭示的"四个自由"，自由的钟声、联合国自由的钟声和侵略者的丧钟响彻我国辽阔的土地。谨向各位保证，敝国人民深愿亦渴望为实现这些理想和贵国合作，因为我们希望这些理想不会流于空言，而是成为我们、我们的子子孙孙、全人类的真况实境。

我们要如何实现这些理想？我想，我可以告诉各位一个我刚想到的小故事。各位知道，中国是一个非常古老的国家。我们有五千年历史。我们被迫从汉口撤退，转入大后方继续抵抗侵略的时候，蒋委员长和我经过一处前线，就在长沙。有一天，我们上衡山，山上有一处有名的遗迹，叫"磨镜台"，是两千多年前的古迹。诸位或许有兴趣听听这古迹的故事。

两千年前，台址近旁有一座古老的佛寺。一名年轻和尚来此修行，他整天盘腿坐禅，双手合十，口中喃喃念着："阿弥陀佛！阿弥陀佛！阿弥陀佛！"他唱念佛号，日复一日，因为他希望成佛。于是，寺里的住持也跟着拿一块砖头去磨一块石头，时时刻刻地磨，一天又一天地磨，一周又一周地磨。小和尚有时抬眼瞧瞧老和尚在做什么。住持只是一个劲儿地拿砖磨石。终于有一天，小和尚对住持说："大师，您每天拿这块砖磨石头，到底为什么呢？"住持答道："我要用这块砖做镜子。"小和尚说："可砖块是做不成镜子的呀，大师。""没错，"住持说，"就像你成天光念阿弥陀佛，是成不了佛的。"

因此，朋友们，我觉得，我们不但必须有理想，不但要昭告我们有理想，我们还必须以行动来落实理想。所以，我要对诸位参议员先生，以及旁听席上的女士、先生们说，没有我们大家的积极协助，我们的领袖无法实现这些理想。诸位和我都必须谨记"磨镜台"的教训。非常感谢大家。

（资料来源：新浪博客，宋美龄1943年在美国国会的演讲全文，http://blog.sina.com.cn）

这是宋美龄（1897—2003）1943年2月18日在美国国会的演讲内容。宋美龄在中国近代史上对中美关系发展有过深远影响。1943年为争取美国对中国抗战的更多支持和同情，宋美龄作为民国政府特使，于该年二月访问美国。她成为美国罗斯福总统夫人的贵宾，在白宫住了十一天。她那优美的仪态、高雅的风度和适度的言谈，赢得了罗斯福夫妇的敬佩。在此期间宋美龄还完成了对美国募款的任务，并于二月十八日在国会发表演说，成为第一位在美国国会发表演说的中国人，也是在美国国会发表演说的第二位女性（第一位是荷兰女王）。随后，宋美龄去美国各地发表演说，所到之处无不引起轰动，总计有超过25万人听过她的演说。当时，美国朝野对日本空袭珍珠港和美军在太平洋战争初期所遭受的重创还记忆犹新，所以对中国艰苦抗战的英勇表现产生了由衷的敬意。他们把这种敬意集中表达在对宋美龄的欢迎上。加上宋美龄在美国接受教育的背景，美国一时掀起"宋美龄热"。传媒大量报道她的行踪，许多杂志以她的肖像作为封面。人们鼓掌欢呼，慷慨捐款，美国国会更顺势废除已实行60年的臭名昭著的"排华法案"。1943年宋美龄再次被美国《时代杂志》选为封面人物和年度风云人物。

## 二、领导讲话的种类

依据场合、对象和用途，可以将领导讲话分为若干种类。

一是会议类讲话。这是领导讲话中数量最多、比重最大的一类。我们平时所说的"领导讲话"，主要是指这一类。包括：

（1）党代会、人代会、职代会等代表大会报告。内容一般是对上一届或上一次会议以来工作情况的回顾总结和对今后工作的部署。要求内容全面，表述严谨、庄重。

（2）会议开幕词、闭幕词或会议总结讲话。开幕词一般在比较隆重大型的会议上使用，要讲明会议的目的及意义；闭幕词或会议总结要求总结会议的收获、告知如何贯彻落实会议精神。要富有启示性、鼓舞性和号召性。

（3）工作会议或动员会议讲话。工作会议讲话主要根据既定的会议内容布置某一项或几项工作，要求鲜明、透彻、实在；动员会议讲话主要讲明开展某项工作的内容、意义、步骤和方法，要求讲得入情入理、振奋人心、鼓舞斗志。

（4）庆功会、表彰会讲话。主要是概括、总结、肯定受表彰的单位或个人的成绩和经验，并要求学习、推广。要富有激情和感召力。

（5）庆祝会、纪念会讲话。根据庆祝、纪念的主题，立足现实，回顾历史，展望未来。要求客观、厚重、深刻、实际。

（6）专题报告。如学习理论心得报告、外出考察报告等。内容要有厚度、深度，给人以启发和借鉴。

（7）碰头会、汇报会讲话。根据碰头、汇报的情况，肯定成绩，针对存在的问题或薄弱环节，有针对性地强调一方面或几方面的工作。指导性意见要求明确具体、有力度。

（8）现场会、经验交流会讲话。充分运用与会人员看到和听到的先进事迹和经验，进行深入分析和总结，并要求学习、推广，用以促进工作。要求具有较强的说服性和号召力。

（9）研讨会、座谈会总结讲话。根据与会人员发言情况进行总结，并提出改进工作或进一步研讨的意见与建议。要求具有较强的概括性和条理性。

（10）综合性会议上的专题发言。主要是分管领导就自己分管的战线或工作讲明情况和意见。要求主题鲜明，内容具有客观性，意见具有参考性，并注意不要过分强调自己分管工作的重要性。

（11）在新旧领导工作交接会议上的讲话。在这种会议上往往有三个讲话，一是卸任领导的讲话，二是接任领导的讲话，三是上级领导的讲话。卸任和接任领导的讲话，都要谦虚、诚恳并有表态的意思；上级领导讲话，则要对双方都给予肯定，并对该级领导班子及下属提出一些要求和希望。

（12）在各种邀请会、协作会、联席会上的讲话。这也是一种比较特殊的会议，这种会议面对的不是下级，而是外地、外部门客人。作为东道主发表的讲话，要对客人表示欢迎，对本地、本部门的情况作一简介，还要简介会议的目的和议程。要求诚挚、热情、实在。

二是宣传类讲话。这是出于宣传某种主张，开展某项工作、办理某件事情的目的，在非会议场合的讲话。主要包括通过广播、电视和电话发表的讲话。广播讲话这种形式在战争时期经常运用，新中国成立以来，中央和地方的领导同志也经常采用。广播讲话要求简明扼要，通俗易懂。电视讲话主要用于纪念和庆祝节日，有时也请领导作电视讲座，系统宣传某方面的思想或讲授某方面的知识。除讲座可以稍长一些外，电视讲话也要求简短、通俗。

三是礼仪类讲话。即出于感谢、答谢、慰问、庆贺等目的，在各种非会议仪式、场合的讲话。包括：

（1）签约仪式上的讲话。主要是对所签合作契约予以积极评价，对合作方表示感谢，对合作事项充满信心、寄予厚望。要求简短、礼貌。

（2）接见、会见讲话。接见下级单位的代表，主要是表示某种褒奖、慰问和鼓励；会见客人，主要是表示友好和友谊。要求亲切、简短。

（3）文艺演出或联欢活动前的讲话。主要是为了庆祝节日或表示友好。要求简短、富于文采与激情。

（4）致辞，包括欢迎词、感谢词、答谢词、慰问词、祝贺词等，用于专门的仪式或宴会等场合。要求措辞严谨，具有文采，形成书面稿。

对于领导讲话的种类，还可以从其他角度来划分。

从讲话的方向角度，可分为下行、平行、上行三类。下行讲话即对下级的讲话；平行讲话即那些礼仪性讲话，譬如向兄弟单位介绍情况和经验的讲话，在邀请会、协作会上的讲话等；上行讲话即向上级领导汇报工作的发言，这对于上级来说虽然不能算领导讲话，但对于本单位人员来讲仍属于领导讲话。

从讲话的内容角度，可分为总结性讲话、部署性讲话、号召性讲话、辅导性讲话和应酬性讲话。

从讲话的准备程度，可分为即兴式讲话、提纲式讲话和读稿式讲话。即兴式讲话，是指讲话人事先没有准备，但受到别人讲话或会场情绪的影响，觉得有必要阐述自己的看法，抒发自己的感情，于是临时所作的有准备的讲话。提纲式讲话，是指讲话人事先有所准备，明确列出主要观点、材料、层次或关键性问题，而更为具体的内容，则靠临场发挥，现想现说。读稿式讲话，是指讲话人事先已经做了充分的准备，甚至讲话稿经过写作班子反复修改，多次讨论，已成定文，讲话只需照读稿子即可。

从讲话的规范程度，也可将上述讲话整体上分为两类，即正式讲话（如党代会、人代会、职代会报告）和非正式讲话（如即兴讲话）。

怎样分类并不重要，重要的是要针对不同讲话的内在需求，把握住它们的基本风格和特点，使自己的讲话具有强烈的"语感"，起到"以言辅政"的作用。①

## 第二节　领导讲话的特点与口才要求

### 一、领导讲话的特点

不同种类的领导讲话既有各自的特点，又有其共同的特点。总的来看，领导讲话具有如下一些共同特点：

#### （一）全局性

领导讲话具有全局意识或大局观，这是由领导工作的性质决定的。任何一级组织的领导，无论他是国家首脑、企业总裁，还是社会组织精英，总是要站在大局的高度来观察思考问题、发表意见，越是高层领导越是这样。

【案例 6 - 5】
**邓小平关于"科学技术是第一生产力"的谈话**

——世界在变化，我们的思想和行动也要随之而变。过去把自己封闭起来，自我孤立，这对社会主义有什么好处呢？历史在前进，我们却停滞不前，就落后了。马克思说过，科学技术是生产力，事实证明这话讲得很对。

依我看，科学技术是第一生产力。我们的根本问题就是要坚持社会主义的信念和原则，发展生产力，改善人民生活，为此就必须开放。否则，不可能很好地坚持社会主义。拿中国来说，50 年代在技术方面与日本差距也不是那么大。但是我们封闭了二十年，没有把国际市场竞争摆在议事日程上，而日本却在此期间变成了经济大国。

——从长远看，要注意教育和科学技术。否则，我们已经耽误了二十年，影响了发展，还要再耽误二十年，后果不堪设想。最近，我见胡萨克时谈到，

---

① 无痕的新浪博客，领导讲话稿的分类及总体特点，http://blog.sina.com.cn。

马克思讲过科学技术是生产力，这是非常正确的，现在看来这样说可能不够，恐怕是第一生产力。将来农业问题的出路，最终要由生物工程来解决，要靠尖端技术。对科学技术的重要性要充分认识。科学技术方面的投入、农业方面的投入要注意，再一个就是教育方面。我们要千方百计，在别的方面忍耐一些，甚至于牺牲一点速度，把教育问题解决好。

（资料来源：人民网，邓小平：科学技术是第一生产力，http：//scitech. people. com. cn）

这是邓小平同志两次谈话（一次是 1988 年 9 月 5 日会见捷克斯洛伐克总统胡萨克时的谈话，一次是同年 9 月 12 日听取关于价格和工资改革初步方案汇报时的谈话）的节录。两次谈话，邓小平同志都提出和重申了"科学技术是第一生产力"的观点。邓小平同志的这个著名论断，在我国 20 世纪 80 年代国家科技水平还不是很高，知识和知识分子的地位和作用在整个国民经济建设中的突出地位还不是很明确的时候提出，具有巨大战略意义，为我国当代科技事业的迅猛发展发挥了巨大的推动作用，这是众所周知的。对同一件事、同一个问题，领导往往因为站得高、看得远，经过他们的分析和阐释后，常常能使下级如"醍醐灌顶"，顿时"耳目一新，为之一振"，这是常有的事。邓小平同志自己也说，他的"这些关于教育、科技和知识分子的意见，是作为一个战略方针，一个战略措施来说的"。

### （二）权威性

领导讲话的目的是传递顶层设计的指示精神，实施本级的决定，对分管的工作提出指导性意见，因此具有权威性。领导讲话的权威性，是由领导的权力、地位和职责决定的。领导的地位越高，其权威性越高。

### 【案例 6-6】
#### 习近平在中央纪检委员会上的讲话（摘要）

坚定不移惩治腐败，是我们党有力量的表现，也是全党同志和广大群众的共同愿望。我们党严肃查处一些党员干部包括高级干部严重违纪问题的坚强决心和鲜明态度，向全党全社会表明，我们所说的不论什么人，不论其职务多高，只要触犯了党纪国法，都要受到严肃追究和严厉惩处，绝不是一句空话。从严治党，惩治这一手绝不能放松。要坚持"老虎"、"苍蝇"一起打，既坚决查处领导干部违纪违法案件，又切实解决发生在群众身边的不正之风和腐败问题。

……要加强对权力运行的制约和监督，把权力关进制度的笼子里，形成不敢腐的惩戒机制、不能腐的防范机制、不易腐的保障机制。各级领导干部都要牢记，任何人都没有法律之外的绝对权力，任何人行使权力都必须为人民服务、对人民负责并自觉接受人民监督。……

（资料来源：人民网，习近平在十八届中央纪委二次全会上发表重要讲话，http：//politics.people.com.cn）

中国共产党第十八届中央纪律检查委员会第二次全体会议于 2013 年 1 月 21 日至 22 日在北京举行，中共中央总书记、中共中央军委主席习近平在会上发表重要讲话。由于总书记的特殊身份，加之近年党内存在的奢侈浪费、形式主义、官僚主义等作风问题愈演愈烈、万人瞩目，所以讲话里有关"把权力关进制度的笼子里"、"要坚持'老虎''苍蝇'一起打"的说法，一时间成为各种媒体和街谈巷议的热词，老百姓和廉政研究专家都纷纷表示增强了对国内反腐倡廉的信心。

### （三）针对性

领导讲话具有针对性。及时发现和纠正工作中具有全局性、倾向性的问题，是领导审时度势、把握方向的职责所在。领导讲话越是具有针对性，越能引起共鸣，也就越有利于问题的解决。

### 【案例 6-7】
#### 军队要整顿

我们这个军队有好传统。从井冈山起，毛泽东同志就为我军建立了非常好的制度，树立了非常好的作风。我们这个军队是党指挥枪，不是枪指挥党。经过长期反对军阀主义的斗争，军队内部很团结，联系群众也很好。可是从 1959 年林彪主管军队工作起，特别是在他主管的后期，军队被搞得相当乱。现在，好多优良传统丢掉了，军队臃肿不堪。军队的人数增加很多，军费开支占国家预算的比重增大，把很多钱花费在人员的穿衣吃饭上面。更主要的是，军队膨胀起来，不精干，打起仗来就不行。我想军队绝大多数同志是不满意这种现状的。所以毛泽东同志提出军队要整顿。军队的总人数要减少，编外干部太多要处理；优良传统要恢复。这就有大量的工作要做。……

[资料来源：邓小平. 邓小平选集（第二卷）. 北京：人民出版社，2001. 节选]

邓小平于 1975 年复出以后，着手开展全国整顿。当时，全国仍处于混乱状态。林彪于 1971 年 9 月 13 日自我爆炸后，人们普遍对"文化大革命"产生怀疑，但又找不到正确的答案，加上"四人帮"在思想理论界宣扬了许多谬论，使得人们的思想很混乱，导致人们对于今后中国的发展方向缺乏正确认识。由于长期搞政治运动，许多人把精力和兴趣投放到政治运动上去了，没有心思搞生产，工人散漫和胡混的现象十分普遍。军队缺乏训练，存在严重的"软、懒、散"问题。教育、文化等领域也存在许多老大难问题。全国呈现一派萧条景象。面对如此形势，邓小平认为，必须下大力气进行整顿，否则，国家就会衰败下去，民族复兴无望，更谈不上实现四个现代化了。邓小平首先着手对军队进行整顿。1975 年 1 月 25 日，已任中共中央副主席、中国人民解放军总参谋长的邓小平在中国人民解放军总参谋部机关团以上干部会上发表了《军队要整顿》的讲话。讲话针对军队普遍存在的机构臃肿、派性严重、纪律松弛、军政素质下降等问题，提出了整顿意见，观点鲜明，态度坚决，指明了军队整顿和建设的方向。正是这次整顿，为后来结束"文革"、粉碎"四人帮"奠定了基础。

### （四）导向性

领导讲话具有强烈的导向性、指导性特点。领导讲话总是要结合当前形势和本地区本单位实际，向与会者提出应当怎样分析和看待一些具体问题，包括一些重大原则问题的意见，用以统一与会者的认识或最大多数人的意志。

【案例 6 - 8】

#### 在延安文艺座谈会上的讲话

同志们！今天邀集大家来开座谈会，目的是要和大家交换意见，研究文艺工作和一般革命工作的关系，求得革命文艺的正确发展，求得革命文艺对其他革命工作的更好的协助，借以打倒我们民族的敌人，完成民族解放的任务。

……我们今天开会，就是要使文艺很好地成为整个革命机器的一个组成部分，作为团结人民、教育人民、打击敌人、消灭敌人的有力的武器，帮助人民同心同德地和敌人作斗争。为了这个目的，有些什么问题应该解决的呢？我以为有这样一些问题，即文艺工作者的立场问题，态度问题，工作对象问题，工作问题和学习问题。

……

同志们！我们这个会在一个月里开了三次。大家为了追求真理，进行了热烈的争论，有党的和非党的同志几十个人讲了话，把问题展开了，并且具体化了。我认为这是对整个文学艺术运动很有益处的。

......

那么，什么是我们的问题的中心呢？我以为，我们的问题基本上是一个为群众的问题和一个如何为群众的问题。不解决这两个问题，或这两个问题解决得不适当，就会使得我们的文艺工作者和自己的环境、任务不协调，就使得我们的文艺工作者从外部从内部碰到一连串的问题。我的结论，就以这两个问题为中心，同时也讲到一些与此有关的其他问题。

......

［资料来源：毛泽东. 毛泽东选集（第三卷）. 北京：人民出版社，1991. 节选］

《在延安文艺座谈会上的讲话》被公认为是马列主义文艺理论中的重要文献。1941 年和 1942 年，抗战处于极其艰苦的时期。当时延安物资稀缺，困难重重，却集中了来修养或学习的上万干部及成百的文学家、艺术家。严酷的军事、政治斗争和农村环境，给文艺工作提出了许多新问题，产生许多需要迅速加以解决的新矛盾，并迫切需要权威的解释和答复。针对这些问题和矛盾，毛泽东在开展大量的调查研究（包括座谈、走访），掌握第一手资料的基础上，亲自主持召开了这次座谈会，并分别于座谈会的开头和结束之时，两次发表讲话。讲话对问题一一作了剖析，提出并解决了一系列带有根本性的理论问题和政策问题。讲话也标志着与工农兵相结合的新文艺运动的开始，这之后，在抗日根据地产生了一大批诸如赵树理的《小二黑结婚》、《李有才板话》，丁玲的《太阳照在桑干河上》，周立波的《暴风骤雨》，李季的《王贵与李香香》，贺敬之、丁毅的《白毛女》等反映火热的革命斗争生活的作品。由此可见领导讲话的导向性或指导性特点。

## 二、领导讲话的口才要求

### （一）领导讲话要求使用精练的语言，传递有效的信息

领导讲话要求具有概括性，这是由领导工作的全局性和领导思维的宏观性所决定的。领导讲话既不能支离破碎，也不能没有细节。无论纵横捭阖、议论风生，还是抒情言事、娓娓道来，都要力求使所说的每句话具有承载力，而将一切可讲可不讲的话摒弃。

**【案例6-9】**

### 毛泽东在莫斯科大学对中国留学生的讲话

同志们！

你们好！

世界是你们的，也是我们的。但归根结底是你们的。为什么呢？你们看，我们都老成这样了。（大笑）我们是老了，但我们也有我们的长处，有经验。换句话说，就是有实际知识。好比太阳，我们是下午四五点钟的太阳，而你们年轻人朝气蓬勃，正在兴旺发达时期，好像早晨八九点钟的太阳。希望寄托在你们的身上。

十月社会主义革命是人类历史上一个转折点。现在又是一个新的转折点，你们知道吗？（答：知道）现在我们正在开会，我来过苏联两次，第一次来不高兴。现在苏联的同志愿意和各国同志商量问题。会开得很好，生动活泼，和我第一次来时很不一样。现在既有民主，又有集中。这就是列宁所提倡的民主集中制。64个国家的共产党、工人党派代表来莫斯科开会，这是一个崭新的转折点。你们身上都有个头，社会主义阵营也要有个头，这个头就是苏联。有苏联的同志说，社会主义阵营应该以中国为首。我不同意。中国在政治上是个大国，经济上还是小国。我们的钢产量还不如比利时。当然我们的敌人也有个头，那就是美帝国主义。如果没有头，力量就会被削弱，世界的风向就会变。社会主义阵营和资本主义阵营之间的斗争，不是西风压倒东风，就是东风压倒西风。你们知道这话是谁说的吗？是苏州姑娘林黛玉说的。

一个社会主义阵营，一个资本主义阵营，当中有个中间地带。根据联合国的统计，全世界有27亿人。社会主义阵营近10亿，资本主义阵营近4亿。剩下还有多少呢？（答：约13亿）对！你们都是数学家，一下子就算出来啦！（大笑）帝国主义有4亿人，他们中也有我们的人，那儿会发生"地震"，同样，我们阵营里也有他们的人。我们两个阵营里都有对方的人。辩证法告诉我们，世界上没有绝对纯而又纯的东西。有一首歌唱得好，"我俩俩个，忒然情多。将一块泥，捏一个你，捏一个我，忽然喜欢啊，将他一起打破，重新下水，再团再炼再调和，重捏一个你，重塑一个我。那期间，我的身子里有你，你的身子里有我"。这首歌讲的是爱情，帝国主义阵营和社会主义阵营里也是你中有我，我中有你的。

……

最后，送给大家三句话，第一句：青年人要勇敢，也要谦虚；第二句：祝你们身体好，学习好，工作好；第三句：和苏联的同志要亲密相处。

（资料来源：网易博客，世界是你们的——毛泽东在莫斯科大学的演讲，http://blog.163.com）

　　早在 20 世纪 40 年代后期，中国共产党就派出一些革命烈士和干部子弟到苏联学习。新中国刚刚成立，又向苏联、东欧社会主义国家派出大批留学生，学习先进的科学文化和管理经验。1957 年 11 月 17 日，莫斯科大学，数千名中国留苏学生和实习生从四面八方来到这里，期盼聆听毛主席的演讲。下午 6 时许，毛主席高兴地走到讲台的前沿和两端。他在演讲一开头就对留学生们说："世界是你们的，也是我们的，但归根结底是你们的。"从而将听众牢牢抓住。毛主席以亲切和蔼、风趣幽默的风格纵论天下，高屋建瓴，旁征博引，台上台下，有问有答，其乐融融。通篇言简意赅，真是简洁的典范。

### （二）领导讲话要求深入浅出，让群众听得明白

　　领导讲话要求具有较好的通俗性，这是由领导讲话的意义和所面对的听众性质决定的。领导讲话很重要，要求人人皆知，这就要求大家都能听得懂他所讲的话；领导讲话的听众很广泛，也要求领导讲话要大众通俗，能满足不同听众的认知需求。一般来说，善于引用、化用歌词、段子、流行语或群众喜闻乐见的语言（如成语、谚语、歇后语），打比方，讲故事，举例子，列数据等，都有助于把话讲得通俗明白。

【案例 6 - 10】
#### 陈毅作报告的艺术魅力

　　1941 年夏，陈毅在盐城对抗大五分校学生、鲁艺分院师生和部队连以上干部作报告，批评了部队发生的一些奇怪现象。他说："现在有的部队冒出一种毛病，部队从山沟开进城后，忽然发现一些干部嘴里发出了亮光，（这时干部、学生们不由互相对望，不知陈毅指的是什么）大家都镶起了金牙。（哄堂大笑）试问，这有什么美观呢？（哄堂大笑）据调查了解，这些同志接到家中汇款，有钱没处藏，就跑去镶金牙了。（哄笑并面面相觑）你们为什么不把父母辛辛苦苦挣来的钱，买两双新鞋新袜，穿新鞋新袜走路打仗多有精神！买两支新牙膏或新牙刷，把牙齿刷得干净雪白的，那才是真正的美观呢！"

　　"第二个现象，有的同志在山沟沟里打了几年游击，一旦到城里来，就想成家立业找老婆了。同志们，你们不想想，日本鬼子没被赶出中国，根本没有安居乐业的环境，你怎么就先想成家立业了呢？这家怎么有安全感呢？还有更可笑的事呢！有的同志用野蛮手段追求上海来的女同志，追求不到人家就说人家封建落后，难道人家上海姑娘送给你做老婆就是思想先进吗？就是要求进步吗？你有什么了不起，用这种口气逼迫人家呢？我说，追求女性也没有错，这是男人生理到一定时期的要求，但方法要得当，要努力学习，努力工作。同志

们，你们不但要学会打仗，还要学文化，要有文化有教养，从上海来的女同志，都受过一定的文化教育，她们要有一个选择过程。不让人家选择，要她们爱上一个目不识丁的文盲，或者大老粗，才算思想进步？（哄堂大笑）"

"第三个现象，现在部队里流行'打游击'这个名词，什么叫'打游击'呢？就是把别的同志手中心爱的东西据为己有，甚至有的连招呼都不打一声就抢了过去。这是一种不道德的行为。中国有句古话，不告而取谓之偷，现在却美其名曰'打游击'，试问，这种'打游击'同偷有什么区别呢？中国古书上又说过，'君子不夺人之所好'，即使你是告而后取，但是你如果是夺人之所好，也还是不折不扣的'小人'，'小人'就是坏蛋。（哄堂大笑）我看这种小人，我们新四军绝不允许存在。"

天气十分闷热，听的人津津有味，感觉不到热，台上的陈毅头上、身上却出了很多汗。他端起茶杯，痛快地大饮了半杯茶，接着又说……

陈毅的这个报告，使会场上时时爆发出笑声和掌声。

［资料来源：胡兆才. 陈毅作报告的艺术魅力. 福建党史月刊，1996（7）. 节选］

陈毅元帅具有较高文化素养，曾赴法国勤工俭学，也曾就读于北京中法大学文学院。长期的革命斗争生活养成了他深入生活、密切联系群众的工作作风和深入浅出、生动活泼的讲话风格。在老一辈革命家中，具有陈毅元帅这种讲话水平和风格的人，还有毛泽东、刘少奇、周恩来、邓小平等，实在是不胜枚举。实践证明，通过长期刻苦的锻炼、学习和积累，领导干部都能把话讲好。

【案例6-11】
### 龙永图：妙用比喻　话语出彩

龙永图曾经是中国入世谈判的首席代表。在当时国人对世贸组织比较陌生的情况下，他利用一切机会向公众宣传入世的意义，为大家释疑解惑。有一次，龙永图演讲完毕，一位老人挤到他跟前，困惑地问："我搞了一辈子外贸，从来没觉得加入世贸组织有啥好。何况，入世后，会发生贸易摩擦，这对咱们有什么好处？"

龙永图这样回答：

国际大市场就像菜市场。以前咱们中国贸易量很小，就像是一个担着小菜的个体户，今天担着白菜卖卖，明天担着萝卜卖卖，看见税务局的人来了就跑，生怕要缴税。那些大户一看，对他们的生意没多大影响，就算了。可现在，中国的贸易量越做越大，再不加入世贸组织的话，就出问题了。加入世贸组织以后，我们就成了市场里一个固定的客户，在整个市场中就有了身份，合法权益就会受到保护。

至于处理贸易摩擦，加入世贸对我们有百益而无一害。这就好比一个大个子和一个小个子打架，大个子喜欢把小个子拉到阴暗角落里单挑，而小个子则愿意把冲突拿到人多的地方去，希望有人出来主持公道。我们加入世贸组织后，一旦发生贸易摩擦，就可以通过多边争端机制解决问题，让大家伙儿一起来评理。这对我们小个子不是更有利吗？

[资料来源：陈海燕．龙永图：妙用比喻　话语出彩．演讲与口才，2009（2）．节选]

龙永图，是学者、外交家、中国入世谈判成功的功臣之一，也是第一位投身电视主持界的政府前高官，现任博鳌亚洲论坛秘书长。他善于使用精妙的比喻来说理论道，一向为人称道。面对"加入世贸组织有啥好"的疑惑，龙永图以"菜市场"喻"国际大市场"，化大为小，变虚为实，让听者倍觉亲切。对许多国人来说，世贸组织解决贸易摩擦的作用，是一个陌生而抽象的话题。龙永图以"打架"为喻，通俗易懂，充满诙谐。

## 【案例 6 – 12】
### 领导讲话：善"借"才能动心

……如果爱他，就给他红包，因为红包可以叫他上天堂；如果恨他，就给他红包，因为红包可以让他下地狱。红包这东西，真是"让人欢喜让人忧"。生活中，老人做寿，孩子过生日，朋友有喜，送上一个红包，表示祝福，这是人之常情，但如果把这套人之常情异化，用在我们干部身上，变成了红包开路，权钱交易，那就不能熟视无睹、不闻不问了。希望大家高度警觉，及时安装好思想意识上的"防火墙"，并经常"升级"更新，只有这样，才能抵御"黑客"的攻击，防患于未然。同时，面对那些不怀好意、别有用心的"红色诱惑"，既不能"心太软"，更不能"手太长"。否则，等到东窗事发，才知道"都是红包惹的祸"，可已是悔之晚矣！到时候，只能"独自一个人流泪到天亮"啦……

[资料来源：雷泓，彭真平．领导讲话：善"借"才能动心．演讲与口才，2006（6）．节选]

这位县纪委书记将电视剧经典台词、流行歌曲唱词、网络专用词汇等融入讲话，既幽默风趣，又携带惊雷，入脑入心，振聋发聩。

据研究表明，从眼通往脑的神经比从耳通往脑的神经多几倍。科学又证明：眼睛暗示注意力是耳朵暗示注意力的 25 倍。俗话说"百闻不如一见"，可见视觉影响比听觉影响大得多。如果领导讲话能在注意内容和言语外，再注意一下自己的仪表、态势和神情，那一定更有利于增强生动的效果。

**（三）领导讲话要求主旨鲜明，重点突出**

领导讲话就是针对什么问题，传达什么观点，表明什么立场，赞成什么，反对什么，主张什么，要求主旨明确，重点突出。如果一个领导在台上讲话，说了很多，听众还不明白他要表达什么，那是很失败的。

**【案例 6 - 13】**
### 共圆中华民族伟大复兴的中国梦
尊敬的连战荣誉主席和夫人，来自台湾各界的朋友们：

大家好！春节刚过，就见到连主席和各位老朋友、新朋友，很高兴。你们是我在马年见的第一批台湾客人，首先对你们的到来表示热烈的欢迎！给大家拜个晚年，祝大家马年吉祥、一马当先、马到成功！

我同连主席多次见面，是老朋友了。连主席有着深厚的民族情怀，长期积极推进两岸关系、追求民族振兴，我对此高度评价。

一年之计在于春。去年，连主席和朋友们也是在开春之时来访，为全年两岸关系发展开了个好头。两岸关系不断取得新进展，给两岸同胞带来了更多实惠，并且蕴含着新的发展契机。新的一年里，希望两岸双方秉持"两岸一家亲"的理念，顺势而为，齐心协力，推动两岸关系和平发展取得更多成果，造福两岸民众。

……

我们是真心诚意对待台湾同胞的，愿意认真听取各方意见。只要是有利于增进台湾同胞福祉的事，只要是有利于推动两岸关系和平发展的事，只要是有利于维护中华民族整体利益的事，我们会尽最大努力办好，使广大台湾同胞在两岸关系和平发展中更多受益，让我们所有中国人都过上更加美好的生活。

……

（资料来源：习近平. 共圆中华民族伟大复兴的中国梦. 人民日报，2014 - 02 - 19. ）

这是 2014 年 2 月 18 日国家主席习近平会见台湾各界朋友的一个讲话摘

要。纵观全文，讲话围绕如何"推动两岸关系和平发展取得更多成果"的主旨，一共阐发了四点：第一，两岸同胞一家亲，谁也不能割断我们的血脉；第二，两岸同胞命运与共，彼此没有解不开的结；第三，两岸同胞要齐心协力，持续推动两岸关系和平发展；第四，两岸同胞要携手同心，共圆中华民族伟大复兴的中国梦。无论是回顾两岸同胞同根同源、同宗同文、心之相系、情之相融、本是血脉相连的一家人的历史，还是畅叙感同身受、将心比心、推己及人、要求当家做主、过幸福安宁生活的心情，都既纵横捭阖，又不蔓不枝，层层推进，如切如磋，娓娓道来，感人至深。

### （四）领导讲话还要求有个性，有新意

领导讲话还要求有个性，有新意。常见有些领导在台上讲话，他虽然甲乙丙丁、一二三四、口若悬河、滔滔不绝，但台下听众或心不在焉、窃窃私语，或左顾右盼、昏昏欲睡，为什么？因为领导讲话内容空洞，毫无新意，根本达不到鼓舞群众、给人以启发的作用。

### 【案例6－14】
#### 谭震林作报告

谭震林一生敢说敢做，个性鲜明，人称"谭大炮"。他讲话作报告，也很少请人"捉刀"，有着浓厚的"谭氏风味"，让人耳目一新。

1940年，谭震林担任江南抗日义勇军司令，化名林俊。一次，谭震林作报告，会前指定了一位上海来的大学生作记录，可是他却一字未记，众人追问原因，大学生怔怔地说："今天的报告太好了，我从没有听过这样好的报告，一开始就把我吸引住了，越听越爱听，竟把作记录的事忘了。"事后他还天真地追问："林司令！你是哪个大学毕业的？"谭震林笑答："劳动大学毕业。"

1942年11月，中共苏中区党委召开南坎会议，谭震林以新四军政治部主任身份作"精兵简政"的报告。亲历者康迪回忆："整整一天，他不用讲稿，从国际国内形势谈到苏中的工作。他还谈到苏联红军打了一个大歼灭战，清清楚楚地讲到俘虏、打死、打伤多少德军，击落多少架德军飞机，缴获、打毁多少坦克、大炮、轻重机枪、长枪、自动步枪、枪弹、子弹、手榴弹等一长串数字。"会后，康迪等人与报纸核对，任何数字没有丝毫偏差。

……

经常听谭震林报告的人，都有一个共同的感受：读谭震林有代表性的讲话记录稿，即使没有写他的名字，也可以感觉出来是他的报告。曾在谭震林身边工作过的于玲回忆道："他从不拿稿子，只是在香烟纸上写几条提纲，可是作

起报告来却是滔滔不绝。他的报告记录下来就是一篇好文章。"

……

[资料来源：肖文宏. 谭震林作报告. 百年潮，2012（10）. 节选]

谭震林是我国现代杰出的无产阶级革命家。说到做好报告的秘诀，谭震林说："革命事业是很复杂的，光靠读书学习是不行的。读书之外，还要实干，要到实际工作中去学习、去提高。在部队工作的，就要下连队到战斗第一线，参加打仗，学会打仗；在地方工作的，就要到农村去，学习做群众工作，特别是动员和组织群众。我干革命、作报告靠的就是这两方面的功夫。这就是我的诀窍。"

### 【案例 6 - 15】

#### "毕业"新解

有人说，人生是一本太仓促的书。是啊，三年读研，一千多页就这样匆匆翻过去了。回首走过的路，你们留下了一串串深深浅浅的足印。你们勤奋苦读，取得了长足的进步。但是，人生没有寒暑假，人生不是学期制。"毕业"这个词，在英文的词根中没有"完成"和"结束"的意思，而是蕴含着"开始"和"进步"的意义。今天我们不是庆祝"结束"，而是欢呼"开始"；不是纪念"完成"，而是宣布"前进"。祝贺你们就要从一个新的起点开始人生的又一段新的征程！祝贺你们在今后的人生道路上如虎添翼，引领风骚，一帆风顺，高歌猛进！

（资料来源：豆丁网，毕业致辞，http：//www. docin. com）

这位领导在在职干部研究生班毕业典礼上的讲话，使用一连串贴切而新颖的比喻将"毕业"这个老话题赋予新意，令可能原本心不在焉的毕业生，顿觉任重道远。

### 【案例 6 - 16】

#### "招商引资"巧解

一位市委领导在关于"招商引资"的报告会上说："我是不赞成有些地方目前'招商引资'的一些说法和做法的，（听众诧异）因为资本从利润较低的地方向较高的地方流动是一个客观规律。现在全世界的资本每日每时都在流动，都在寻找利润更高的地区、更高的产业。所以，我说呢，外资绝不是靠'拉关系'拉来的，绝不是靠'套近乎'套来的，绝不是靠'小恩小惠'勾

引来的！你们如果不扎扎实实地改善投资的硬环境和软环境，不形成利润更高的地区和产业，外资能向你们那里流动吗？"（鼓掌）

（资料来源：麻辣社区，谈谈招商引资 K Q J, http：//www. mala. cn）

这位市委领导不落俗套地给"招商引资"赋予新解，不仅吸引了听众，也让大家学习和了解了相关的经济学原理和资本运用知识。

这些都属于有个性的领导讲话，一般较受听众喜爱。

# 第三节　作报告的言语技巧及注意事项

## 一、作报告的言语技巧

### （一）开头的技巧

有经验的人说，作报告要做到"凤头、猪肚、豹尾"，即开头巧妙、中间充实、收束有力。如果一开始就能紧紧抓住听众，一炮打响，那么你的报告就成功了一半。作报告，除了例行的称呼（参见本书第三章相关内容，从略），常见的开头可采用如下策略：

1. 贴近式开头，也叫套近乎法

——同学们，我与大家是同行，我也毕业于师范学校，当过十年教师。

——同志们，我与大家是老朋友了，你们矿上的水我喝过，饭我吃过，矿井我下过……
[资料来源：练玉华. 作报告的技巧. 领导科学，1991（11）. 节选]

例一是某位教师出身的领导干部在一次给师范专科学校的学生作形势报告的开头，例二是某位领导干部对煤矿职工工作报告的开头。这样的开头，会使台下情绪一下子高涨起来，"不情愿"听报告的心理会马上扭转。

2. 铺垫式开头，也可以叫做情况说明法

我们现在安葬的这位品德崇高的女性，在 1814 年生于萨尔茨维德尔。她的父亲冯·威斯特华伦男爵在特利尔城时和马克思一家很亲近；两家人的孩子在一块长大。当马克思进大学的时候，他和自己未来的妻子已经知道他们的生命将永远地连接在一起了。

（资料来源：百分网，http：//www.oh100.com，节选）

这是恩格斯在 1881 年 12 月 5 日发表的《在燕妮·马克思墓前的讲话》的开头，讲话开头对发生的事情、人物对象作出必要的介绍和说明，为进一步向听众揭示论题作了铺垫。这种开头也可以迅速缩短与听众的距离，使听众急于了解下文。

3. 直接式开头，或叫开宗明义法

今天是五四运动的二十周年纪念日，我们延安的全体青年在这里开这个纪念大会，我就来讲一讲关于中国青年运动的方向的几个问题。

这是毛泽东在延安青年群众举行的五四运动二十周年纪念会上的讲话开头。毛泽东在这个讲演中发展了关于中国革命问题的思想，提出了青年运动的方向，即"把全国的青年团结起来，把全国的人民组织起来，一定要把日本帝国主义打倒，一定要把旧中国改造为新中国"。这种开头能使听众很快把注意力集中起来，引导他们进入会议的议题。

## （二）报告的主体

看一个报告有没有水平、分量和特点，主要看报告的主体。报告主体包括讲什么、怎么讲以及讲到什么程度等，这些都要根据会议的性质和任务来确定。报告主体要求紧扣开头语提出的论题，展开具体的阐释和分析，既要有深刻的理论分析和高度的概括，又要有大量典型、生动、具体的事例、数据或引论提供论据，内容应该饱满充实。要规划设计好报告主体，主要是把握好以下三点：

1. 主体结构安排要层次分明，逻辑严谨

作报告先说什么，再说什么，最后说什么，一般要有一个总体设想。通常我们把这种从总体上安排讲话内容的次序，展开讲话结构的步骤，叫做报告的层次。报告的层次安排主要由讲话的需要和报告内容的内在逻辑关系所决定，通常有递进式和并列式两种基本结构方式。

【案例 6 - 17】

## 习近平：青年要自觉践行社会主义核心价值观

广大青年树立和培育社会主义核心价值观，要在以下几点上下功夫。

一是要勤学，下得苦功夫，求得真学问。知识是树立核心价值观的重要基础。古希腊哲学家说，知识即美德。我国古人说："非学无以广才，非志无以成学。"大学的青春时光，人生只有一次，应该好好珍惜。为学之要贵在勤奋、贵在钻研、贵在有恒。鲁迅先生说过："哪里有天才，我是把别人喝咖啡的工夫都用在工作上的。"大学阶段，"恰同学少年，风华正茂"，有老师指点，有同学切磋，有浩瀚的书籍引路，可以心无旁骛求知问学。此时不努力，更待何时？……

二是要修德，加强道德修养，注重道德实践。"德者，本也。"蔡元培先生说过："若无德，则虽体魄智力发达，适足助其为恶。"道德之于个人、之于社会，都具有基础性意义，做人做事第一位的是崇德修身。这就是我们的用人标准为什么是德才兼备、以德为先，因为德是首要，是方向，一个人只有明大德、守公德、严私德，其才方能用得其所。……

三是要明辨，善于明辨是非，善于决断选择。"学而不思则罔，思而不学则殆。"是非明，方向清，路子正，人们付出的辛劳才能结出果实。面对世界的深刻复杂变化，面对信息时代各种思潮的相互激荡，面对纷繁多变、鱼龙混杂、泥沙俱下的社会现象，面对学业、情感、职业选择等多方面的考量，一时有些疑惑、彷徨、失落，是正常的人生经历。关键是要学会思考、善于分析、正确抉择，做到稳重自持、从容自信、坚定自励。……

四是要笃实，扎扎实实干事，踏踏实实做人。道不可坐论，德不能空谈。于实处用力，从知行合一上下功夫，核心价值观才能内化为人们的精神追求，外化为人们的自觉行动。《礼记》中说："博学之，审问之，慎思之，明辨之，笃行之。"有人说："圣人是肯做工夫的庸人，庸人是不肯做工夫的圣人。"青年有着大好机遇，关键是要迈稳步子、夯实根基、久久为功。……

（资料来源：新华网，习近平：青年要自觉践行社会主义核心价值观，http：//news. xinhuanet. com，节选）

这是 2014 年 5 月 4 日国家主席习近平在北京大学师生座谈会上的讲话摘要。整个讲话，不带称呼，共 35 个自然段，7 000 多字，可分为三个部分：第一部分（第 1~8 自然段），主要讲五四精神和纪念五四的意义；第二部分（第 9~29 自然段），主要讲社会主义核心价值观提出的意义、内容、依据和如何践行社会主义核心价值观；第三部分（第 30~35 自然段），提出对北大、各级党委和政府以及在校大学生的希望。三部分内容分别以"各位同学，各位老师"和"同学们、老师们"等不同的称呼加以分隔。其中第二部分是讲话的重点，又可以细分为若干层次。纵观讲话全文，采用的是递进式结构，即一、二、三部分内容，在逻辑上为层层递进关系，不能互相颠倒。而在局部如第二部分，主要采用的是递进和并列相结合的方式，其中如何践行社会主义核心价值观部分（即本文节选部分）为并列结构。

纵观所有报告主体内容结构，无外乎并列式、递进式和并列、递进结合式几种布局方法。为了使报告内容听起来条理清楚，通常使用序数词或表序数的词语和加小标题的方法。序数词，如"一、二、三、四……"、"第一、第二、第三、第四……"等；表序数的词语，如"首先、其次、再次……"等。运用序数词或表序数的词语将报告内容按照一定的逻辑顺序依次排列下来，使每一部分都紧扣一个中心或表达一个主要意思，并辅之以中心句或首括句。加小标题将报告内容按性质划分为不同部分，并使用一两句话或一两个关键词告诉听众这一部分主要讲什么内容。运用序数词不可太多、太乱，防止大一、二、三套中（一）、（二）、（三），再套小1、2、3，这样容易造成听觉混乱，反而不利于听众准确理解报告内容。小标题所使用的词语一定要准确、鲜明而简洁。

2. 主体材料运用要内容充实，分析透彻

一个报告有没有说服力，内容是否充实，关键是要看论据是否充分，论证是否有力。如果论据不充分，观点就站不住脚，就没有力量，就很难打动人、感染人、说服人，就会给人一种"空"的感觉。要使论据充分，就要选用大量有价值、有说服力的材料。这些材料既可以是现象、事实，也可以是观点、数据；可以是历史的、现实的，也可以是本地的、外地的。但报告光占有大量的材料还不行，还必须运用科学的立场、观点和方法对这些材料进行深入的判断和分析。科学的分析主要在于揭示材料的意义，包括指出现象的本质、剖析问题产生的根源以及提出自己的主张。选用的材料必须真实、典型，使用材料要贴切、有新意，分析要透彻。只有观点的罗列而没有透彻分析的报告，可能只是材料的堆砌。

【案例 6 - 18】

### 整顿党的作风

现在我们的党还有什么问题呢？党的总路线是正确的，是没有问题的，党的工作也是有成绩的。党有几十万党员，他们在领导人民，向着敌人作艰苦卓绝的斗争。这是大家看见的，是不能怀疑的。

那么，究竟我们的党还有没有什么问题呢？我讲，还是有问题的，而且就某种意义上讲，问题还相当严重。

什么问题呢？就是有几样东西在一些同志的头脑中还显得不大正确，不大正派。

这就是说，我们的学风还有些不正的地方，我们的党风还有些不正的地方，我们的文风也有些不正的地方。所谓学风有些不正，就是说有主观主义的毛病。所谓党风有些不正，就是说有宗派主义的毛病。所谓文风有些不正，就是说有党八股的毛病。这些作风不正，并不像冬天刮的北风那样，满天都是。主观主义、宗派主义、党八股，现在已不是占统治地位的作风了，这不过是一股逆风，一股歪风，是从防空洞里跑出来的。（笑声）但是我们党内还有这样的一种风，是不好的。我们要把产生这种歪风的洞塞死。我们全党都要来做这个塞洞工作，我们党校也要做这个工作。主观主义、宗派主义、党八股，这三股歪风，有它们的历史根源，现在虽然不是占全党统治地位的东西，但是它们还在经常作怪，还在袭击我们，因此，有加以抵制之必要，有加以研究分析说明之必要。

反对主观主义以整顿学风，反对宗派主义以整顿党风，反对党八股以整顿文风，这就是我们的任务。

……

［资料来源：毛泽东. 毛泽东选集（第3卷）. 北京：人民出版社，1991. 节选］

这是1942年2月1日毛泽东在中央党校作《整顿党的作风》报告的节选。毛泽东在报告中提出整顿"三风"（学风、党风、文风）的任务，如果加上同年2月8日他在延安干部会议上的讲演《反对党八股》（前后有联系），内容就比较完整。这里单就《整顿党的作风》报告而言，毛泽东为了说明主观主义和宗派主义的害处，分别指出了党内存在着的各种主观主义和宗派主义现象和表现；为了说明这些现象和表现存在的原因并提出解决这些问题的办法，他运用马克思主义的立场、观点和方法，从辩证唯物主义高度，回答了什么是知识、什么是比较完全的知识、什么是真正的理论、什么是理论家和知识分子、什么人老实、什么人不老实等现实而抽象的哲学问题，他分别举出马克思、恩格斯、列宁、斯大林、自己和托洛茨基、布哈林、陈独秀、张国焘作正反方面的例子，三次引用斯大林的话，一次引用刘少奇的话和马克思、恩格斯、列宁、斯大林的话，巧用成语"有的放矢"和"治病救人"作类比论证。整个报告给人大气磅礴、内容充实、观点鲜明、论据充分、证据确凿、分析透彻、入木三分、论证严密、论述有力的感觉，很好地发挥了报告"教育人民、打击敌人"的作用。

3. 主体内容概括应要言不烦，准确精当

报告总是以内容新颖、信息量大、针对性强取胜。领导作报告，有时议题涉及的问题非常广泛，而内容之间的关系又错综复杂，此时，报告水平的高低，在很大程度上取决于其概括水平的高低。说话、写文章，不会概括，写出来的文章、讲出来的话，可能会给人"下笔千言，离题万里"的感觉，这是领导宏观抽象思维能力不高的表现。

【案例6 – 19】
**江泽民在中国共产党第十五次全国代表大会上的报告**

同志们：

现在，我代表第十四届中央委员会向大会作报告。

中国共产党第十五次全国代表大会是一次极为重要的大会，是在世纪之交，承前启后，继往开来，保证全党继承邓小平同志遗志，坚定不移地沿着十一届三中全会以来正确路线胜利前进的大会。

大会的主题是：高举邓小平理论伟大旗帜，把建设有中国特色社会主义事业全面推向21世纪。

旗帜问题至关紧要。旗帜就是方向，旗帜就是形象。坚持十一届三中全会以来的路线不动摇，就是高举邓小平理论的旗帜不动摇。邓小平同志逝世后，全党在这个问题上尤其要有高度的自觉性和坚定性。

把我们的事业全面推向21世纪，就是要抓住机遇而不可丧失机遇，开拓进取而不可因循守旧，围绕经济建设这个中心，经济体制改革要有新的突破，政治体制改革要继续深入，精神文明建设要切实加强，各个方面相互配合，实现经济发展和社会全面进步。

确定这样的主题，是时代的要求，人民的愿望。

……

（资料来源：人民网，江泽民在中共十五大上的报告，http：//www. people. com. cn，节选）

以上是1997年9月12日江泽民在中国共产党第十五次全国代表大会上的报告（以下简称十五大报告）《高举邓小平理论伟大旗帜，把建设有中国特色社会主义事业全面推向二十一世纪》的节选。十五大报告，全文共三万余字，可以说是鸿篇巨制，但是阅读全文，却能感到"字字珠玑，句句精彩"，非常精练，概括力极强。

例如，报告第一部分"世纪之交的回顾和展望"，回顾一百年，展望五十年，通过"三个伟人"、"三次巨变"、"一个结论"，五个自然段、近六百字，对百年历史进行了高度浓缩的概括，高屋建瓴地把自鸦片战争以来中国复杂的历史简洁鲜明地阐述出来，听后给人一种清晰准确的感觉。

又例如，报告第二部分"过去五年的工作"，对五年来我国所进行的重大改革、发生的巨大变化、取得的巨大成就，用"两个显著"、"三个新"，五个自然段、七百余字，精练、准确而全面地概括了出来。报告分别从经济建设、改革开放、精神文明建设、国防建设及人民生活水平五个方面进行描述，分类科学，用语精准。

再例如，报告第三部分"邓小平建设有中国特色社会主义理论"，最重要的是把多年来一直讲的"邓小平建设有中国特色社会主义理论"，提炼概括为"邓小平理论"，从而更加简洁，更具理论色彩。这里对邓小平建设有中国特色社会主义理论内容重新进行了阐述，并归纳概括为一个精髓、一块基石、一种方法、一个体系，进一步完善了邓小平理论。

这里使用的概括方法有三种：一是纵向概括。即按照时间先后顺序，把一些零散的事实材料，提纲挈领归纳概括成几条或几点。例如，报告第一部分对"世纪之交的回顾和展望"所使用的概括方法即为纵向概括。二是横向概括。即按照空间顺序，把横向的一些零碎、分散、复杂的事实材料，进行科学分类归纳概括，使其条理清晰、层次分明，便于记忆。例如，报告第二部分对"过去五年的工作"所使用的概括方法即为横向概括。三是理论概括。即通过大量具体事例进行分析研究，从理论上进行归纳概括，从而得出带有普遍性、本质性、规律性的结论。例如，报告第三部分对"邓小平建设有中国特色社会主义理论"所使用的概括方法即为理论概括。

（资料来源：演讲与口才，http：//www.koucai.com.cn）

### （三）结束的技巧

同开头一样，好的结束语能发人深思，催人奋进。由于报告的种类和性质不一，所以报告的结尾形式也多种多样。归纳起来有总结、号召、展望、期待和祝愿等多种形式，而以期待形式居多。

#### 1. 总结式结束

总结式结束即在报告结束时重申讲话的宗旨，或者对前面所讲的内容进行概略性总结，但目的是发出号召和期待。例如，毛泽东《在延安文艺座谈会上的讲话》的结束语：

今天我所讲的，只是我们文艺运动中的一些根本方向问题，还有许多具体问题需要今后继续研究。我相信，同志们是有决心走这个方向的。我相信，同志们在整风过程中间，在今后长期的学习和工作中间，一定能够改造自己和自己作品的面貌，一定能够创造出许多为人民大众所热烈欢迎的优秀的作品，一定能够把革命根据地的文艺运动和全中国的文艺运动推进到一个光辉的新阶段。

## 2. 号召式结束

号召式结束即在报告结束时，运用极富鼓动性的言辞，或提希望，或提要求，号召人们去努力行动，完成报告所提出的任务。这种结束形式特别适合具有广泛性和高层性的代表大会或群众集会。如十五大报告就是这样结束的：

让我们高举邓小平理论伟大旗帜，紧密团结在党中央周围，同心同德，不屈不挠，艰苦奋斗，把建设有中国特色社会主义伟大事业全面推向21世纪。

## 3. 展望式结束

展望式结束即在报告结束时，根据报告内容展望或描述未来光明前景，目的还是为了提出希望和期待。展望部分其实质也是对报告重点内容的总结，但这种形式比较少见。如党的十四大报告结束语：

从现在起到下个世纪中叶，对于祖国的繁荣昌盛和社会主义事业的兴旺发达，是很重要很宝贵的时期。我们的担子重，责任大。在90年代，我们要初步建立起新的经济体制，实现达到小康水平的第二步发展目标。再经过二十年的努力，到建党一百周年的时候，我们将在各方面形成一整套更加成熟更加定型的制度。在这样的基础上，到下世纪中叶建国一百周年的时候，就能够达到第三步发展目标，基本实现社会主义现代化。全党同志和全国各族人民，在党中央领导下更加紧密地团结起来，同呼吸、共命运、心连心，高举建设有中国特色社会主义的伟大旗帜，朝着宏伟的目标奋勇前进！

## 4. 期待式结束

期待式结束即在报告结束时，运用较富抒情性和感染力的言辞，发出期待和邀请，希望人们朝着共同的目标去行动。期待比号召显得含蓄和柔和些，所以在礼节性讲话场合用得较多。如习近平《共圆中华民族伟大复兴的中国梦》的讲话结束语：

我们是真心诚意对待台湾同胞的，愿意认真听取各方意见。只要是有利于增进台湾同胞福祉的事，只要是有利于推动两岸关系和平发展的事，只要是有利于维护中华民族整体利益的事，我们会尽最大努力办好，使广大台湾同胞在两岸关系和平发展中更多受益，让我们所有中国人都过上更加美好的生活。

又如习近平在布鲁日欧洲学院的演讲的结束语：

青年最富有朝气、最富有梦想。中国的未来属于年青一代，欧洲的未来属于年青一代，世界的未来属于年青一代。希望中欧双方的同学们用平等、尊重、爱心来看待这个世界，用欣赏、包容、互鉴的态度来看待世界上的不同文明，促进中国和欧洲人民的相互了解和理解，促进中国、欧洲同世界其他国家人民的相互了解和理解，用青春的活力和青春的奋斗，让我们生活的这个星球变得更加美好。

谢谢大家。

5. 祝愿式结束

祝愿式结束即在报告结束时，运用十分善良而友好的词句，表达良好的祝愿，寄予美好的希望。这种结束形式特别适用于节日庆典场合的礼节性讲话。如邓小平《在中国文学艺术工作者第四次代表大会上的祝词》就是这样结束的：

这次大会，是全国文艺工作者在新长征中的第一次盛会。同志们是带着自己的丰硕成果来出席大会的。我们相信，大会以后，同志们一定会拿出越来越多、越来越好的艺术成果，向祖国和人民汇报。

谨祝大会圆满成功！

## 二、作报告时的注意事项

领导作报告，需要注意的事项很多。首先要注意诸多忌讳事项，其次要处理好几对关系。

领导作报告要注意以下几"忌"：

### （一）忌言之无物，重复啰唆

有些领导由于各种原因（业务水平低、情况了解少、准备不充分、对形势认识不清、没有领会上级精神等），作报告言之无物，言之无序，了无新意。或前后矛盾，主次不分，没有重点，不是把自己以前讲过的话又拿出来重复一遍，就是把刚才别人讲过的话再强调重复一番；或海阔天空，东拉西扯，没有条理，不是对有关事件或条件作太多的引入或交代，就是对同一个意思翻来覆去，作不厌其烦的解释。这些都是对听众的愚弄或极大的不尊重。

### （二）忌居高临下，不看对象

作报告切忌居高临下，以领导自居，更不能带有"我是来给你们讲话的，怎样讲是我的权利，认真听是你们的义务"的心理。作报告不同于对中小学生上课，听众一般都是成年人，他们都有一定的生活阅历和知识水平，有的甚至在某些方面还要超过报告者，所以他们喜欢报告者以平等商量的口气讲话。有些领导不分听众对象，一味地靠卖噱头、编顺口溜来吸引听众的注意，万众一腔，以不变应万变，这是注定讲不好话的。

### （三）忌套话连篇，口头禅多

报告中的套话有两种：一是"礼谦式"套话。开头冠以"由于水平不高，研究不够，恐怕讲不好"之类，结尾则有"讲得不好，浪费了大家的宝贵时间，请批评指正"云云。二是"圆滑式"套话。一些"阅历深"的领导，报告伊始，往往"客套"一番："这几天实在太忙，加之身体欠佳，没有什么准备，讲不好，请大家原谅"等。报告中的口头禅具体表现为：一种是"语气式"口头禅，如"啊"、"哈"、"吧"、"嗯"、"是不是"、"对不对"、"是吧"、"对吧"等。另一种是"恶性"口头禅，如傲语式口头禅"懂不懂"、"明白吗"等。这些都要注意克服。

领导作报告发生一些不当措辞，有时跟缺乏经验有关。有经验的人告诉我们，领导作报告要处理好以下几对关系：

一是报告主旨与临场发挥的关系。不是所有的报告都只能照念稿子，有些报告是应该或允许做临场发挥的。一般来说，需要发挥的内容是：对有关规定的背景的交代，历史、现实材料的补充；对重要概念、生疏名词、专用词语的说明；报告人对文件基本精神、重点内容的理解、认识或感想等。

　　二是虚与实的关系。报告"虚"的部分，特指上级指示精神或宏观背景下的形势，内容精辟深刻，给人启迪，能举一反三；"实"的部分，特指本地、本单位、本部门实际或个人对上级指示精神或宏观形势任务的理解，材料通俗，生动具体，可感可信，有吸引力。如果作报告"虚而不实"，只作纯理性说教，即使句句金玉良言、经典绝伦，也难以使人明白易懂；相反，如果"实而无虚"，又会变成事例堆砌，即使件件生动感人，也难以使人领悟到更深刻的道理。因此，作报告要以虚带实，虚实相融，有骨头有肉。一般说来，报告中"虚"的部分，因上级已有精神，只要使之条理清楚、层次分明就可以了。而"实"的部分显得特别重要。比如作形势报告，就应在介绍形势的基础上，针对群众对形势的模糊认识，充实具体内容，讲实在道理，帮助大家解开思想扣子，使大家思想有所开窍。如果作工作方面的报告，就要注意说明贯彻的具体意见，说明优势、有利因素和困难，提出明确要求等。这样作报告，听众才会感到实在、解渴，既能得到思想认识上的启迪和升华，又能清楚报告与自己的关系和自己的责任，知道该做些什么、怎样去做。

　　三是繁与简的关系。报告内容繁与简的问题实际上是一个信息密度问题。一般说来，报告的信息密度越大，群众就越欢迎。作报告最忌长而空，言之无物。从具体内容来看，报告中对新信息、新知识、新精神可以讲得细一点、"繁"一点；其他内容，或众人皆知的内容，就要注意简略，同时要慎重使用"重复"、"强调"等修辞手法。

　　[资料来源：高永华. 如何增强作报告的魅力. 领导科学，1992（6）：33～34).]

## 【案例讨论】

### 训斥听众，谁爱听

　　一个周末的下午，市委宣传部的李部长应邀为经济管理学院的学生作关于"可持续发展问题"的报告。

　　当他坐下来刚翻开手里那厚厚的一本材料时，台下就有人发出了"嘘"声，不知是谁还喊了一句："哟，这么多！"李部长立即沉下脸来说："怎么，还没讲，你们就嫌多了？今天讲的可是关于我国社会发展的重大问题，你们是大学生，应该关心国家大事，希望你们注意听。"

　　会场暂时安静下来，可他一个问题没讲完，台下就开起了小会儿，而且声音越来越大。这时李部长停下讲话，生气地指着台下说："怎么回事，是听你讲还是听我讲？都大学生了，连这点素质都没有？连起码尊重人难道也不懂吗？如果嫌我讲得不好，水平不高。你们上台讲讲怎么样？谁上来？"

台下说话声停止了。"怎么，没人上来，既然这样，那么你们就要好好听我讲。"

他皱着眉又接着往下讲。可没过一会儿，便有人三三两两地开始往外走，有的是上厕所，有的则提着包溜了。坐着不动的人除了说话就是看杂志，很少有人听讲，尽管各班班主任老师都站出来维持会场秩序，也没能压住场。

看到这种情况，李部长站起身，把材料往讲桌上一摔，说："想不到你们对如此严肃的报告竟报以这样的态度，过去，有人说当今的大学生素质极差，我还不信，这回我算领教了，好吧，今天就把几个大标题念念吧，再讲下去反正也没什么人听。"

人们听后竟发出了轰笑声、口哨声，一场报告会就这样以失败而告终。

[资料来源：孙玉茹. 训斥听众，谁爱听. 演讲与口才，2005（1）. 节选]

讨论：1. 宣传部长作报告失败，责任究竟在谁？
      2. 这位宣传部长应该怎样说话才能赢得听众？

**【基本训练】**
### 草拟报告技能训练

以某大学办公室主任身份为该大学校长草拟一份大学毕业典礼会上的讲话稿，要求尽可能体现教材对领导报告的言语技巧要求。

# 第七章　联系工作的口才

良好的工作关系是做好工作的基础。常见的工作联系方式主要有纵向的上下级和横向的平行联系三种。一般说来，一个人在跟自己的平级讲话时，言行举止比较自然，在上级领导面前讲话则比较拘谨，在同下级群众打交道时则落落大方。这说明研究联系工作的言语技巧是必要的，这里着重探讨前两种工作联系中的口才问题。

## 第一节　联系上级的口才

对于一个担任领导与管理职务的人来说，组织中最重要的关系是上下级关系。领导与管理的基本职责之一是上情下达，下情上传。上下级关系处理好了，事情好办；处理不好，不但影响工作，也影响心情。要创造良好的工作环境，必须首先重视与领导的关系。

### 一、联系上级的意义

一般来说，上级需要下级对本职工作尽职尽责，勤奋努力，圆满地、创造性地解决问题，而下级则希望上级对自己的表现比较满意并被重视。上级领导所处的地位优势，使他拥有更大的权力和更多的资源，所以获得上级的青睐，可以使组织受益并有利于个人升迁。有人将联系上级的意义归纳为三个"有利于"：及时向领导汇报工作，有利于领导第一时间了解"下情"；经常向领导请示工作，有利于第一时间从领导那里得到"指示"；勤于同领导保持联系，有利于从领导那里得到更多的"关怀"。

## 二、领导心理及与上级相处的原则

### （一）领导心理

掌握同上级相处的艺术，必须从了解领导心理开始。领导作为一个群体，具有以下心理：

#### 1. 权威心理

领导一般认为自己比一般人优秀，在潜意识中有很强的优越感。加之领导地位赋予了他在一定范围内"生杀予夺"的权力，所以领导的自尊心一般都较强，且不允许别人挑战。维护领导的权威和自尊心，常常是领导对下级第一个或最重要的要求。可以说，谁这样做了，谁就能从领导那里得到更多的实惠！这也就是为什么领导身边往往庸人云集，后者往往利用领导对权威和自尊的需要，极尽讨好献媚之能事，获得领导的信任和重用。

#### 2. 全局心理

无论忙闲，领导角色其本质是"日理万机"。要想"运筹帷幄，决胜千里"，他需要胸怀全局，坐观风云，放眼世界。尤其是位高权重的领导，无论调研、做决策、想问题，都要从大局着眼，有很强的全局观。所以领导考虑问题，一般会着眼于整体和长远，注意兼顾与平衡，不会局限于一时一地或偏向于一人一事。这就是"贵人多忘事"、"王顾左右而言他"、领导心理难以揣摩的原因。

#### 3. 风险心理

如何带领一个组织从胜利走向胜利，领导常常面临巨大的压力。来自上级的决策要不折不扣地执行，否则要被问责；下级犯了错误，作为主管领导可能要承担领导责任；同时还要接受社会舆论监督，工作没做好，单位出了问题，可能被"曝光"。多年苦心经营的业绩，可能因为一次重大事故而"全盘皆输"，所以领导常常寝食难安。"战战兢兢，如履薄冰"，的确是很多职场领导心理的真实写照。外人一般只看到领导风光的一面，很难想象他背负的压力。

#### 4. 孤独心理

领导注定是孤独的，越是位高权重越是这样。这就是"万人之上"的中国皇帝自称"孤"或"寡人"的缘故。领导因为手握重权、掌管组织机密和巨大的公共资源，他要跟下级或一般人保持一定的距离。领导还要常常"身先士卒"，发挥模范带头作用。加之领导身边往往小人云集而贤者远遁，所以领导常常不能畅所欲言，畅快其志。领导的亲密度和随和性，一般不如群众。

### （二）与上级相处的原则

根据领导心理，可以确定如下跟上级相处的原则：

1. 尊重原则

对领导首先应该尊重。一般来讲，领导是由一定的组织委派任命或民主选举产生的，代表一级组织的权威，所以尊重上级领导，不仅是对领导者个人的尊重，而且是有组织有纪律或民主法治精神的表现。尊重而不恭维，敬上而不畏上，到位而不越位。尊重领导最主要的表现就是承认领导的权威，尽职尽责扮演好自己的角色。越级汇报，越俎代庖，二者不仅危害领导活动秩序，也必然损害上下级关系。在领导面前唯唯诺诺、低三下四，也影响领导的形象。

2. 体谅原则

作为下级，要学会站在领导的立场看问题，体谅领导，并尽量多替领导担责分忧，出谋划策。作为上级组织的领导，往往承担更大的责任，承受更大的压力，下级组织成员应当多为他们分责担忧，这本是一种特殊的组织分工，是下属分内的事。但体谅不等于是非不分，沆瀣一气。如何正确处理与上级"公"与"私"的关系，不至于既跟上级"吃肉喝汤"，又跟上级"一起倒霉"，是领导干部立身处世的一门重要学问。

3. 服从原则

就组织原则来说，下级服从上级应该是绝对的。整个组织的运转犹如一台机器，每个担任领导角色的人都是这台机器的一个重要组成部分。机器运转时，只要有一个零部件说"不"，这台机器就不能发挥作用。绝对服从上级决定，可以说是作为领导成员众多职责里最重要的职责。对上级领导的指示有意见，可以表现在执行之前；进入执行过程以后，一般而言，就要坚决不打折扣地执行，或者先服从再提反对意见。无论执行前后，对上级指示提不同意见的方式、场合很重要，一般不宜当着众人的面，在公开场合同领导"唱反调"。

4. 同心同德原则

就组织发展壮大的需要而言，下级组织领导应该努力同上级组织领导结成"命运共同体"。在同一个组织系统中，上下级关系是相互补充、相互依存、相互作用的关系。只有上下一致，齐心协力才能做好工作。一般情况下，上级领导是由政治上更成熟、领导经验更丰富、工作能力更强、领导才能更全面的人担任的，但这并不意味着上级完美无缺，作为下级主要责任是积极配合，做好"补台"工作。补台而不拆台的核心是忠诚。从组织原则上讲，对领导的忠诚，就是对组织的忠诚、对共同事业的忠诚。无论何时何地，都要坚定地捍卫领导的权威，这有利于团结更广泛的人群，为组织的健康发展服务。

5. 突出领导地位的原则

以上数条，也可以归纳为一条，叫做"突出领导地位"的原则。除了尊重、服从、体谅和同心同德以外，突出领导地位，还意味着不与领导争功劳，不过于彰显自己。有些人为了得到领导赏识而拼命表现自己，使得自己锋芒毕露，常常比领导还要引人注目，这样做的结果往往适得其反，只会让领导反感甚至提防。突出领导地位，也意味着为领导撑面子、留颜面。这些官场规则，看似庸俗不堪，然而千古皆然，至今有效，就是在倡行民主、平等和竞争理念的现代社会也不例外。

## 三、联系上级的言语技巧与注意事项

### （一）联系上级的言语技巧

1. 倾听的技巧

无论是请示与汇报，还是一般的沟通与交流，跟领导谈话，最重要的是倾听。

首先，注意力要集中。面向领导，身体适当前倾，目光主要集中在对方以眉心为顶角，两颧骨为底角所形成的三角区，而不要凝视对方。

其次，要做好记录。记录领导的原话或说话的要点，不明白的地方在适当的时候可以请领导稍作解释。

再次，保持目光接触。听领导说话时不要插嘴，但要不时点头，以示专注。此外还要注意理解领导讲话的弦外之音和言外之意。

2. 汇报和请示的技巧

汇报和请示工作，是下级跟上级打交道的最主要的内容。

汇报工作首先要做好准备。一方面要理清思路，突出重点，莫泛泛而谈；另一方面要掌握分寸，说多说少或者不说，要由问题的性质和工作的轻重缓急程度来决定。如果性质严重，事关重大，一定要报告领导。

汇报工作要做到结果优先。汇报应从结果开始，而不是首先叙述过程，这符合上级的期待心理。汇报的语气要平和，态度要冷静，并注意适当停顿，给领导提问和发表意见的机会。

首先，请示工作要态度诚恳。对于工作责任、权限不明或超出自己职责范围的问题，要及时请示领导。请示的态度要诚恳，言辞要恳切。

其次，请示事项要明确。在什么情况下，根据什么需要，开展什么工作，解决什么问题等请示事项要清楚。请示的措辞要明确，条理要清楚，别让领导听来一头雾水。

再次，请示材料准备要充分。请示工作时要把领导需要审阅的材料准备充分，避免请示过程中再返回办公室取领导需要阅读的材料。

最后，不要逼迫领导做决定。当请示的事项获得批准，要感谢领导并表示执行的决心；当请示的事项被否定，应尊重领导的意见或用委婉的方式再次陈述请示的理由。对于一时难以批准的事项，不要逼迫领导做决定。领导延迟做决定定有延迟的理由，勿操之过急。

### 3. 应答的技巧

在与领导沟通的过程中，需要不时回答领导的问题。

首先，回答要迅速。当领导布置工作后，迅速回答"我马上去办"，这会让领导觉得你非常干练有效，而犹豫不决的回答，可能让领导失望。

其次，回答要肯定。回答领导问题，"知之为知之，不知为不知"，不要吞吞吐吐，犹豫不决，含糊其词，这不便于领导作出决策。跟领导单独谈话时，不必隐瞒你的立场和观点。

再次，回答要留有余地。对于暂时无法回答或者用一两句话无法说清楚的问题，可以请示领导，允许回去认真考虑一下再回答。这样就为进一步了解情况，提出建议留下了空间，可以更多地争取领导的信任。一般不宜直接回答"我不知道"、"我不清楚"，这样会失去领导的信任。

最后，回答要光明磊落。回答领导问题，凡涉及个人功劳业绩时要谦虚；涉及他人功过是非时，要光明磊落。"谁人背后不说人，谁人背后无人说。"做人要严守公正，修好"口德"。

### 4. 进言与拒绝的技巧

当你的建议被领导拒绝时，不要气馁，应首先找出被拒绝的原因，并通过举例试着说服、打动领导。如果要向领导进言或表达不同意见，需要事先做好充分的论证准备，切勿开门见山或同领导发生争辩。

当领导提出一些不好回答的问题并使你心中不悦时，切忌直接申辩和冲撞。如果领导布置的任务超出我们的能力和职权范围，或者不能接受领导的某些要求时，应该说明理由，而不应采取直接拒绝的态度。

### （二）联系上级的注意事项

同领导讲话要十分小心，与上级打交道要注意以下事项：

1. 不越级汇报

越级虽然是组织原则和行政法规所允许的，但也是直接领导十分忌讳的。所以，除去特别需要，一般情况下，下级不要动辄越级汇报。

2. 不迁怒于领导

工作中，"不如意事十有八九"。如果自我感觉良好而领导并不赏识，应该多从自身找原因，切忌郁郁不得志，充满抱怨。尤其忌讳当众向领导发威，迁怒于领导。这不仅无助于事，而且往往只会令情况更加糟糕。

**【案例 7 - 1】**

### 才女科长的失意

刘萌可谓才女科长，经常在国家级、省级报纸上发表有分量的文章，由此也自高自大，常常对同事的文章指手画脚，大家对她很反感。在一次中层干部的调整名单上她榜上无名，她心里极不平衡。几天后宣传部的上级召集宣传部全体员工聚餐，席间上级领导夸奖了她的才能并说她前途无量。没想到刘萌竟然对领导说："光好好干还不行，因为现在有的领导提拔人不是看谁有本事，不是注重人的才能，而是把眼睛盯在会拍马屁的人身上。"此话一出，上级脸色大变，聚餐不欢而散。

［资料来源：崔素平. 这三种话，千万别和上司说. 演讲与口才，2009 (1). 节选］

例中才女科长的心情可以理解，但是她的情绪发泄搞错了对象。上级领导夸她才能出众并称她前途无量，本是一番好意。她因为没有处理好与同事的关系而失去了升职的机会，本是组织的决定，而她却在大庭广众对"这位上级领导"发难，抱怨领导用人不公，其未来仕途恐怕更加堵塞不通。

3. 不介入领导矛盾

领导之间有矛盾是正常的。作为下级要学会"绕开"和"回避"，不要有利用领导之间的矛盾获利的不良动机和行为。有利于领导团结的话多说，不利于领导团结的话不说、不传。在领导之间，直道而行。

4. 不代领导做决定

每个人都有自己的身份地位，说话只有符合自身角色定位，才会恰当得体。跟领导打交道，言事说话尤其如此。

**【案例 7 - 2】**

## 业务骨干的粗心

郑辉做事干练，进公司没几年就成了公司的业务骨干，但他说话大大咧咧，时常惹上司生气。有一次他要带几个人到周边一个城市谈判，他一合计觉得由单位派车最好，因为坐火车或长途车不方便；打的士六人就要两辆，车费过高。郑辉将自己的想法告诉了上司，在为上司权衡了利弊之后，郑辉说："所以呢，我决定派一辆车去！"上司听了以后满脸不高兴地说："我看你的方案不好，你们还是赶紧买火车票去吧！"郑辉愣住了，这么好的一个建议竟然没有被采纳，他觉得好纳闷。

［资料来源：崔素平. 这三种话，千万别和上司说. 演讲与口才，2009（1）. 节选］

例中的郑辉可以提出自己的建议，但他不能代上司做决定。他的问题不仅在于用词不当（既然是请示就不能说"所以我决定"），而且还在于他的建议遭拒绝后，他仍不明白原因何在。

5. 恭维要慎重

生活中为了拉近同上级的关系，有时同上级拉拉家常，叙叙旧、开开玩笑是可以的，但要把握好分寸，防止因情急产生口误，或者因偏听、误听、漏听，发生误会。

**【案例 7 - 3】**

## 小赵的口误

刘杨是某公司的办公室主任，星期一穿着新买的皮衣去上班，在走廊碰上了办公室的小赵，小赵平时喜欢对别人品头论足。小赵摸了摸刘主任的新皮衣，说："现在的技术就是高，人造革的和真皮的都分不出来了。刘主任，你这衣服花了多少钱？"刘杨一听很不高兴地说："我这衣服不值什么钱，我哪能穿得起真皮呀。"小赵意识到自己说话不妥，赶紧补充道："刘主任，我没有说你的皮衣是人造革的，我是说……"结果越抹越黑，再看刘主任已经走远了。

［资料来源：高明. 不中听的话莫出口. 演讲与口才，2009（4）. 有改动］

例中小赵想利用欣赏办公室主任新衣服的机会，同领导开开玩笑，套套近乎，拉近关系，这本没错。但他情急之下，有点慌不择词，傻傻冒出"人造革"与"真皮"问题，让领导听了很不舒服，结果适得其反。

6. 不盲目服从

下级服从上级，是最基本的组织原则。但这种服从也是有原则的，否则也会伤害组织。对于领导正确的决定要服从，而面对有些错误的命令，有时为了顾全大局也要服从。但后者是有条件的，在组织原则允许的情况下，要向领导说明问题的严重性，在执行过程中也要有所保留、修正和变通，以将上级错误决定可能对组织产生的伤害降到最低限度。

# 第二节　联系群众的口才

胡锦涛在庆祝中国共产党成立 90 周年大会的讲话中指出："只有我们把群众放在心上，群众才会把我们放在心上；只有我们把群众当亲人，群众才会把我们当亲人。"领导与群众，是构成组织的两个方面。领导作出的一切计划、命令、决定和指示，必须通过群众贯彻落实。联系群众，关系到领导工作的成败。"从群众中来，到群众中去"，也是中国革命的优良传统。

## 一、联系群众的意义

现代管理学有一条定律，即"爱你的职工吧，他会百倍地爱你的企业"。领袖的作用不在于他做了多少具体工作，而在于他能否把群众的智慧和力量凝聚成一种组织力量并使这个组织中的每个成员最大限度地发挥自己的潜力。古今中外，皆莫例外。俗话说："众人拾柴火焰高。"又说："人心齐泰山移。"密切联系群众的意义就在于，领导勤政爱民，真诚与群众"交心"，有助于凝聚人心，众志成城；领导虚怀若谷，善于向群众"借力"，有助于招揽人才，攻坚克难；领导平易近人，虚心向群众"讨教"，有助获得真实的信息，作出科学的决策。所谓"领导一挥手，群众跟你走"、"上下一条心，齐力可断金"，都是说明联系群众的重要。

【案例 7-4】

### 刘邦论得天下之道

汉高祖刘邦在洛阳南宫摆酒宴，说："各位王侯将领不要隐瞒我，都说真话，我得天下的原因是什么？项羽失天下的原因是什么？"高起、王陵回答说："陛下让人攻取城池获得土地，就把城镇、土地分给人们，让天下人共享胜利的果实；项羽却不是这样，杀害有功绩的人，怀疑有贤德的人，这就是他失天下的原因。"刘邦说："你们只知其一，不知其二。运筹帷幄，决胜千里，我不如张良；平定国家，安抚百姓，供给军饷，能保证粮草供应源源不断，我不如萧何；能统帅百万雄师，只要打仗就一定能胜利，只要攻城就一定能成功，我不如韩信。这三个人都是人中豪杰，我能够任用他们，这就是我取得天下的原因。譬如项羽有一位范增而不会重用他，这就是项羽被我擒获的原因。"众大臣心悦诚服。

（资料来源：《史记·高祖本纪》）

公元前202年二月初三，刘邦在定陶称帝，史称西汉或前汉。刘邦称帝的当月，从定陶来到洛阳评功论赏，文臣武将，皆大欢喜，遂定都洛阳（一个月后迁栎阳，不久正式定都长安）。文中这个故事就发生在这个时候。刘邦论得天下之道的这段话不同凡响，流传至今。他以自己以弱胜强，战胜强大对手夺取天下的切身体会告诉人们：人才重要，任用人才联系群众也一样重要。

## 二、群众心理及联系群众的原则

### （一）群众心理

要做好联系群众的工作，首先必须了解群众。群众，作为一个社会学和政治学意义上的群体，具有以下心理特征：

1. 畏上心理

乌合之众除外，群众总是有组织的。有组织就有纪律，有纪律就有约束力；有组织就有领导，有领导就有"生杀予夺"的权力。领导有权有势，如果得罪了他们，对自己的生活、工作、学习不利；反过来讲，如果跟领导关系好，也就有利于自己的生活、工作和学习。故而群众一般都会选择顺从领导而不是跟领导作对。畏上心理如果处于盲目状态或发展到极致，畏上就演变为"唯上"，产生权力崇拜，视领导为英雄，唯领导马首是瞻。

2. 从众心理

群体之外的个体有个性，群体中的个体没有个性，他们具有自愿服从权威或多数人的强烈倾向。因为服从权威可以得到保护，跟多数人保持一致比较安全。加之长期地服从权威或多数人，渐渐地有个性的个体的自我确认能力受到严重的损害，他们不愿意再动脑筋想问题，在多数时候多数事上多数人便选择了"随大流"的方式而甘愿接受舆论、风气、权威的影响。受从众心理驱使聚合的群众，如果他们的领袖或权威（包括舆论）是一股邪恶的势力或一种虚幻的存在，便是一股巨大的非理性的破坏力。

3. 抱团心理

从众必然抱团。俗话说："人以群分，物以类聚。"抱团的心理倾向和需要几乎表现在一切生活领域，小到抽什么烟、穿什么衣、买什么家具，大到信仰什么不信仰什么、投谁的赞成票不投谁的赞成票。从众与抱团即价值认可，它是一种最无纪律、无秩序、不规则的自然力量，而背后的操守只有一个，即"既得利益"。很少或几乎没有不受利益驱使的从众或抱团。作为一种价值认可方式，从众与抱团既是牢不可破的，也是可以瞬间瓦解的。只要共同利益不复存在，从众与抱团也就不复存在。

4. 攀比心理

这是一种"人有我也要有，人好我也要好"的比较心理，也是一种从众心理的积极表现形式，它隐含着竞争、向上、好胜、永不落后的心理需求。攀比心理人人有，只是表现在弱势群众那里更为突出。他们更在乎出人头地、功成名就，或一夜致富，借以改变卑微的命运。攀比心理也是一股巨大的盲目的力量，它主要表现为虚荣心作祟，一味跟风，或对自身力量和需要过分夸大，而往往显得狭隘、自私、眼红、只顾眼前、非理性、缺乏主见，一味要求得到别人有的东西。

5. 孤僻心理

亦如领导总是孤独的，群众也总是孤僻的。群众中的孤僻心理，有两种极端的表现。一是表现在精英群众那里，他们由于不被看好或重用，因郁郁不得志或落落寡合而显得孤僻。这种人往往有理想、有抱负或特殊才能，但他们对许多事情采取不合作的态度，怪话连篇，独立不羁或明哲保身，较少有朋友。二是表现在普通群众那里，他们由于在激烈的角逐中显得能力、水平、业绩平平而选择默默无闻。这种群众听话、从众、好领导、不多事，但也比较缺乏自信和勇气。他们非常希望得到别人的重视，唯恐被人忽略，也很看重别人对自己的评价，只是行动力不够。

【案例 7－5】

### 富士康的缺失

由于富士康管理文化缺失人文关怀，导致该公司连续发生了多起跳楼事件，引起世人震惊。据富士康员工透露，在公司里，管理人员与下属员工之间交流，除了工作问题之外，几乎没有任何一句"废话"。除了干活，员工的生活、情感、病痛未曾有人关心过。

但在接受记者采访时，富士康的一个副总却"愤怒"地辩解道："有人说富士康是血汗工厂、黑心工厂，我明确告诉大家，富士康明确遵守了国家劳动法。我们保证了每个工人每月有2 000元的底薪，而且包吃包住；节假日加班，我们支付三倍的工资；我们从不拖欠工人工资，从不强迫工人加班，更没有限制过工人的自由，他们可随时离开工厂。"

此时，一位记者立即站起来反驳道："我不否认你说的这些都是事实，但我问你，假如有一个女人，嫁了这样一个男人：他给她吃、给她住、给她钱，还给她自由，他从未违反婚姻法，但他就是三十年不和她说话！你说那个女人该怎么办？"那位副总顿时语塞。

（资料来源：网易新闻，富士康事件，http：//news.163.com，有改动）

富士康的员工宁可选择跳楼也不选择投诉和求助，这说明群众心理是复杂的：他们既期待领导和组织的关怀，又畏惧组织和领导的权威；他们除了干活，生活、情感、病痛无人关心，这使他们十分无奈，但又不敢吱声；他们既想投诉和求助，但又害怕"枪打出头鸟"，失去工作或待遇。群众心理不是天生的，也不是一成不变的，主要还是受组织制度和氛围制约并由组织制度和氛围培养起来的，为政者不能不知。

### （二）联系群众的原则

根据群众心理，我们可以确定以下联系群众的原则：

**1. 理解尊重的原则**

早在我国春秋战国时期人们就认识到：君主如船，百姓如水，"水则载舟，水则覆舟"。马克思唯物史观认为，人民群众是创造历史的主人。当代伟人毛泽东说："群众是真正的英雄，而我们自己则往往是幼稚可笑的，不了解这一点，就不能得到起码的知识。"中国共产党的历史告诉我们，人民群众是执政之基、动力之源。首先，群众人数众多；其次，群众最富有创造力和想象力；再次，群众勤劳勇敢。只有认识到这些才叫认识了群众，只有认识了群众才会尊重群众。了解群众，是做群众工作的基础；尊重群众，就是承认群众的历史价值。

**2. 信任依靠的原则**

正因为群众是英雄，领导就要知人善用，最大限度地发挥群众中蕴藏的巨大创造力，根据他们各自的特点，用其所长，避其所短，使人尽其才、才尽其用、各得其所。美国钢铁大王卡耐基说："你可以把我的工厂、设备、资金全部夺去，只要保留我的组织和人员，几年后我仍将是钢铁大王。"据说卡耐基死后，人们在他的墓碑上刻了这样一段文字："这里安葬着一个人，他最擅长把那些强过自己的人组织到为他服务的管理机构之中。"显然他相信，信任和依靠群众可以创造奇迹。

**3. 激励赞扬的原则**

在西方，很多管理者把培植同下级的感情作为领导工作的一个重要组成部分，不惜投入大量的精力和财力，他们称之为"情感投资"或"人本经营"。美国著名企业家玛丽·凯·阿什有一句经验之谈："要成为一个优秀的管理人员，你必须了解赞美别人可以使人成功的价值。赞美是一种非常有效而且不可思议的推动力量。"赞美的力量在于产生激励的作用。事实表明，在现代社会中，运用赞美进行组织内部人际交流和沟通，是最好的管理方式之一，它能凝聚正能量，形成"人和"局面，促进事业发展，具有同发放奖金、津贴、增加福利待遇等物质激励相同的效力，是一种高水平领导力的体现。

**4. 体谅宽容的原则**

遇到群众工作出现失误或偏差时，领导一方面要以宽容大度的胸怀给予充分的体谅，善意地引导其改正，另一方面也可以进行严肃的批评教育，但不要抓住群众的过错不放。据说，日本企业家松下幸之助在管理上以骂人出名，但也以会栽培人出名。他每天要批准很多决定，但实际上只有40%是他认可的，余下的60%都持保留意见。他认为你不可以对任何事都说不，对于那些你认为还算过得去的计划，你大可在实施过程中指导，使之回到你预期的轨道。体谅并宽容群众的缺失，也是一种主动承担的精神。领导应该具有这样的胸怀，对你的群众说："成功了，是你们的成绩；失败了，我来承担！"俗话说"宰相肚里能撑船"，又说"使功不如使过"，常常是有过错的群众更珍惜领导对他的信任。

**5. 一视同仁的原则**

孔子有句名言，叫"政者，正也"。意思是说，执政的关键是要"正"。领导干部联系群众，首先，身要正，走得正，做得正，行得正。其次，方式要正，不依靠厚黑学那一套玩弄权术，带头拉帮结派，搞阴谋诡计。再次，用正人，坚持任人唯贤、德才兼备的原则。最后，办事坚持公道正义的原则。曾经有人向唐太宗建言，要他远小人、近贤人。唐太宗问建言者，谁是小人，谁是贤人。建言者说，我不在您的身边，不知道谁是小人，谁不是小人，但有个方法可以测试出来。您只要在朝堂上故意说些不正确的话，如果有人附和，那么附和的就是小人。唐太宗回答说，我不能这么做，我待人以诚，处事以正，如果这么做，自己就先开了一个不好的先例，那么以后还会有谁说真话呢？也许正是由于唐太宗开诚布公，走正道，用正人，才开创了贞观之治的盛世。

6. 身先士卒的原则

孔子说："其身正，不令而行；其身不正，虽令不从。"意思是说：当领导自身端正，作出表率时，不用下命令，群众就会跟着行动起来；相反，如果领导自身不端正，而要求群众端正，纵然三令五申，群众也不会服从。这叫做"喊破嗓子，不如做出样子"。桃树李树有芬芳的花朵、甜美的果实，虽然不会说话，但仍然能吸引许多人到树下赏花尝果，以至于在树下走出一条小路来。西汉名将李广英勇善战，历经汉景帝、武帝，立下赫赫战功，对部下也很谦虚和蔼。文帝、匈奴单于都很敬佩他，但年纪不大被迫自杀，许多部下及不相识的人都自动为他痛哭，司马迁称赞他是"桃李不言，下自成蹊"。

**【案例7－6】**

### 艾森豪威尔与士兵

艾森豪威尔是"二战"时的盟军统帅。有一次，他出去巡视，发现一个士兵正在挖壕沟，一边挖还一边抱怨着，于是就走过去说："小伙子，现在日子过得还好吧？"士兵一看是将军，敬了个礼，回答说："你好，将军。说实话，这哪是人过的日子哟，没日没夜地挖！"艾森豪威尔笑了笑说："我想也是。来，休息一会儿，你上来，我们走一走。"

艾森豪威尔就带着士兵绕着营区走，边走边跟士兵叙说了他当一名将军的痛苦：肩膀上挂了几颗星之后，还是被参谋长痛骂的那种难受；打仗的前一天晚上，睡不着觉的那种巨大压力；对未来不确定的那种迷惘……最后，艾森豪威尔对士兵说："我们两个都一样，不要看你在壕沟，我在帐篷，其实谁的痛苦大还不知道呢！也许你还没死的时候，我就活活地被压力给压死了。"就这样绕营区走了一圈之后，他们又来到了那个壕沟的附近，士兵说："我还是继续挖我的壕沟吧！"

［资料来源：何军斌. 与下属有效沟通的四种方法. 演讲与口才，2008(7). 节选］

艾森豪威尔将军运用现身说法的方法，成功地说服了士兵忍耐"做人的痛苦"，而又本着爱护士兵、将心比心的精神，没有计较士兵不理解"将军的痛苦"。这正是做领导的胸怀：身先士卒，一视同仁，既关心群众生活，勉励群众进步，又最大限度地去了解群众的疾苦，体谅群众的难处，宽谅群众的不是。如果群众是一颗颗明亮的珍珠，那么领导就应该是一根柔韧的金线，恰到好处地把珍珠穿起来，使之成为一条璀璨华贵的珍珠项链。因此，上级不应只坐在办公室里工作，还要经常出去走到群众中间，哪怕只是几分钟时间，对整个组织的和谐发展都有非常大的作用。

## 三、联系群众的言语技巧与注意事项

### （一）联系群众的言语技巧

#### 1. 交谈的技巧

交谈，是人们在日常生活、工作、学习中使用得最普遍、最广泛的一种言语沟通方式。领导要十分善于同群众打交道，通过交谈同群众做朋友；通过交谈树立自己在群众中的威信；通过交谈营造一种良好的组织内部合作气氛。有人说，交谈的技巧主要表现在"问"与"答"上，问要问得巧，答要答得妙。

"问"的技巧——

首先，要抓住要害，问得明白具体。问题明白具体，有助于对方迅速明白你的意思，打开思路。那些大而空泛的问题，往往让对方摸不着头脑，难以回答。

其次，要讲究逻辑，问得有条理。先从最简单的问题问起，然后由小到大、由表及里、由易到难地提出问题，并注意前后问题间的逻辑性，这样有助于对方回答问题。

再次，提问的方式要灵活多样。对任何人提问，都要努力创造一种友好、轻松、和谐的氛围，绝对不可审问、硬问、逼问。常见的比较温和的问话方式有正问（即开门见山地提出问题）、侧问（即旁敲侧击地触及问题）、探问（即试探性地触及问题）和设问（即假设一种情况，启发对方思考，引导对方回答问题）。提问，要尽可能少地使用反问和追问。

最后，问话的措辞要字斟句酌，注意语序、词语和句式的选择。

**【案例7-7】**

一问值千金

——柜台售货员问顾客："您要看点什么？"这里用"看"就比用"买"或"要"更能体现对顾客的关心。

——饮食店外卖服务员问顾客："要加鸡蛋吗?"改为"要加一个鸡蛋,还是两个鸡蛋?"后者更有利于商家促销。

——超市售货员问顾客："是您自己拿回去呢,还是给您送回去呢?"改为"是给您送回去呢,还是您自己拿回去呢?"后句更有利于商家节省人手。

——消费者在酒店点菜问服务员："贵店有鱼吗?"答:"有!"又问:"这鱼新鲜吗?"又答:"新鲜!"据说,不如改为:"贵店有什么好吃的?"这样有可能避免吃到不新鲜的鱼。

以上数例都说明问话要注意语序、词语和句式的选择。例一,"看"比"买"和"要"给顾客造成的心理压力更小;例二和例三说明,面对选择性问句,人们回答问题的重心一般在后半句;例四说明,有时选择模糊一些的问法比问得"明确具体"更有助于让你吃到新鲜的鱼。

"答"的技巧——

"答"比"问"显得被动些。对于一个有口才的人来讲,绝不是问什么就答什么,也不是怎样问就怎样答。除了保持人际交往中应有的诚实、谦虚和礼貌外,你要尽可能回答得巧妙些。

首先,要认清问话的实质。或明知故问,或投石问路,或真诚善意,或不怀好意。回答者一定要根据问话人的态度、问话的内容与交谈的背景,仔细辨认问话的实质,或给对方一个满意的回答,或巧妙避开对方问题的陷阱。

其次,要突破问话的控制。或问英雄出处,或刺探难言之隐,或强行推销,或暗含挑衅。问话人的问题客观上对答问者的回答具有引导和控制作用。由于提问的动机复杂,所以不能有问必答,陷入被动。突破提问的控制,重点要放在对方所用的疑问代词、句式和语调方面,诸如"啊"、"呀"、"什么"、"谁"、"是什么"、"为什么"等。

再次,要掌握对接技巧。妙答的实质就是掌握回答的主动权。各种对接技巧能助你一臂之力。有人将常见的对接技巧归纳为词语对接、即兴回敬、双关妙答、模糊应答、以问代答、引申转移、李代桃僵等多种。

## 【案例 7-8】

### 妙答种种

——推销员向家庭主妇推销商品,问:"请问您需要什么?"答:"钱!"

——有人问哲学家梅内德谟:"你是否停止打你的父亲了?"梅内德谟答道:"我从来就没有打过他。"

——有人问党委书记:"你是怎样一下子成为党委书记的?"书记答道:

"我是先成为共产党员，然后成为党委书记的，不是一下子，而是两下子。"

——总统的朋友向总统探听军事秘密。总统问："你能保密吗?"朋友答："能!"总统答："我也能!"

——物理学家法拉第有一次在大庭广众下做电磁学实验表演，有人问："先生，请问这有什么用?"法拉第反问："请问，新生婴儿有什么用?"

以上都是妙答的范例。例一，家庭主妇突破疑问代词"什么"的控制，表示出对推销员想要她买东西的要求的推脱，显得机智幽默；例二，不管哲学家回答是"是"还是"否"，都是危险的，所以他机智逃脱，突破了问话的控制；例三、例四、例五分别运用了词语对接、双关妙答、以问代答等答问技巧。

领导首先要掌握普通交谈技巧。然后，跟群众交谈还要注意以下几点：

首先，不要迟疑。不要借口"工作忙"而一再推迟群众"求见"的请求，这样肯定会冷落群众，被认为是"领导架子大"、"瞧不起咱"、"对群众漠不关心"。有时哪怕见缝插针，只给群众几分钟见面时间，群众也会感激涕零。

其次，要热情主动。群众见领导往往有点手足无措或诚惶诚恐，有的会"反客为主"，给领导敬烟、倒茶。领导这时千万不要安之若素，欣然接受。从待客之道上来说，你要主动给客人敬烟、倒茶，让群众轻松落座，有被"高度重视的感觉"。即使因环境条件限制而有礼数不周之处，也要表达歉意。

再次，要平等相待。无论交谈对象是谁，都要平等相待。目光要平视，语调要亲切，态度要和蔼。跟老朋友或年轻朋友见面，可以随便些；同较少见面的群众或老同志见面，可以庄重些。如果是正式交谈，要多给对方陈述事项的机会；如果是随便交谈，要多关心对方的生活、工作、学习。

最后，方式要灵活。可以庄重严肃、一丝不苟，也可以亦庄亦谐、轻松活泼；可以倾听为主、询问为辅，也可以询问为主、倾听为辅；可以有问有答，也可以只问不答；可以就正题打破砂锅问到底，也可以选择回避矛盾，避免冲突；可以对对方提出的问题当面表态，也可以暂不发表意见，但要说明缘由。无论如何，结束谈话时总要对群众多肯定、多勉励、多祝福。

2. 激励的技巧

无论大人还是孩子，都喜欢受到称赞。领导跟群众交谈的过程中，最要善用激励的方法开展群众工作。

第一，激励交谈要弄清人的需要。美国人本主义心理学家马斯洛将人的需要分为生理需要、安全需要、爱和归属感（亦称为社交需求）的需要、尊重需要和自我实现的需要五种，依次由低层次向高层次发展。一般而言，前一个层次需要的满足是实现后一个层次需要的条件。作为群体的群众有作为群体的需要，例如，工人需要得到尊重，知识分子需要受到重用；作为个体群众有作为个体的需要，张三有张三的需要，李四有李四的需要。此时也不同于彼时，前一阵子群众关心的是物价，这一阵子群众关心的是涨工资。领导同群众交谈，弄清这些非常重要，这有助于"将温暖送到心上"。

第二，要看对象特点。有人从人格类型将员工分为四种：指挥型、关系型、智力型和工兵型。指挥型员工喜欢命令别人去做事情；关系型员工关注的对象不是目标而是人，他们擅长打通人际关系；智力型员工擅长思考，分析能力强，有自己的想法，喜欢用事实和数字说话；工兵型员工的特征是喜欢埋头苦干，做事谨慎，处理程序性工作尤为出色。针对不同类型的员工，领导适当"投其所好"，可以取得良好的激励效果。

第三，要多讲组织目标。前程无忧专家认为，互通情报本身就是最好的兴奋剂，与其让员工揣测公司发展前景，不如让员工把心思放在工作上。跟群众交谈，领导多讲本单位、本部门或本地区发展战略目标、计划和措施，多提供这方面的信息，通报这方面的情况（最好是内部消息），有助于让群众"感到有盼头"、"安心工作"，争取"事业留人"。

第四，不忘称赞。称赞就是多讲好话、吉利话或祝福别人的话，即发出"正能量"。无数事实表明，称赞是激励员工最好的方法，它能鼓励员工对自己更加自信、对工作更加热爱、对领导更加亲近……一般来说，称赞要及时，譬如见面或落座的第一时间就恭喜人家最近获奖或乔迁新居；称赞要公开，譬如当着别人的面赞赏员工更有效；称赞要大气，赞赏别人的语言、语气、表情、动作不妨比平常说话时夸张些。

第五，要鼓励多提问。领导同下级交谈，要鼓励他们多提问题、意见与建议，努力营造坦诚交流、双向信息共享的氛围，想方设法将他们的心里话掏出来。譬如就最近计划开展的某项工作，有意征求他们的意见，热情邀请他们参与决策或共同制订计划。这种让群众"当家做主"的方法，十分有利于下级敞开心扉，畅所欲言，其所产生的激励效果有利于和谐领导与被领导的关系。

第六，要提供榜样。跟某些特殊的员工交谈，譬如青年员工、积极要求进步的员工或特殊困难群众，可多向他们提供本领域、本单位、本部门或本地区的先进人物事迹，作为正面学习的榜样，让他们学有目标。

第七，不要一味讲奉献。激励的最终目的是实现组织和个人的"双赢"，所以，领导跟群众谈话，不能一味地"讲奉献"、"顾全大局"、"舍小我，顾大家"，尤其是跟有困难的群众交谈，多强调他们个人的特殊利益的重要性，这样更能得到他们对组织或领导个人的理解、谅解和尊重。多跟一般群众讲"论功行赏"、"多劳多得"、"不让老实人吃亏"的组织奖励分配原则，比单纯讲奉献更有效。

第八，不能鞭打快牛。譬如，跟本来就工作勤奋、贡献大的群众交谈，不适合运用勉励的法则；相反要多关心他们，提醒他们注意劳逸结合，多关心家人，跟家人团聚。

第九，精神优先。领导同群众交谈，可以多跟对方分享一些他们的精神性成果，譬如他家的孩子很有出息，他的名望很高、粉丝很多等。物质刺激，譬如增加奖金，固然有效，但是精神鼓励，往往更能激发员工的成就感，使之再接再厉。因为物质是有限的，而精神是无限的。套用一句话说，给他一百块钱奖金，他一次性消费就没有了，而给他一个荣誉称号，他可以多次同很多人分享。

第十，说话算数。"言必信，行必果。"领导曾经向群众承诺过的东西，一定要兑现；即使不能兑现，也要说明原因。否则，会给群众留下"口花花"的不良印象。

3. 劝说的技巧

群众工作无小事，而领导又不是万能的，所以领导要特别善于运用劝说的技巧做群众的工作，让群众"自己教育自己"。

第一，劝说要取得信任。信任是一扇通往交流的大门。我们无法要求别人信任自己，但是我们可以争取别人对自己的信任。争取信任的原则是：真诚、在乎、友好、不强求。一切虚假、做作、包装自己的行为，会遭到拒绝；不接受别人的性格特点包括毛病，别人也不接受你；不怀好意，不与人为善，跟别人过不去，会遭到拒绝；连我们自己都不喜欢的东西，不要强加给别人。就某一次劝说来说，别人一般是通过我们的眼神、表情、措辞和语调来认识我们，决定是否信任我们的。因此劝说不要装腔作势，真实、真情、真诚、真心是最重要的。

第二，要将心比心。设身处地站在对方的角度去看问题，努力体会对方的心情，这有助于将对方的观点引导到自己的观点上来。或者站在对方的角度为其分析一下事情的利弊得失，将两种结果比较起来，有助于当事人自己作出判断，选择正确的立场和观点。

第三，要注意劝说方式。譬如有的人喜欢和风细雨，注重摆事实，讲道理；有的人喜欢哥们义气，一声承诺胜过千言万语；有的人需要响鼓重锤，语气不妨重些；有的人只需旁敲侧击，点到为止。可以选择一个能够让当事人安静下来的场所，比如寺庙、河边、公园、咖啡厅，有助于对方心情放松，敞开心扉；也可以选择对方有事相求或心情不错的时候，劝说成功的概率可能会大些。

第四，遵循列举优先的原则。研究发现，"主流观点"对人的影响最大。因此，如果想劝服一个人，最好先跟对方说，多数人如此，然后再说理由，这样，劝说成功的概率大些；如果先说明理由，再告诉多数人的意见，则可能没有这样的效果。

第五，要有耐心。劝说一个人很不容易，需要真心、爱心、细心加耐心。很少有人当场后悔，从此就改过自新的。所谓"冰冻三尺，非一日之寒"，一般人很多心理行为习惯，往往不是一天养成的，所以改正它们也需要时间。

## 【案例 7 - 9】
### "希望你把椅背锯掉"

麦当劳总裁罗杰喜欢搞突击检查，发现问题及时纠正。一次，他在一个分店检查工作时发现，该店管理松散，效率低下，原因在于经理习惯于待在办公室里，坐在高靠背椅子上遥控指挥。于是，他轻描淡写地对经理说："希望你把椅背锯掉。"经理很快领会了罗杰的意思，仿效他实行"走动管理"。结果，该店效率迅速提高，效益明显增加。

如例中的经理一样，有些员工身手敏捷，很善于行动，不需要也不必对他们"大声吼叫"或"循循善诱"，有时只要你的一个眼神或者一句俏皮话，就足以让他们"惊心动魄"或"心领神会"。能迅速说服别人、达到目的的劝勉方法就是好方法。

### 4. 批评的技巧

批评是一种传统的经典的管理方式，被称为是"一门直抵心灵的艺术"。然而，随着社会的发展、管理的进步，特别是人本管理的兴起，批评逐渐淡出主流的位置，变成了管理激励理论中相对不受重视的"负激励"。管理实践中人们也越来越倾向于对员工实行"胡萝卜政策"而不是"大棒策略"。

批评具有激励和约束的双重功能，符合管理的性质，它理所当然应该成为现代领导科学的一个有机组成部分。批评之所以被称为艺术，说明其中大有学问。现代领导要做好群众的工作，不能不精通批评的艺术。

批评如同医生给患者打针吃药，农民给庄稼除草施药，前者的目的是帮助患者战胜疾病，恢复健康，后者是为了庄稼长得更好，来年更有收获。明确了这一点，将有助于理解和掌握各种批评原则和方法。

第一，批评要以人为本。批评的过程很重要，领导应该尽量站在员工的角度，替他着想，照顾他的自尊心，给他留足面子；态度温和，说话温柔，语言婉转艺术；不纠缠，不对比，不揭伤疤，不声张，说话不带刺儿；更不能心怀恶意，趁批评之机行打击报复之实。

第二，要就事论事。批评应该尽量准确、具体，下属哪件事做错了，就批评哪件事，不能漫无边际，论及其家人，甚至去挖人家的祖宗三代，唯恐不能从根本上将对方打倒，这是不足取的。为此有些语言要慎用，比如"从来"、"总是"、"根本"、"不可救药"……即使根据批评的需要联系旧事，也要做到点到为止，切勿算旧账。

第三，要当面批评。人们不喜欢背后被人议论，因为谁知道你是不是夸大其词、搬弄是非呢？当面批评，可以使对方听清楚批评者的意见，避免产生误会；背后批评，会使对方产生错觉，认为你有话不敢当面讲，一定是心里有鬼。有人喜欢在人家不在场的时候批评人，这是真真正正的批评所忌讳的。

第四，要实话实说。批评要委婉，委婉跟实话实说并不矛盾，前者是指批评的方法，不能巷子里赶毛驴——直来直去，要注意对方的感受；后者是指批评的内容，要打开窗子说亮话——公开透明。一般而言，除了必要的语言铺垫营造适宜的气氛外，批评宜直话直说，忌讳绕来绕去，不入正题，让人不得要领。

第五，要以理服人。领导批评下属，要以事实为根据，以规章制度为准绳，注重调查，全面了解，把准事实，弄清原因，分清责任，搞清问题的性质和程度，力求让人口服心服。批评最忌讳道听途说，或只凭"小报告"就信以为真；无限上纲，乱打棍子，乱扣帽子，也会给人留下"恶意整人"的印象。如果批评错了，应当诚恳向当事人道歉，不要怕有失体面。

第六，要区别对待。批评的对象是谁很重要。如对于老同志，要多尊重理解，宜用商量式批评；对于年轻人，要态度柔和，宜用温和式批评；对于性情机敏的人，可采用暗示性批评，稍加提醒，点到为止即可；对于毛病较多的人，宜采用触动式批评，一针见血，指出危害性；对于性格内向的人，宜用诱导式批评，让其自省认识错误。总之，批评要"一把钥匙开一把锁"，方式要灵活多样，因人而异。

第七，要选择场合和时机。批评不可随时随地进行。有的批评可在大会上进行，而有的只能私下进行。有的人选择当众批评，要"杀鸡给猴看"，这其实是非常错误的。许多批评引起争吵，遭到抵触，往往是由于场合不对。选择批评时机，一是要及时。时过境迁，会给人"算老账"的感觉。二是要"避开高峰冷处理"。有些批评一段时间后再处理，效果会更好。三是要善于抓住对方容易接受的时机。如当你和他谈得融洽时；当他受到奖励、晋升职务职称或入党转干时；在他主动征求领导意见时；在领导帮他解决困难时等。抓住良机开展的批评，效果事半功倍。

第八，先扬后抑。即"先表扬后批评"的策略，后来又发展为表扬—批评—表扬的"三明治策略"。在批评别人时先找出对方的长处称赞一番，然后再提出批评；当谈话结束时，再使用一些鼓励性的词语。美国著名企业家玛丽·凯·阿什说："不要光批评不赞美。这是我严格遵守的一个原则，不管你要批评的是什么，你必须找出对方的长处来赞美，批评前和批评后都要这么做。"用这种方法批评人，使人感到客观公正，没有把他看死，显然可以收到良好的效果。

第九，刚柔相济。有时一团和气的批评，无济于事。尤其是对那些犯有较为严重错误而又屡教不改的人，要一针见血地进行批评。但是，批评是为了"治病救人"，不能毫无人情味。这就要求既讲原则又讲团结，既严又慈，刚柔相济。

第十，幽默诙谐。有时用幽默诙谐的语言批评人，反而比板起面孔的说教更有效，因为诙谐幽默能引起受批评者的笑声，下属反而能接受善意的批评，从幽默中产生趣味，从中陷入沉思，从沉思中品味哲理，令人幡然醒悟。

此外还要做好善后。在批评性谈话结束前，有意把话说回来，让双方都放松一下是必要的。批评过后也可以采取一些措施缓和气氛，譬如帮助对方补救人际关系，有意找被批评者商量工作；如果能交办事宜，给对方一个"将功补过"的机会，往往效果更好。

## 【案例 7 - 10】
### 一组反映"批评艺术"的案例

——1953 年 3 月，毛主席在济南党员干部会议上讲话，谈到有些人因为革命胜利了，就争名争利，评级时闹得痛哭流涕，他语重心长地说："有一出戏，叫《林冲夜奔》，唱词里说：'男儿有泪不轻弹，只因未到伤心处。'我们现在有些同志，他们也是男儿（也许还有女儿），他们是'男儿有泪不轻弹，只因未到评级时'。有泪不轻弹是对的，伤心处是什么？就是工人阶级、广大劳动人民危急存亡的时候……至于你那个什么级，就是评得不对，你也要吞下去，眼泪不要往外流，要往里头流。"

——某领导发现秘书写的总结有不妥之处。他是这样批评秘书的："小张，这份总结总体写得不错，思路清楚，重点突出，有几处写得很有见地，看来你下了功夫。只是有几处地方提法不妥,有些言过其实,有的地方尚缺定量分析,麻烦你再修改一下。你的文笔不错,过去几次写总结也是越改越好,相信你这次也一定能改出一个好总结来。"秘书感到领导很尊重自己,因而很卖力地把总结改好了。

——话说美国前总统柯立芝有一位漂亮的女秘书,人虽长得很好,但工作中却常因粗心而出错。一天早晨,柯立芝看见秘书走进办公室,便对她说:"今天你穿的这身衣服真漂亮,正适合你这样漂亮的小姐。"这句话出自柯立芝口中,简直让女秘书受宠若惊。柯立芝接着说:"但也不要骄傲,我相信你同样能把公文处理得像你一样漂亮的。"果然从那天起,女秘书在处理公文时很少出错了。一位朋友知道了这件事后,便问柯立芝:"这个方法很妙,你是怎么想出来的?"柯立芝得意洋洋地说:"这很简单,你看见过理发师给人刮胡子吗?他要先给人涂些肥皂水,为什么呀,就是为了刮起来使人不觉痛。"这个故事后来被管理学界称为"肥皂水效应":就是将批评夹在赞美中。

（资料来源：中国人力资源开发网，http：//www.chinahrd.net）

——某机关青年小伙子比较多,但他们的工作热情、干劲、积极性却不高,纪律松散,工作拖拉,精神不振,不思进取。原领导没少批评教育,却没有多大作用。某书记上任后,在一次职工大会上谈到这种现状时仿拟了孟浩然的一首诗:"春眠不觉晓,上班想睡觉。夜来麻将声,进出知多少!"讲到这种局面持续下去的结果时,他又说:"白日依窗尽,工作泡汤流。饭碗端不住,老婆也发愁。"全场干部职工屏息静听,听完后发出一阵阵不自然的笑声,笑完后,都陷入沉思:这样下去确实不行。

——某群众得理不饶人,领导批评他说:"好嘛,坚持真理寸步不让啊!"

——美国洛克菲勒的一个伙伴在南美做生意,有一次损失了100万美元,洛克菲勒没有说他什么,反倒向他祝贺说:"你为公司保全了60%的投资,那够好的了。"

——前几天,我们参加一个客户公司的高层会议,会议期间,总经理让大家对项目提出意见,一位经理人站了出来,开始一连串的责问,甚至对公司高管个人提出非常尖锐的批评。坐在其中,我们真为他捏了一把汗,也不知道该怎样圆场。这时候,老总站起来说:"看,我们公司的表达气氛就是这样自由!我们的管理者就是因为对公司非常关注,所以对待组织发展的问题,心情迫切,这是一个好经理!"他坐下来之后,又很谦和地问提问者:"对于这些问题,你有怎样的建议呢?你希望我能帮你做什么?"这一来一去的应答就把一场批评的风波演化成了一个具有建设性的改进方案的讨论会。

——海尔集团美国分公司的管理者，将一些"毛毛熊"和"毛毛猪"摆在办公桌上。每次召开班前会，进行优秀员工点评时，对业绩突出的员工，管理者在公众场合说些赞扬的话，然后把"毛毛熊"摆在他的办公桌上，以示鼓励；对那些业绩平平的员工，讲评以后把"毛毛猪"摆在办公桌上，以示批评。这种幽默诙谐的方式比较为美国当地员工接受，从而保障了海尔国际化战略的成功实施。

（资料来源：中国人力资源开发网，http：//www. chinahrd. net）

——我认识一位经理，他脾气不好，每次都带着烦恼来我这。他说："我对工作从不含糊，向来是一丝不苟。因此，只要看到不负责或不满意的员工时，我就忍不住要发火。"有一次卖场渠道部出了差错，他很生气，当场就骂了起来："你们这些人真笨，企业聘用你们真是失策！"卖场部主管听了，心里十分不舒服。事后，这位经理自己也觉得不妥，不该骂得那么重，太冲动了。于是，他便马上采取补救措施。他把卖场部主管叫到办公室说："今天委屈你了，我脾气不好，请原谅。但是，卖场的工作一定要改善，我相信你能做好。"卖场部主管紧绷的脸当场就放松了，笑得特别灿烂。

——一位员工老出废品，而且这回已经是第四个了。他的车间主任这样对他说："好，进刀稳一点，继续来，没问题。"

这是一组反映批评艺术的案例。前五个为反映机关管理方面的，后五个为反映企业管理方面的。他们分别运用了化用诗词（例一和例四）、"三明治策略"（例二和例三）、反弹琵琶（例五、例六、例七和例十）、幽默批评（例八）和及时补救（例九）等批评方法。这些方法以人为本，以理服人，以尊重被批评者人格、不伤害他们的自尊为前提，都收到了很好的效果。俗话说："良药苦口利于病，忠言逆耳利于行。"但批评的艺术告诉我们：良药可以不苦口，忠言可以不逆耳。山东皇明集团董事长黄鸣先生说："批评要带着表扬的票。"此言不虚。

## （二）联系群众的注意事项

### 1. 不居高临下、盛气凌人

领导同群众打交道的过程中，最容易犯的错误是滥用权威心理。一是摆谱，拿架子，要"领导待遇"，群众不满足，就给脸色看；二是装腔作势，拿腔拿调，言不由衷，好像领导讲话就一定要"这个那个"，不能道真言，吐实情；三是口大气粗，或爆粗口，或骂人，或当众训斥下级，命令别人，好像不这样做就不是领导。这些都是政治上不成熟的表现，却被某些人拿来当外套，做"领导的标志"。这种人讲话，就会出现如习总书记所说的那种情况："与新锐群体说话，说不上去；与困难群众说话，说不下去；与老师尊长说话，说不过去……"

### 2. 不压制群众、打击报复

上下级关系是否和谐，主要取决于领导作风及领导精心营造的组织氛围。群众给领导提意见那是对领导最大的尊重和爱护；群众对领导有意见，是因为领导工作或组织管理存在问题。但是不会做群众工作的人却不会这样认为；他们一般认为这是群众跟领导过不去，是挑战领导或组织权威。所以他们多数时候是采取压服的态度，压而不服，爆发冲突时，他们就选择动用行政力量甚或更大的权威。也有的跟群众一般见识，寻机打击报复群众。其实，世界上"无不是的群众"，关键是看我们怎样做工作。

### 3. 不麻木不仁、漠不关心

"管理即服务"千真万确。领导听取群众的反映，了解群众的思想，熟悉群众的疾苦，帮助群众解决困难，这是领导的职责。只有这样，才可将各种矛盾和问题解决在基层，化解在萌芽状态。然而许多人对群众的意见，往往视而不见，听而不闻。当群众有问题、有困难找上门来时，他们认为那是群众给领导"添麻烦"，是群众"求领导办事"。经验告诉我们，谁对群众的利益麻木不仁，漠不关心，谁就会被群众抛弃。这就是你跟群众说话有心理障碍，群众爱理不理，或者很难从群众那里听到"真话"的原因。

### 4. 注重廉洁自律、调查研究

习近平告诫北大学生：当官就不要想发财、想发财就不要去做官。不仅如此，领导干部也不要随便接受群众的吃请和精神贿赂，包括不应该获得的恭维、称颂和荣誉称号。领导用人、做决策或讲话，为什么常常出错？往往是因为被蒙蔽，所以有空要多去基层和群众中做调查研究，特别是去较少联系领导的群众那里，跟他们交谈。

## 【案例讨论】
### 钱伯斯的用人之道

在一次新闻发布会上，美国思科系统公司总裁钱伯斯接受记者的现场采访。

记者问："作为公司的总裁，您对公司的业务应该非常了解，您能跟我们谈谈贵公司的主要业务吗？"钱伯斯摇摇头，说："对不起，这要问我的业务经理。公司业务方面的知识，我几乎是一窍不通！"

接下来，记者又问："您一定是位销售方面的专家，我很想听您谈一谈贵公司在销售方面有哪些秘诀。"钱伯斯还是摇摇头，说："对不起，这得问我的销售经理。销售方面的知识，我完全是一片空白！"

记者不甘心，又问："那您肯定是一位出色的管理专家，请您谈一谈管理方面的知识。"

钱伯斯依然摇摇头，说："对不起，这个问题得问副总裁，他才是管理方面的专家！"

记者们面面相觑。这时，钱伯斯说："大家可能觉得奇怪，作为公司的总裁，怎么可能什么都不知道？我现在就告诉大家，我确实什么都不知道！"

"那您每天的具体工作是什么？"

钱伯斯答："我的具体工作可多了。每天下午，我得去幼儿园给单身的业务经理接孩子，有时还得去药店给销售经理买胃药，或许还得给公司里的哪位员工准备生日蛋糕。就是到了深夜，也有忙不完的事，比如给还在加班的副总裁煮夜宵。"

会场传出一片唏嘘之声，有人小声地说："这哪是总裁呀，完全是一个勤杂工嘛！"

钱伯斯突然拍起了巴掌，说："你说得对，我就是一个勤杂工。并且还是这个世界上最出色的勤杂工！我可以不懂技术，不懂管理，不懂公司里的任何事情，但我不能不懂得如何照顾我的属下、我的员工！作为公司的总裁，只要做好了勤杂工，那么成功就非他莫属！"

[资料来源：陈雅玉．向国外名企总裁学用人之道．演讲与口才，2010（7）．节选]

讨论：1. 请思考钱伯斯话语的含义。
　　　2. 请探讨钱伯斯这样"照顾属下"的理论根据。

**【基本训练】**

### 双向交流模拟训练

阅读下面的材料，做领导与群众的双向交谈技巧训练：

黄建华是华胜电脑公司的总经理，他有一个习惯，经常会到下级的办公室看一看，了解情况。有一次他去市场部，发现小唐正在浏览不健康的网页。黄建华就把他喊到自己的办公室，说：

"最近公司的电脑网速很慢，可能是中毒了，你认为是什么原因？"小唐不好意思地说："对不起，黄总，我——"

"好了，你坐下吧。"黄建华接着说，"我不是专门针对你，其他人可能也有类似的情况。但公司给你配备电脑，是为了提高工作效率，如果用来聊QQ、看视频、下载不健康的东西，就可能中毒，导致公司的网络瘫痪，损失非常大。还有，电脑只是一个工具，不是万能的，它不会代替我们思考、处理跟同事与客户的关系。所以，要多花点时间跟同事、客户沟通，这样才会有创新，才会有业绩……"

小唐听了，深有感触，保证会好好使用电脑。

模拟训练要求：

1. 模拟故事中的总经理的口吻，改换为一种严厉的（机智的、风趣的、讽刺的、幽默的、无所谓的）口吻，设计一段话"总经理对小唐说……"，并评价它的表达效果。

2. 模拟故事中的小唐的口吻，跟总经理不好意思地（满不在乎地、很紧张地、没完没了地、语无伦次地）说，设计一段话"小唐对总经理说……"，并评价它的表达效果。

# 第八章　处理突发事件的口才

任何组织和个人都难免遭受突如其来的打击。面对突发事件，要求我们具有良好的危机管理能力，包括及时发布消息、应对媒体的穷追不舍等。危机管理能力是领袖的必备素质，是成功政治家的先决条件。从近年频发网络"雷人雷语"事件来看，一遇紧急事态，一些官员暂时忘了那套冠冕堂皇的"正确话语"，脱口而出的是那些摆不上台面的话。不是沉默不语，就是怒不可遏，或者傻笑呆答，结果可想而知。这从一个侧面说明领导干部迫切需要学习和掌握应急口才。

## 第一节　处理重大突发公共事件的口才

突发事件可分为突发公共事件和突发个人事件两类。突发公共事件，是指突然发生，造成重大人员伤亡、财产损失、生态环境灾难和严重社会危害，危及公共安全的紧急事件。突发个人事件，特指单位、部门或地区领导与管理者在应对突发公共事件或执行一般公务活动中（不含私人生活领域），突然遭遇的危及组织信誉和个人威信，造成不良社会后果和影响的重大打击和考验。2006 年 1 月 8 日国务院发布的《国家突发公共事件总体应急预案》，按照各类突发公共事件的性质、严重程度、可控性和影响范围等因素，将突发公共事件分为四级：特别重大、重大、较大和一般。

处理重大突发公共事件，事关国泰民安和社会稳定。以下我们结合当代一些重大国际国内事件的处理过程来看其中的经验教训。

### 一、反应迅速

北京著名的关键点传媒"危机公关 5S 原则"的第三条叫做"速度第一原则"。

在危机出现的最初 12～24 个小时内，消息会像病毒一样，以裂变方式高速传播。因此处于危机中心的当事人必须当机立断，快速反应，果决行动，与媒体和公众进行沟通，从而迅速控制事态，使其不扩大、不升级、不蔓延。危机发生后，反应是否迅速，是控制事态、处理危机的关键。

**【案例8-1】**

### 万隆国际会议上的周恩来

万隆会议是1955年4月18—24日，亚非29个国家代表在印度尼西亚万隆举行的亚非各国自己的国际会议，又称第一次亚非会议。中国由国务院总理周恩来任团长率团与会，随行成员还有国务院副总理陈毅、驻印尼大使黄镇及其夫人朱霖等。万隆会议召开之际，美国正在对中国进行围堵，企图将新中国扼杀在摇篮之中。在参加会议的29个国家中，只有6个国家同新中国建立了外交关系。而美国"希望根本就不要召开万隆会议"，攻击中国要"夺取亚非世界的领导权"，同时还用经济援助的幌子吸引亚非国家的注意力。所以会议一开始就充满了危机。

会议前两天一般性发言，总体上还是倾向于亲善和合作的。但就在第一天会议快要结束时，伊拉克外交大臣贾马利开始攻击共产主义。他声称共产党已经创造了一种"新式殖民主义"，并号召非共产党国家认真对待共产主义危险的严重性。贾马利的发言犹如向平静的湖面投下了一块巨石，瞬间激起了轩然大波。

第二天，大会公开发言形势继续急剧恶化。面对会议可能走上歧途的危险，周恩来总理当即决定将原来准备的发言稿改为书面散发，而作即席补充发言稿。他利用19日中午的休息时间，亲自赶写了补充发言。下午4时45分，轮到周总理讲话时，刚才还有人低声议论的会场一下子变得鸦雀无声，连会议的工作人员都站满了过道。周总理一开始讲话，很多人马上奋笔疾书——

"主席，各位代表：

我的主要发言现在印发给大家了。在听到了许多代表团团长的一些发言之后，我愿补充说几句话……"

除了施以应有的称呼礼节外，周总理的演讲开宗明义：

"中国代表团是来求团结而不是来吵架的。"

此句一出，先前紧张的会场气氛一下子松弛了下来。

"中国代表团是来求同而不是来立异的。"

演讲继续。周恩来以他巧妙的语言既申述了中国的立场，又给与会者留下了一种自我克制、通情达理的印象。

"中国古话说'己所不欲，勿施于人'，我们反对外来干涉。"

"中国俗语说'百闻不如一见'，欢迎大家到中国参观访问。"

从 4 时 45 分至 5 时 03 分，补充发言用时 18 分钟。

话音刚落，代表们不约而同地露出了轻松愉快的笑容，全场爆发出热烈的掌声。印度尼西亚、印度、缅甸三国总理等纷纷离座，争相同周总理握手。就连之前态度一直非常强硬的菲律宾外长罗慕洛都高度评价周总理的讲话是"出色的、和解的，表示了民主精神"。

两天的公开发言结束之后，会议进入秘密阶段。这个阶段，锡兰总理科特拉瓦拉充当了第二次进攻的号手，当时锡兰的反共立场非常极端和强硬。他直截了当地说：台湾应成为一个独立国家，并建议将台湾置于联合国或者亚洲国家的共同托管之下。在随后举行的会议上，科特拉瓦拉又公然提出要像反对西方殖民主义一样反对苏联殖民主义。但是第二天，当科特拉瓦拉一改前一天语调，委婉地说他昨天的发言无意把会议引向分裂时，人们疑惑了。为什么他一夜之间在语气上发生了这么明显的变化呢？人们注意到，在前一天下午的会议结束后，过了很长一段时间，周恩来和科特拉瓦拉才从会议室里并肩走出来。随后周恩来发言称，自己和科特拉瓦拉已经在私下通过交谈彼此取得了谅解，虽然他无法同意科特拉瓦拉新式殖民主义的解释，但他赞赏科特拉瓦拉积极的精神。

随后中立国家与亲西方的国家为中立和结盟问题又吵得不可开交。在这个过程中，周恩来几乎一言未发，但其实他是在冷眼观察，等候时机。当中立国领导人印度总理尼赫鲁被亲西方国家攻击得异常愤怒时，周恩来不失时机地站了出来，灵巧地避开争论，重申求同存异的主导思想，宽宏大量地建议把有人不喜欢的共处改为联合国宪章中的和平共处，将 5 项原则改为 7 项原则。周恩来充满和解精神的讲话再次平息了争论。

万隆会议最终一致通过了包括经济合作、文化合作、人权和自决、附属地人民问题和关于促进世界和平和合作宣言等部分的《亚非会议最后公报》，确定了指导国际关系的 10 项原则。会议号召亚非各国团结一致、和平相处、友好合作、共同反对帝国主义与殖民主义，被称为万隆精神。

据统计，从 1955 年 4 月 18 日到 24 日，万隆会议一共持续了 7 天，而周总理只休息了 13 个小时，平均每天睡眠不到两个小时。7 天，他一共出席各种会议 16 次，接见各国代表 15 起，参加宴请 15 场，每天平均活动 6 起之多。有时候，一晚上安排两场宴请，6 时一场，11 时还有一场。

（资料来源：凤凰资讯，1955 年万隆会议：周恩来三次力挽狂澜，http：//news. ifeng. com）

早在万隆会议召开前夕，美国著名的冷战骑士、时任美国国务卿的杜勒斯，就在致驻外使领馆电报中说，"中共可能会把（万隆）会议当做宣传场所，可能会制造出一种共产党和非共产党的亚洲和非洲国家团结的表象，以及亚洲和非洲的非共产党国家与西方不在一个阵营的表象"；"周恩来具有掌控会议和利用其他人达到自己目的的可怕能力"。美国没有资格参加万隆会议，却派出了一个庞大的"代表团"：一个由近70人组成的"记者团"。其中有许多人昨天还是国会议员、国务院官员，却摇身一变成了记者。美国寄希望于亲美国家代表，希望他们在会议期间引起无休止的争论，使会议无果而终。

有人将周恩来总理在万隆会议上的杰出表现归纳为"三次力挽狂澜"：第一次，伊拉克代表首先发难，周总理发言掷地有声；第二次，锡兰总理节外生枝，周总理机智巧避锋芒；第三次，中立国与结盟国激烈交锋，周总理选择时机后发制人。还在万隆会议酝酿时，周总理就在日内瓦会议休会期间闪电般地访问了印度和缅甸。万隆会议开幕前夕，他不是直飞万隆，而是特地绕道去缅甸同尼赫鲁等人再次会晤，正式达成中立主义国家与社会主义国家在亚非会议上合作的君子协定，为以后亚非会议的顺利开展奠定了良好的基础。在赴印尼出席万隆会议之前，周恩来又为中国代表团制定了战略方针：在妥协中坚持原则，在和解中达到目的。

周总理娴熟老道的政治智慧，表现为一个鲜明的特征：反应迅速。凡事提前预判，未雨绸缪，把准备工作做在前头，这样才能做到胸有成竹，从容不迫，临危不惧，遇事不慌；在特别紧要的关头，才能不负众望，不辱使命，一次次拨开乌云见太阳，将波诡云谲的局面引向有利于自己的方向。周总理在万隆会议上赢得的外交胜利，不仅有效地争取了亚非国家的同情与支持，而且还打破了中国所处的外交僵局。整个20世纪50年代的世界外交舞台似乎专为周恩来而设。1954年日内瓦会议，周恩来"舌战群儒"，"赢得了外交舞台第一流人物的地位"。1955年，在躲过克什米尔公主号暗杀事件后，周恩来不畏艰险出席万隆会议，再次淋漓尽致地发挥了折冲樽俎、协和万邦的外交艺术。由此可见，敏感性是政治家的生命。

## 二、充分利用联动机制

危机处理最讲究系统运作，以冷对热，以静制动，统一部署，统一行动，防止打乱仗。为此，《国家突发公共事件总体应急预案》确立了"快速反应，协同应对"的工作原则，强调"形成统一指挥、反应灵敏、功能齐全、协调有序、运转高效的应急管理机制"的重要性。

【案例 8 - 2】
### "9·11 事件"中的美国政府和总统

"9·11 事件"又称"9·11 恐怖袭击事件"、"美国 9·11 事件"等，指的是美国东部时间 2001 年 9 月 11 日上午（北京时间 9 月 11 日晚上）恐怖分子劫持 4 架民航客机撞击美国纽约世界贸易中心（双子塔）和华盛顿五角大楼的历史事件。下面是事件的回放——

飞机撞向大楼的时间

上午 8 时 46 分 40 秒：美国航空公司 11 次航班（一架满载燃料的波音 767 飞机）以大约每小时 490 英里的速度撞向世界贸易中心北楼（WTC1），撞击位置为大楼北方 94 至 98 层之间。

上午 8 时 50 分：东北防空司令部（NEADS）得知有一架"小型飞机"撞入世界贸易中心。

上午 8 时 50 分—54 分：美国航空公司 77 次航班正被劫持。

上午 9 时 02 分 54 秒：美国联合航空 175 次航班（另一架满载燃油的波音 767 飞机）以大约每小时 590 英里的时速撞入世界贸易中心南楼（WTC2）78 至 84 层处，并引起巨大爆炸。

事件中的美国总统

上午 9 时 24 分：正在佛罗里达州一所小学教室参观的美国总统乔治·布什接到第二架飞机撞击世贸大楼的消息。他在该堂课结束后立即在学校的另一个教室发布了一段简短的讲话宣称：美国正遭到恐怖分子袭击，美国政府将对飞机失事原因展开全面调查。另外他称事件是"国家的悲剧"。

上午 9 时 57 分：总统布什离开佛罗里达州。

上午 10 时 39 分：美国总统布什发布命令，在紧急情况下，空军可以击落任何有可能进行袭击的飞机。

大约中午 12 时 00 分：美国总统乔治·布什抵达位于路易斯安那州的巴克斯达尔空军基地。他原本访问佛罗里达州萨拉索市讨论有关教育政策问题，按原计划此时应已经返回华盛顿。他发表了一个简短的非正式声明，称无法容忍在美国本土的恐怖袭击事件，又说"自由已经遭到袭击，但它会最终得到保护"。

下午 1 时 04 分：美国总统布什在巴克斯达尔空军基地宣布全球美军进入高度戒备状态，随后前往位于内布拉斯加州的战略空军指挥部。

下午6时54分：美国总统布什抵达白宫。

晚上8时30分：美国总统布什在白宫向全国发表电视讲话。他在演说中称，"恐怖主义攻击可以动摇我们最大建筑物的地基，但无法触及美国的基础。这些恐怖行动摧毁了钢铁，但丝毫不能削弱美国钢铁般的坚强决心。"这个电视讲话也使小布什总统的民众支持率达到他8年任期的最高峰，高达百分之八十九点五八。

晚上9时00分：美国总统布什会见国家安全会议全体成员，半小时后又与高级顾问们会面。布什与同僚们认定本·拉登是事件的幕后主使。

（资料来源：百度百科，"9·11事件"，http：//baike. baidu. com）

### 事件中的美国政府和五角大楼（国防部）

上午9时45分：美国关闭其领空，禁止任何民航班机起飞，所有在飞行的班机必须立即在距离最近的机场降落，所有飞往美国的航班即刻改飞加拿大。之后，FAA（美国联邦航空管理局）宣布禁飞令至少会持续到2001年9月12日午后。禁飞令最终持续到2001年9月14日，此间只有军事及救援飞机被允许起飞。这次是美国历史上第四次停止所有在美商业航班的运作，并且是唯一一次未经计划的紧急措施。在此之前都只是因国防需要而停飞所有飞机。

上午9时45分：白宫与美国国会山关闭，周围地段戒严。

上午10时53分：纽约市暂时取消市长选举活动。

上午11时55分：美国与墨西哥的边境处于高度戒备状态。

中午12时16分：美国48个州的机场停止所有商业与私人航班。

下午1时27分：哥伦比亚特区宣布进入紧急状态。

下午4时25分：纽约证券交易所及美国证券交易所宣布9月12日星期三闭市一天。

### 事件中的媒体

上午8时49分：美国有线电视新闻网（CNN）开始现场直播世界贸易中心情况，这是全世界第一个新闻媒体报道有关袭击事件。

上午9时50分：美联社报道美国航空公司11次航班事实上在起飞后就被劫持。一个小时内美国航空公司11次航班与联合航空175次航班被劫持的消息得到确认。

上午9时59分04秒：世界贸易中心南楼倒塌。通过电视台的现场直播，全球亿万观众目睹了大楼的坍塌。

上午10时45分：CNN报道华盛顿与纽约市已经开始进行全面疏散工作。

下午 4 时 00 分：媒体引述联邦情报机构高级官员的分析，认为本·拉登是最有可能发动袭击的人。

## 美国的后续动作

美国政府在事件发生后立即秘密拘留、逮捕、盘问了至少 1 200 人，大多数是非美国公民的阿拉伯或穆斯林男子。美国司法部也查问了 5 000 名来自中东的男子。政府后来承认，当中只有 10 到 15 人与基地组织有关，但是无人牵涉"9·11 事件"。事后有 500 人因触犯移民条例而被监禁，70 名以色列人因违反旅游观光签证而被拘留。国会通过了 400 亿美元紧急拨款，还有大约 200 亿美元拨款用于航空公司补助。多部被指责为侵犯人身自由，为政府监视民众提供便利的法律也获得通过。10 月 10 日，联邦调查局公布了"FBI 恐怖分子通缉令"名单。

美国政府在事件发生后宣布将会对发动袭击的恐怖分子以及保护他们的国家发动军事报复。第一个打击目标就是阿富汗塔利班政权，理由是他们拒绝交出头号嫌犯本·拉登。有传闻称伊拉克也卷入袭击事件。美国政府事后承认，"9·11 事件"当晚白宫就已经决定要更换伊拉克政权——虽然没有任何证据显示在宗教上较为开放的伊拉克萨达姆政权到底与信奉伊斯兰原教旨主义的基地组织之间是否有任何联系。

"9·11 事件"后 6 个月，世贸遗址上的 150 万吨瓦砾才被完全清理干净，救援人员继续在地底下进行清理工作。

2002 年 5 月底，举行了宣布清理工作正式结束的仪式。2003 年 7 月，一个国会联合调查组结束调查工作。调查报告称美国政府应该可以更好地预防事件的发生，如在更好地利用所收集到的情报及国防系统对袭击事件所采取的行动方面依然有改进空间，但是没有一名官员为此事件引咎辞职。此事件也导致美国新一轮军费开支的大幅度增加。

（资料来源：360 百科，"9·11 事件"，http：//baike.so.com）

## 布什回忆录（片段）

我的第一反应就是愤怒。竟然有人胆敢袭击美国。他们一定会为此付出代价。之后，我看着面前的孩子们那一张张无辜的面孔，这些无辜的孩子与那些残忍的袭击者形成了鲜明的对比。数百万像这些孩子一样的人们需要依靠我来保护他们。那时，我下定决心绝不会让他们失望。

我看到教室后边有一些记者正在通过手机和寻呼机查看新闻。这时，本能告诉我，我的一切反应都会被记录下来，并传播到世界各个角落。整个国家可以陷入震惊，但总统不能。如果我暴跳如雷的话，会吓到孩子们，而且也会使得整个国家陷入恐慌。

阅读课还在继续，但是我的思绪早已飞离教室。谁会干出这样恶毒的行径？造成的损失有多严重？政府需要做些什么呢？

新闻秘书阿里·弗莱彻站在了我和记者中间，他举起了一个牌子，上面写着：先什么都不要说。我也没打算说什么，当时我已经想好接下来要怎么做。课程结束后，我会平静地离开教室，去了解事实真相，之后向全国人民发表讲话。

在安迪进入教室7分钟后，我回到了之前的房间，有人在那里放置了一台电视机。当电视机用慢动作重放第二架飞机冲撞世贸中心南侧大楼的片段时，我看得心惊肉跳。现场出现了巨大的火球和滚滚的浓烟，情况比我预想的要更加糟糕。美国人震惊了，我需要立即发表电视演讲。我迅速地写出了我的演讲稿。我要向美国人民保证，政府正在采取应对措施，并且我们一定会把袭击者绳之以法。之后，我希望自己尽快返回华盛顿。

"女士们，先生们，此刻对于美国是一个艰难的时刻，"我开始说道，"……两架飞机撞上了世贸中心，这很明显是一起针对美国的恐怖主义袭击。"那些电视前的家长们和社区成员们听到这一席话倒吸了一口气，因为他们本以为这是一次关于教育问题的讲话。"针对美国的恐怖主义行径是不会得逞的。"我接着说道。在演讲结束时，我提议为殉难者默哀。

（资料来源：［美］乔治·沃克·布什. 抉择时刻. 东西网译. 北京：中信出版社，2011. 节选）

"9·11事件"是继第二次世界大战期间珍珠港事件后，美国历史上遭受的第二次重大伤亡袭击。包括美国纽约地标性建筑世界贸易中心（双子塔）在内的6座建筑被完全摧毁，其他23座高层建筑遭到破坏，美国国防部总部所在地五角大楼也遭到袭击。事件中共有2 998人遇难，其中2 974人被官方证实死亡，另外还有24人下落不明。遇难人员名单中包括：四架飞机上的全部乘客共246人，世贸中心2 603人，五角大楼125人。共有411名救援人员在事件中殉职。事发现场的清理工作持续到次年年中。"9·11事件"令美国和全世界感到恐惧，同声敌忾反对类似事件再次发生，全球各地也纷纷举行了各种悼念活动。美国政府对此次事件的谴责和立场也受到大多数国家的同情与支持，该事件也导致了此后国际范围内的多国合作反恐怖行动。

处理像"9·11"这样一场特别重大的公共突发事件，无论对于哪国政府或首脑，都是一个极其重大的挑战和严峻的考验。对此，美国政府及国家元首表现如何？博得头筹的是媒体：当上午8时46分40秒，第一架飞机撞向世贸大楼后的第3分钟，也即8时49分，美国有线电视新闻网就有了世贸中心大楼遭受撞击的现场直播（正是这个现场直播，让全世界得以目睹美国遭受袭击的那一刻的恐怖画面）。第二是总统：事件发生后的第 38 分钟，也即上午9：24 分，正在佛罗里达州一所小学教室参观的美国总统乔治·布什立即在另一个教室发布简短讲话，称美国正遭到恐怖分子袭击。59 分钟（上午 9：45），关闭领空，白宫与国会山实行戒严；113 分钟（上午 10：39），总统发布命令，空军可以击落任何有可能进行袭击的飞机；119 分钟（上午 10：45），华盛顿与纽约市全面疏散；3 小时 16 分钟（中午 12：00），总统发表非正式声明，称无法容忍在美国本土的恐怖袭击；11 小时 46 分钟（晚上 20：30），总统发表全国电视讲话；12 小时 16 分钟（晚上 21：00），总统与同僚们认定事件的幕后主谋是本·拉登……

除了许多鲜为人知的内幕和细节外，单就我们所能看到的媒体公开报道的一面而言，美国政府和国家元首交出的这份"成绩单"，给人的最大感觉是，美国处理重大公共突发事件的国家联动机制用得好。当事件发生的第一时间及在以后的一系列应对过程中，对事件可能引发的任何悲剧性后果具有决定性管控作用的力量——国家首脑、政府及属下、公共媒体等，立即投入战斗，发挥作用。各就各位，各安其分，上下联动，内外沟通，横向协调，全国就像一架高度自动化应急机器或一位训练有素的安全专业人员一样，反应迅速，应对及时，并表现得异常坚毅、果敢和从容。

"9·11 事件"的应对处理工作尘埃落定以后，虽然一个由美国国会联合调查组历经两年完成的调查报告称，美国政府及其属下国防系统"对袭击事件所采取的行动方面依然有改进空间"，但是"没有一名官员为事件引咎辞职"，这本身就是对自己最大的肯定。

## 三、最好有预案

《国家突发公共事件总体应急预案》的另一条重要工作原则是"居安思危，预防为主"。任何组织和部门，都要高度重视公共安全工作，坚持预防与应急相结合，常态与非常态相结合，做好应对突发公共事件的各项准备工作。为此，国家层面、地方及各行业、部门，都应该有自己的应急预案。就是举办大型会展和文化体育等重大活动，主办单位也应当制定应急预案，努力"做到早发现、早报告、早处置"。

【案例8-3】

## 中国派代表团出席第26届联合国大会前夜

一

1971年10月25日晚（北京时间10月26日），第26届联合国大会（简称"联大"）第1976次会议，以76票赞成、35票反对、17票弃权，通过了由阿尔巴尼亚和阿尔及利亚等23个国家提出的"关于恢复中华人民共和国在联合国的合法席位"的第2758号决议。

10月27日早晨，外交部党委开会，就答复联合国秘书长吴丹的来电进行了研究。会议一致同意暂不派代表团去联大，并决定立即写报告，请示中央。

10月27日晚9点，周恩来、叶剑英、姬鹏飞、乔冠华、熊向晖、章文晋等人一起来到毛泽东的住处。

大家进屋后，坐在沙发上的毛泽东满面笑容地指指在美国出生的唐闻生说："小唐呀！密斯南希·唐，你的国家失败了呀，看你怎么办哪。"说完，大家都笑了起来。

随即，毛泽东又问："恩来啊，你们讨论得怎么样了？是去还是不去？怎么去？派谁去？"

"报告主席，同志们争论得比较热烈，但大家顾虑重重，党组的意见是暂不派团去……"

不等总理讲完，毛泽东就笑着打断说："要去。为什么不去？马上就组团去。这是非洲黑人兄弟把我们抬进去的，不去就脱离群众了。我过去讲过，不急于进联合国，那是老皇历喽，现在不算数了。"

接着，周恩来又说："我们刚才开过会，都认为这次联大解决得干脆、彻底，没有留下后遗症。只是我们毫无准备。我们临时想了个主意，让熊向晖带几个人先去联合国，作为先遣人员，就地了解情况，进行准备。"

话音刚落，毛泽东就说："那倒不必喽！联合国秘书长不是来电报了吗？我们要派代表团去。让乔老爷当团长……派谁参加安理会，你们再研究。"

周恩来回答说："就让黄华当副团长，留在联合国当常驻安理会的代表。"

毛泽东说："黄华到加拿大当大使还不到4个月，现在就调走，人家可能不高兴咧。"

周恩来很有把握地说："做做工作，加拿大政府会理解的。"

毛泽东马上说："好！那就这么办。"

二

沉默一会儿后，毛泽东说："今年有两大胜利，一个是林彪，一个是联合国。这两大胜利，我都没有想到。林彪搞鬼，我有觉察，就是没有想到他跑外国，更没有想到他坐的那架三叉戟飞机，摔在外蒙古，折戟沉沙。对联合国，我的护士长吴旭君是专家。她对阿尔巴尼亚那些国家的提案有研究。这些日子她常常对我说，联合国能通过。我说，通不过。她说，能；我说，不能。你们看，还是她说对了。"随即，毛泽东又风趣地说："我对美国的那根指挥棒，还有那么多的迷信呢。"大家又是一阵欢笑。

随后，毛泽东又意味深长地说："毫无准备怎么办？我讲过，不打无准备之仗。但我也讲过，在战争中学习战争。现在请总理挂帅，抓紧准备，最重要的是在联合国大会的第一篇发言。1950 年，我们还是'花果山时代'，你（指乔冠华）跟伍修权去了趟联合国。伍修权在安理会的讲话，题目叫做'控诉美国武装侵略中国领土台湾'。控诉就是告状，告'玉皇大帝'的状。那个时候'玉皇大帝'神气十足，不把我们放在眼里。现在不同了，'玉皇大帝'也要光临'花果山'了。这次你们去，不是去告状，也不是去跟美国吵架，而是去伸张正义，长世界人民的志气，灭超级大国的威风。给反对外来干涉、侵略、控制的国家呐喊声援。第一篇发言就要讲出这个气概。"

接着，毛泽东又提醒大家说："不要被胜利冲昏头脑。今年联合国打的这一胜仗，主要是我们的各国朋友帮我们打的。我们没有理由翘尾巴……你们去联合国，困难很多，要'以勇为本'，更要注意'为将当有怯弱时'。代表团长就是'将'，不要被胜利冲昏头脑。"同时，毛泽东还说："谨慎不是谨小慎微。看准了的，该说就说，该做就做。要求把一切都调查清楚再说话，那就永远不能说话，永远不能办事。了解到主要情况、本质情况，就可以作出判断，就应该下决心。送你们两句话，一句是我写的：没有调查就没有发言权；另一句是田家英帮我写的：虚心使人进步，骄傲使人落后。"

最后，毛泽东说："不入虎穴，焉得虎子。我们和美国对骂了 20 多年，彼此早已形成隔阂，互不来往，互相戒备，互相敌视。现在突然有个去纽约的机会，要派代表团到美国的心脏里去，到不受欢迎的敌对国家里去开展多边工作。这不仅会使去的人心有余悸，不去的人也为之担忧和顾虑。恩来你马上发电报给黄镇的助手，让他转告基辛格，我们的代表团在美国期间，美国政府必须保证安全。如果出了问题，唯美国政府是问。明天代表团出发，在北京的政治局委员、候补委员，党政军各部门负责人，再加上几千名群众，到机场欢送，要大张旗鼓地热烈欢送。也通知外国使馆，去不去由他们自己决定。"

根据毛泽东的这一指示，很快由外交部核心组提名，经中央批准：任命外交部副部长乔冠华为中华人民共和国出席联合国第 26 届大会代表团团长，副团长为黄华，代表有符浩、熊向晖、陈楚，副代表为唐明照、安致远、王海容、邢松鹫、张永宽。同时黄华还被任命为中国常驻联合国安全理事会代表，陈楚为副代表。

三

11月15日下午3点40分左右，美国纽约，联合国总部，大会主席马利克宣布，请中国代表团团长乔冠华先生发言，顿时会场上鸦雀无声。在乔冠华精神抖擞地走上讲台，站在讲台上恭敬地向下点头示意时，会场上爆发出了热烈的掌声。正在这时，一位女职员端上一杯冷水送到了讲台上。乔冠华微笑地向送水人致谢后，顺手端起杯子喝了口水，便开始宣读由毛泽东授意、经周恩来审定的讲话稿。

他在发言中特别强调："联合国的事，要由参加联合国的所有国家共同来管，不允许超级大国操纵和垄断。中国现在不做、将来也永远不做侵略、颠覆、控制、干涉和欺负别人的超级大国。"我们主张"联合国应当在维护国际和平、反对侵略和干涉、发展各国之间的友好合作关系方面发挥应有的作用"。我们"将同一切爱好和平、主持正义的国家和人民站在一起，为维护各国的民族独立和国家主权，为维护国际和平、促进人类进步事业而共同努力……"

乔冠华还狠批了美帝和苏修两个超级大国的霸权主义行径。发言语惊四座。在场的美国代表乔治·布什态度镇静，任凭批评，不动声色。而苏联代表马力克则不然，他在座位上和同伴们不时地交头接耳。

乔冠华45分钟的发言结束后，便从容地回到了自己的座位上，还没等他坐稳，一些友好国家代表团团长就纷纷前来与他握手祝贺。乔冠华在答谢完各国代表的祝贺后，又同中国代表团成员打过招呼，便起身走向大厅的休息室。这时，程远行和徐炘熹因担心乔冠华的身体，也从大厅走了出来，关心地问："怎么样？"乔冠华干脆地回答说："没问题！"随后，乔冠华高兴地说："咱们这台戏算是开始了！"接着，程远行又问："为什么先喝一口水。"乔冠华笑着说："有水就喝，挺好喝的。不能让人家白送水呀。"程远行知道乔冠华一生酷爱茅台酒，便开玩笑地说："不会是把水当茅台了吧！"说完，三个人一起笑了起来。

这天的发言一直持续到了下午6点，共有57个国家的代表致了欢迎辞。匈牙利代表还专门用中文读了致辞。《纽约时报》刊登了乔冠华讲话的全文。法新社评论称："乔的严厉的讲话使人毫不怀疑，无论是中国人民进入这个世界组织，还是尼克松总统即将对中国的访问，都不会使北京改变它在重大问题上的政策。"共同社评论称："这一展示基本方针的演说，是不折不扣的在联合国历史上最重要的演说之一，它的意义和反应将迅速涉及地球上的一切地区。这篇演说阐明了以毛泽东思想为基础的中国国际政策，坦率地表明了中国的原则立场，明确地表示了中国作为中小国家的代表对超级大国垄断联合国的局面进行挑战的姿态。"而基辛格很吃惊地说："中国人什么东西都不会浪费掉的。我在公报草稿中删掉的那些有争论的话，几乎全都写进了联合国的初次发言中。"

12 月 18 日，中国第 26 届联大代表团团长乔冠华，代表符浩、熊向晖，副代表王海容和代表团部分随行人员，在完成本届联大工作任务后，乘机离开纽约。12 月 22 日，乔冠华一行抵达北京。按照毛泽东的指示，周恩来、叶剑英、李先念、李德生、郭沫若、周建人、阿沛·阿旺晋美、华国锋、耿飚、吴德等党政领导和首都群众及各国驻华使节 4 000 多人来到机场欢迎，出迎规格之高、人数之多，是乔冠华等人万万没有想到的。更为意外的是外交部礼宾司还特意安排了回国代表团成员的家人到机场迎接，这是中国外交史上一次史无前例的破例。

（资料来源：新浪新闻中心，第 26 届联合国大会前的中国外交，http：// book. sina. com. cn）

自 1945 年 10 月 24 日联合国成立，中国就是联合国安理会 5 个常任理事国之一。中华人民共和国成立后，就一直致力于争取在联合国的合法席位。直到 1971 年 10 月 25 日（北京时间 10 月 26 日），联合国第 26 届大会表决通过第 2758 号决议，这场旷日持久的博弈才宣告结束。

早在 1971 年 7 月 9 日至 11 日，美国国家安全事务助理基辛格秘密访华，他在与周恩来会谈中说："尼克松已经决定，美国今年将支持中华人民共和国取得联合国安理会席位，但不同意从联合国驱逐台湾。"周恩来当即义正词严地说："你们要在联合国制造'两个中国'，中国政府坚决反对，一定公开批驳。"随后，周恩来又把基辛格的话向毛泽东作了汇报。毛泽东听后说："我们绝不上'两个中国'的'贼船'。不进联合国，中国照样生存，照样发展。我们下定决心，不管是喜鹊叫还是乌鸦叫，今年不进联合国。"

但第 26 届联大表决通过了决议，联合国秘书长吴丹还发来贺电，邀请中国政府立即派代表团出席此次联大后半部分会议。正巧这天晚上周恩来与基辛格在为尼克松来华访问的公报内容举行商谈，直到第二天早晨 8 点才结束。联大表决结果传到中国，周恩来在钓鱼台与基辛格话别时，悄悄地将这一消息告诉了乔冠华。为了不使基辛格难堪，周恩来没有把第 2758 号决议的结果告诉基辛格。周恩来只是用英语对基辛格说："博士，欢迎你很快回来共享会谈的愉快！"基辛格踌躇满志地说："我希望，我不用很久就有此机会。"随后，叶剑英和乔冠华等负责到首都机场为基辛格送行。"空军一号"起飞不久，机上的译电员就给基辛格送来一份刚刚收到的电报。电文写道：联大刚才已经以76 票对 35 票接纳中国并驱逐台湾。刚才脸上还挂着笑容的基辛格立刻苦笑着说："我的话应验了，光是中美接近就会使国际形势产生革命性变化——连我自己对此也认识不足。但我没想到事情会来得这么快。"

新中国外交政策经过毛泽东与周恩来的及时调整，其生命力开始显现。仅1971 年，中国就与尼日利亚、科威特、喀麦隆、奥地利等 15 个国家建交，是新中国成立 22 年来建交国最多的一年。截至 1971 年底，中国先后与世界 76个国家建立外交关系。有趣的是，第 26 届联大赞成给予中华人民共和国合法席位的票数也正好是 76 张。[①]

看似突如其来的胜利，实际是有其必然性的。试想，如果没有毛泽东审时度势，当机立断，改变初衷，决定派代表团前往联合国参会，哪里会有 11 月11 日中华人民共和国代表团在第 26 届联大会议上的闪亮登场？如果没有中南海游泳池的齐聚一堂，挑灯夜战，紧急会商，毛泽东的亲自授意、周恩来的亲自审稿，哪来 11 月 15 日乔冠华代表中国政府在联大会议上的一鸣惊人？这些本不寻常的历史细节背后，实际上蕴藏着老一辈革命家们"运筹帷幄，决胜千里"的娴熟的政治智慧。正如毛泽东在他自己的《论持久战》中所说："'凡事预则立，不预则废'，没有事先的计划和准备，就不能获得战争的胜利。"南怀瑾《论语别裁》也说：所谓"诸葛一生唯谨慎，吕端大事不糊涂"。这是一副名联，也是很好的格言。吕端是宋朝名宰相，看起来笨笨的，其实并不笨，这是他的修养；在处理大事、遇到重大问题关键时刻，他是决不马虎的。处理重大突发公共事件，就是打一场没有硝烟的战争，行动前要有决策。重大行动前集体的、审慎的、周密的决策，有利于我们牢牢地把握战争的主动权，这也就是所谓"不打无准备之仗"的精义所在。

## 四、信息发布与管理要讲究

危机管理原理告诉我们，危机处理过程中，信息、信源、受众想法与知情权、坦诚沟通等因素非常重要。为此，《国家突发公共事件总体应急预案》"3.4 信息发布"规定："突发公共事件的信息发布应当及时、准确、客观、全面。事件发生的第一时间要向社会发布简要信息，随后发布初步核实情况、政府应对措施和公众防范措施等，并根据事件处置情况做好后续发布工作。信息发布形式主要包括授权发布、散发新闻稿、组织报道、接受记者采访、举行

---

① 孔东梅. 改变世界的日子：与王海容谈毛泽东外交往事. 北京：中央文献出版社，2006.

新闻发布会等。"

【案例 8 - 4】

### 近年国内网络"雷人雷语"事件系列

"你是准备替党说话，还是准备替老百姓说话？"

郑州市有一块经济适用房用地被开发商建起连体别墅和楼中楼。2009 年 6 月 17 日，面对记者提问，郑州市规划局副局长逯军不愿正面回答而是反问记者：

"你是准备替党说话，还是准备替老百姓说话？"

逯军后因此事件被免职。"逯军事件"引起各方舆论激烈争论。

郑州市委组织部官员认为，逯军此言属个人言行，组织部管不了，国家也有公民言论自由规定。

复旦大学社会学教授于海认为，"替谁说话"的问题，真实反映出部分官员心里只有部门甚至个人私利。

人民网评论，逯副局长是在拿党和政府当自己的挡箭牌，是在"逼迫"党和政府替他的不当行为背黑锅。

《扬子晚报》认为，逯副局长这番话更像是逯副局长的真情流露。他的话隐含着一个赤裸裸的权力逻辑，潜台词并非要求记者"替党说话"，而是要求记者"替他说话"。

（资料来源：星岛环球网，2009 年度官员雷人语录，http：//news. stnn. cc）

### "你是不是党员"

话说（2009 年）11 月 4 日，郑州一都市报刊登了一篇调查稿《"养犬办"被指只管收钱不管事》。文中记者就 1 200 万元的养犬管理费的去向，采访了郑州市养犬办负责人王平，希望公布相关账目。王平让记者去问财政局。记者通过郑州市财政局办公室联系上了该局预算外资金管理局城建处处长王冠旗。王冠旗对采访记者发出质问：

"你是不是党员？"

"如果你要采访这笔费用的开支，就必须获得我们局党委和新闻发言人的批准！办公室让你直接采访我是违反规定的！"

事情一经公开，"你是不是党员"这句话，竟成了新的网络流行语，在网友和市民中引发热议。

有网友评论，天哪，难道"养犬办"的信息只向党员公开？这位处长连点常识都不懂——你们手里所有的钱，都是纳税人的钱，而纳税人并非都是党员，非党员纳税人通过记者去了解自己的钱花在哪儿了，不但是天经地义的事，更是国家法律的授权。

网友发帖诘问："记者采访权是法律赋予的，难道你们党委和新闻发言人的权力比法律更大？"

（资料来源：南方周末，你是不是党员，http：//www. infzm. com）

### "要去就去（跳）五楼"

2009 年 12 月初，有媒体报道，在河北省承德市牛圈子沟镇，66 岁的村民王秀珍因拆迁补偿问题前往镇政府寻求帮助，偶遇镇党委书记史国忠，对方以开会没时间、不熟悉情况为由回避。

王秀珍哭诉说："要我去跳楼啊！"

史国忠说："这我管不了，一楼二楼别去啊，要去就去（跳）五楼。"说完，甩手离开。

事发引起河北省承德市双桥区领导的高度重视，立即着手调查。调查情况属实后，8 日召开双桥区委常委会，作出免去史国忠镇党委书记职务决定，并要求全区党员干部接受教训，更加关注民生，带着感情做好群众工作。

（资料来源：人民网，承德某乡镇书记："要跳楼就去五楼" 已被免职，http：//politics. people. com. cn）

三个案例都是"案中案"。第一个案例：记者向政府有关部门官员采访一块经济适用房建设用地被挪作他用的问题；第二个案例：记者向政府有关部门官员采访养犬管理费的去向问题；第三个案例：某村民因拆迁补偿问题前往镇政府寻求帮助。常识告诉我们，这三桩事都不是什么重大、棘手的工作问题。但结果都酿成"重大公共突发事件"，成为轰动一时的"国内新闻"：第一桩案子中的某市规划局副局长被免职；第二桩案子中的官腔"你是不是党员"成为网络流行语，产生了重大负面社会影响；第三桩案子中的某镇党委书记被免职。

三个案例的共同处是，官员都因"说错话"而遭问责（似乎再次印证了"祸从口出"那句古语）；而最终引起广泛关注的，不是新闻事件本身，而是持续发酵的那三句"雷语"。本来可以避免的事情，却不可避免地发生了。首先就新闻事件本身来讲，如果政府办事，向来立党为公、执政为民，依法行政，讲究公开透明，官员也廉洁自律、勤政爱民，诸如事件中的"养犬管理费"、"计划用地挪作他用"、"拆迁补偿"等问题，都可以避免发生；即便发生，依法行政，接受监督，实事求是，政务公开，也不至于酿成灾祸。再就"案中案"来说，由于案中所反映的行政体制、执政理念与官员素养存在问题，加上媒体炒作、网民推波助澜，所谓"案中案"的发生就不可避免了；即便发生，单从危机管理角度来说，事态也是不难控制，不至于酿成祸害的。

这是不是告诉我们，只要以后官员们遇事不说话就不会犯错误了呢？回答是否定的。拿上述危机处理过程中的信息管理要求来看，上述三桩案例的当事人，在信息管理与真诚沟通方面出了问题：不断发出错误信息（包括不诚实，缺乏担当精神），致使原本并不复杂的事态不断升级，以至于酿成大祸。危机管理知识告诉我们，真诚沟通是处理危机的基本原则之一。无论任何组织，当你处于危机旋涡中心时，你是公众和媒介的焦点。你的一举一动都将接受质疑，因此千万不要存有侥幸心理，企图蒙混过关，而应该主动与新闻媒介联系，尽快与公众沟通，说明事实真相，促使双方互相理解，消除疑虑与不安，重拾公众信任与信心。由此可见，应对突发重大公共事件中的信息发布与管理，包括当事人的心情（说什么、怎样说以及说话语气），是很有讲究的，否则，"祸从口出"就真的在所难免了。

# 第二节 处理一般个人突发事件的口才

处理一般个人突发事件不仅事关个人的荣辱进退，也事关组织的兴衰存亡。这里我们从一般处理过程及所包含的原则和策略方面，将有关应急口才技巧概括为以下五个方面。

## 一、临危不惧

无论何时何地，遭遇何种意想不到的突发事件，对于当事人最大的考验，就是心理素质要过硬，要有"泰山压顶不弯腰"的气概和处变不惊、临危不惧的淡定。

【案例 8-5】
### "我只是一个中等'调皮'的"

新中国成立初期，毛泽东派何长工率军事代表团去苏联谈判。斯大林的特使维辛斯基摆出一副高人一等的"老大哥"架势，他知道新中国的大部分军事将领都出身贫苦，很少上过正规军事院校，就故意问何长工："你是什么军事院校毕业的呀？我看你像个教书匠嘛。"面对瞧不起人的维辛斯基，何长工镇静一下，微笑着说："我是游击大学毕业的，是战争大学毕业的。我的学历22年，天安门广场升起第一面五星红旗，我们才领到一个集体毕业证。"维辛斯基听后，大吃一惊，换了一种态度说："在我接见的许多代表团团长中，你是最'调皮'的了。"何长工笑着说："在中国，我只是一个中等'调皮'的，大'调皮'的还没有来呢，没有我们这些'调皮'的，怎么能打垮蒋介石八百万军队啊！"何长工的妙答，让维辛斯基刮目相看。后来的谈判中，他对中国代表团的态度就来了个一百八十度的大转变。

　　[资料来源：傅辕．名人妙语应对诘难．演讲与口才，2006（2）．节选]

　　由于旧中国的特殊国情，大批参加革命的人没有机会上学，但他们具有丰富的革命斗争经验。作为代表团团长的何长工面对苏联特使的傲慢与偏见，镇静地回答"我是游击大学毕业的，是战争大学毕业的"。这种大智若愚的从容令对方意想不到，刮目相看，改变了对方的态度。在某些重大场合，势单力薄，人微言轻，处于弱势的一方，如何面对强势的一方的傲慢无礼，并作出"位卑未敢忘忧国"的强烈反应，关键是要具有"登泰山而小天下"的气度和勇气！有些人一遇紧急事态就大惊失色，六神无主，往往就是因为少见世面，缺少这样的历练。

## 二、从容不迫

　　紧急事件的出现，往往是刹那间的事情，此时最应做到的是"宁停三分，不抢一秒"。只要保持心理平衡和情绪稳定，镇定自若，借势发挥，就可以化解危机。

【案例8-6】
### 内塔尼亚胡的机智

　　2011年5月24日，以色列总理内塔尼亚胡到美国国会向参众两院发表讲话，正讲到兴头上时，突然有一位妇女在台下尖叫："停止对以色列战争罪行的支持！"这是一名和平组织的成员，她当场被国会警察拘捕。此刻，内塔尼亚胡抬起眼皮看了一眼听众，脸不变色心不跳地说了三句话："只有在我们这样的自由社会你才可以这样抗议。这就是真正的民主。在德黑兰不会出现这样的事。"

　　（资料来源：网易博客，内塔尼亚胡在美国国会演讲，http：//blog.163.com）

作为一国总理，在异国他乡正式论坛上突然遭受言语攻击，是始料难及的。内塔尼亚胡不仅"脸不变色心不跳"，而且干脆把"挑战"当"机遇"，发起另一场演讲：称赞美国，攻击共同的敌国——"德黑兰"。类似事件也曾发生在 2008 年 12 月 15 日。美国总统布什在他离任只有 37 天时，突然访问巴格达。就在布什讲完话时，一名伊拉克记者将两只鞋朝布什扔了过去，布什弯腰躲过了袭击。布什当时有点惊魂未定地说："这件事没有让我感到不安，如果你们希望知道，他扔的是一双 10 号鞋。"突发事件防不胜防，有时让人非常狼狈或紧张，但同时也是考验一个人的勇气和智谋的时刻。

## 三、积极解释

遭遇突发事件的猛烈冲击，无论我们如何镇定自若，从容不迫，但出错、失态，包括说错话，恐怕都是难免的。在这个时候，临危不惧，处变不惊，仍然是我们必须坚守的最好的"护身符"。对个人一时的出错或失态，要最大限度地作积极解释，而不是让它成为"雪上加霜"的绊脚石。

【案例 8－7】
### "总统不在，由我来主持工作"
1981 年的一天，白宫得到里根遇刺的消息后，总统办公厅一片混乱，富有经验的国务卿黑格出来维持局面。

记者："国务卿先生，总统是否已经中弹？"

黑格："无可奉告。"

记者："目前谁主持白宫的工作？"

黑格："根据宪法规定，总统之后是副总统和国务卿，现在副总统不在华盛顿。由我来主持工作。"

这样的回答引起了轩然大波，记者们纷纷议论。

另一记者马上又问："国务卿先生，美国宪法是不是修改了？我记得美国宪法上写明总统、副总统之后，是众议院院长和参议院院长，而不是国务卿。"

黑格听后明白是自己失言，急中生智反问道："请问在两院院长后又是谁呢？他们都不在白宫，当然由我来主持了。刚才为了节约时间，少说了一句话而已。"

（资料来源：免费小说网，会说不难：50 种社交场合的最佳说法，http：//www. freexs. cn）

即使一向以果断、稳重而知名，具有应对紧急状况经验的黑格，当他听到里根总统被刺的消息时也慌了手脚，因而说错了话。但他灵机一动，急中生智，几句话便自圆其说，为自己"胆大妄为"的违宪说法解了围，真不愧为官场老道。类似故事也曾发生在我国。话说当年刘备事业未竟之时，栖身于曹操，每日于自家园中种菜。曹操待刘备为上宾，梅子青青时节，曹操邀刘备在园中喝酒，问刘备当时天下谁是英雄。刘备随口说了几个，怕被曹操识破自己的韬晦之计。曹操说："错了，当今英雄唯你和我。"刘备大惊，酒杯落地。当时天空正好一个响雷，刘备推说是雷惊着自己才吓得杯子落地。这就是《三国演义》中有名的"青梅煮酒论英雄"的故事。这正是"勉从虎穴暂栖身，说破英雄惊煞人。巧借闻雷来掩饰，随机应变信如神"。

## 四、顺势而为

就是根据所处的形势，从中发现机会，然后抓住它，顺势而为，走出一片光明的天地。就像置身于黑暗的山洞，忽然发现亮光，或听到水声，便顺着这亮光或水声所昭示的方向，辨明自己的位置，决定取舍，从而走出山洞。

【案例8-8】

### "我从来不吓唬老百姓"

*法新社记者：朱总理，您好。无论下一个总理是谁，你觉得他应该有什么优点呢？如果下一任总理不是朱总理的话，你觉得他在哪个方面应该向你学习？在哪个方面不应该向你学习？*

*朱镕基：我是很佩服你们新闻记者的执着和毅力，总是要把这个问题追个水落石出，但是我刚才已经讲过了，连我自己都不知道答案，我怎么回答你呢？至于我本人，除了我确实是在埋头苦干地工作以外，我没有什么优点，我不希望别人学习我，特别是某家香港报纸说我的本事就是拍桌子、捶板凳、瞪眼睛，那就更不要学习我。但是这个报纸说得不对，拍桌子是拍过桌子，瞪眼睛也瞪过，不能瞪眼睛不就是植物人了嘛，捶板凳绝对没有捶过，那捶起来是很疼的。至于说我这样做是为了吓唬老百姓，我想没有一个人相信他这种说法，我从来不吓唬老百姓，只吓唬贪官污吏。*

（资料来源：当当网，朱镕基答记者问，http://read.dangdang.com）

朱总理巧妙地借助下任总理如何学习他的问题，乘机重申了自己的为官之道，并为自己一向以来雷厉风行的从政风格做了一番"夫子自白"。朱镕基总理有智慧、有魄力，回答问题，向来爽快干脆，风趣机智，精妙绝伦，善于化干戈为玉帛，为当代政坛所少有，也成为一代人学习的典范。

## 五、将错就错

将错就错，也是顺势而为的一种，就是借现场已经出现的尴尬或混乱，"将危机进行到底"，直到说出新意，出现转机，达到自圆其说、化解危机的目的。

【案例 8 - 9】
### "你只管叫我'头儿'"

某公司总经理习惯别人称他为"头儿"。一天，公司招来一位新雇员，他与这位新雇员谈话时说道："在公司里我是头儿，所以，你以后只管叫我'头儿'即可。"可就在这时，平常极少出现在公司的董事长偏巧走进办公室来，总经理马上意识到自己的话有些不合适。可并不认识董事长的新雇员又问道："你是头儿，那你一定没有上级了吧?"总经理立即回答道："当然有啦，脖子啊！我是头儿，但头儿需要转动的时候，必须服从脖子的指挥啊！这位就是我的'脖子'——本集团董事长、优秀企业家王先生!"新雇员急忙向董事长问好，而董事长则被总经理的玩笑和称赞说得满心欢喜。

（资料来源：秦林. 管好你的嘴. 北京：现代出版社，2009.）

总经理反应非常敏捷，他在紧急关头，运用"歪理正说"的方法，巧妙地回答了新雇员的问话，同时也突出了董事长的地位，让后者满心欢喜。"头"和"脖子"本来不属于上下级关系；即使是，也不是"脖子"指挥"头"，而是"头"控制"脖子"。何况此"头"（领导）非彼"头"（头部）。但在无法可想、慌不择词的混乱中，有时也不失为一种摆脱危机的方式。这种方式常常借助"同音字"和"谐音"修辞法，通过"概念置换"，达到"打圆场"的目的。现实生活中常有人因善于使用这种方法而被称赞为"会说话"。话说大年三十，一家人正高兴，正读九年级的弟弟不小心碰倒了暖水瓶，父亲脸色霎时"晴转多云"，这时姐姐忽然爆出一句"这个水瓶早该打破"，说得大家丈二和尚摸不着头脑，接着姐姐解释道："弟弟今年考高中，不能再停留在原有的水平上，今晚他就打破了原有的水平，这是个好兆头。"一番话使大家欢乐如初。

此外，出其不意、攻其不备，或主动调侃、反弹琵琶等，也都可以发挥上述作用。这些方法尤其适用于遭受攻击的时候。但运用这些方法，要求找准空隙，看准时机，并做到言简意赅，不能绕来绕去，也不能点破。

**【案例 8-10】**

### "我们两个都当了叛徒"

苏联前外交部部长维辛斯基出身于贵族，能言善辩。一次，在联合国大会上，英国工党一名外交官向他挑衅说："你是贵族出身，我家祖辈是矿工，我们两个究竟谁能代表工人阶级呢？"这位外交部部长没有进行长篇大论的批驳，他十分平静地扫了对方一眼，完全出人意料地只说了一句话："对的，我们两个都当了叛徒！"开始整个会场鸦雀无声，当人们理解了这句话的深刻含义时，顷刻间爆发出一阵暴风雨般的掌声。

（资料来源：你我他网，政治家的幽默术，http：//www. niwota. com）

维辛斯基一句"我们两个都当了叛徒"，含蓄隽永，出其不意，让对方措手不及，无言以对。

**【案例 8-11】**

### "我争取不辞职"

国家环境保护总局局长周生贤在"两会"新闻发布会上就"松花江今年春天不会再出现二次污染"的问题向中外记者作出承诺。有记者问："如果再有这种重大的环境污染事件发生，您是否也会像您的前任那样被问责、解职？如果是的话，您作何感想？"周生贤回答说："首先，感谢你对我前途的关心。我也表个态，我争取不辞职！"

（资料来源：中国频道，环保总局局长周生贤："我争取不辞职"，http：//news. eastday. com）

环保局长一句"我争取不辞职"，反弹琵琶，幽默大气，牢牢将回答问题的主动权掌握在自己手中。有时回答问题如果尽按常规出招，四平八稳，固然不易出错，但也过于平淡，波澜不惊，引不起人们的兴趣；若反常规出牌，就会引起大家的注意，活跃气氛，给人留下深刻的印象，从而起到较好的宣传教育作用。

总之，清醒，理智，从容，处变不惊，牢牢掌握主动权，努力将突发事件可能造成的损失和伤害降到最低限度，这就是应急口才的追求。

## 【案例讨论】

### 周恩来却酒之辩

1943年，周恩来率中共代表团由重庆返回延安。途经西安时，国民党西安最高军事首领——第一战区副司令胡宗南设宴为周恩来洗尘。

这是"西安"与"延安"的一场政治较量。胡宗南的阴谋是：灌醉周恩来，让他丢丑，在政治气势上压倒"延安"。在胡部工作的共产党员熊向晖，事先把胡宗南的阴谋悄悄告诉了周恩来。一场酒席上的较量就这样不动声色地开始了。

宴会开始时，胡宗南宣称："今天，各位痛快喝酒，不谈政治！"他的政治部主任王超凡主持宴会，在祝酒词中说："在座的黄埔同志先敬周先生三杯酒，欢迎周先生的光临；请周先生和我们一起，为领导全国抗战的蒋委员长的身体健康，先干头一杯！"

周恩来举起酒杯，微笑着说："王主任提到了全国抗战，我很欣赏。全国抗战的基础是国共两党的合作。为了表示对国共合作抗日的诚意，我作为中国共产党党员，愿意为蒋委员长的健康干杯；各位都是国民党党员，也请各位为毛泽东主席的健康干杯！"

胡宗南闻听此言愣住了，王超凡和其他作陪者也都不知所措。周恩来举目四顾，继续微笑着说："看来各位有为难之处，我不强人所难，这杯酒就免了吧！"胡宗南趁机下台，说："对！对！这杯酒免了。"国民党众将官随声附和，此番敬酒便作罢了。

隔了一会儿，十多位打扮得花枝招展的夫人举杯走向周恩来。其中一位说："我们虽没进过黄埔军校，但都知道周先生在黄埔军校倡导'黄埔精神'。为了发扬黄埔精神，我们每人向周先生敬一杯。"

周恩来微微一笑，风趣地说："各位夫人很漂亮，这位夫人的讲话更漂亮。我想问：我倡导的黄埔精神是什么？谁答得对，我就同谁干杯。"

此言一出，众夫人张口结舌，都说不出来。胡宗南尴尬地笑了笑，出来打圆场："说不出来的，自饮一杯。"众夫人只好喝干杯中酒退下。

稍后，十几位将军排成一行向周恩来走来，领头的说："当年我们都是黄埔学生，您是我们的政治部主任，同我们有师生之谊。作为弟子，我们每人敬老师一杯！"

周恩来从容应对，笑着说："刚才，胡副司令长官讲，今天不谈政治，我十分赞成。这位将军刚才提到我当黄埔军校政治部主任，这件事本身就是政治，而且政治部主任不能不谈政治吧？胡副司令长官，您的部将公然违反您的命令，请问，这杯酒该不该喝？"胡宗南尴尬极了，笑笑说："他们是军人，没有政治头脑，酒让他们喝，算是罚酒！"众将只好认罚。

不久，又一批夫人走来。有一位看着讲稿说："我们久仰周夫人，想不到她因身体不适没能光临。我们各敬周夫人一杯酒，表示对她的敬意，祝她健康，并祝她顺利回到延安。我请周先生代周夫人分别和我们干一杯。周先生一向尊重妇女，一定会尊重我们的请求。"

周恩来严肃地说："这位夫人提到延安，我要顺便说几句，这几年，延安军民连小米都吃不上。什么原因？西安离延安不远，诸位心知肚明，就不必多说了。延安军民自力更生、艰苦奋斗，努力发展生产。日子比过去好一些，但仍然很艰难！如果让邓大姐喝这样的好酒，她会于心不安的。我尊重妇女，也尊重邓颖超同志的心情。请各位喝酒，我代她喝茶，我们彼此都尊重，好吗？"周恩来举起茶杯，很礼貌地同夫人们一一碰杯，然后一饮而尽。胡宗南和众将面面相觑，如坐针毡。

就这样，周恩来折冲樽俎，纵横捭阖，谈笑间把胡宗南的阴谋击得粉碎。

[资料来源：李关怀. 周恩来智驳胡宗南. 演讲与口才，2007（4）. 有改动]

赏析周恩来的却酒口才并归纳总结其所运用的应对危机的策略。

**【基本训练】**
### 应对危急情景的口才技能训练

1. 将你应对危急情景的原则归纳成一两句话（最好通俗生动，好记），并互相交流。

2. 设定一种危急情景（譬如被劫持、被骗、被袭击、被驳斥、被轻慢、被轰下台、被当众羞辱等），说出你的应对策略（重点放在你将如何"说话"上面），并互相练习。

# 第九章　其他公务口才

从最为广泛的意义上讲，领导与管理口才形式还有很多，诸如接听电话的口才、接待来访的口才、谈判的口才、出席宴会的口才、答记者问的口才以及处理突发事件的口才等。每种口才都大有学问，都值得专门学习与研究。本章选择其中两种稍作介绍。

## 第一节　接待来访的口才

《礼记》云："往而不来，非礼也；来而不往，亦非礼也。"接待来访是社会组织经常面对的一项工作，它不仅关系到个人形象，也关系到组织形象。有来有往，组织才具有活力。常见的接待来访的言语技巧，可归纳为以下五个方面。

### 一、询问客人名字的技巧

卡耐基在《处理人际关系的艺术》一书中指出："一般人把自己的名字看得比全世界所有人的名字加在一起还要重要。记住一个人的名字并轻松地叫出来，就等于给予此人一个微妙却很有效的赞扬，但是忘记或叫错了别人的名字，就会使你处于不利的境地。"

在接待重要宾客时，必须记住对方的姓名与身份，否则可能导致难以挽回的后果。曾发生过这样一件事：

某单位委派一位管理人员在一次大的庆祝活动中做接待工作。当一位先生进来并递上名片时，这位管理人员看了看名片，礼貌地发问："请问您有何贵干？"那位先生听闻此言，转身就走开了。

"请问您有何贵干？"这一句在自己看来无关紧要的话，可能在听者心里划开一道无法愈合的伤口，因而古人说："赠人以言，重于珠玉；伤人以言，甚于剑戟。"这位先生原来是庆祝会邀请的主要宾客，这位管理人员连人家的姓名都不熟悉，难怪那位宾客大为恼火。因此，作为接待方的管理人员应当事先熟悉并牢记来宾的姓名，这可以在工作中产生不可思议的魔力。在本例子中，如果客人递上名片后，接待方管理人员立即以欣喜的声音说：

"××先生，欢迎您的到来，我们经理已经在办公室恭候多时，我这就通知他来迎接您。"

这一席话，将给人以一见如故之感，使宾客感到满足，感到舒服。可见记住并尊称宾客姓名，是接待来访的第一步。

实际中对于"自报家门"的客人，可将他的姓名与相貌、表情以及整个外部形象联系起来记忆，也可以与自家亲朋好友中某人相貌、姓名联系起来记，还可以与他的工作单位、家庭情况联系起来记。对有的客人需要询问姓名，可采用提问的方式"请问贵姓？"、"在哪个单位工作？"有时也可以请对方写下姓名。尽管如此，还是难免出现张冠李戴的情况，此时，便需要用巧妙的言辞为自己解脱，譬如"您是姓……"，"对不起，上次我没听清您的名字"，"您今天穿了这么一套漂亮的衣服，我一时认不出来了"，"您和×××太像了，您的名字是叫……"

## 二、称呼的技巧

心理学家认为：人们对别人怎样称呼自己十分看重。称谓得当能使双方产生相容心理，感情就较融洽，谈话较畅通；称谓不当，则可能造成对方的不满或反感。

社交活动中最常用的称谓方法是使用尊称。根据年龄区分，对上年纪的客人，如果有职务、职称的，可以在其职务或职称前加"老"，如"老部长"、"老书记"、"老厂长"、"老教授"等。这类称呼尤其会使那些离退休老人感到满意。对原职务、职称较低的我们可称其为"老先生"、"老同志"、"您老"、"×老"等。对中青年客人，既可以职务相称，如"×厂长"、"×经理"等；也可在姓前加"老"或"小"，在姓后加"同志"或"师傅"等，如"小张"、"老王同志"等。

合适的尊称与职业有关。对文艺界、学术界人士，尊称一般可用"先生"、"老师"；对党务工作者可以"同志"相称；对工人或其他劳动者称其"师傅"往往比"同志"更亲切。合适的尊称也与性别因素有关。对一些刚步入中年的女同志，尽量不用"老×"相称，以"老"相称，她会认为你把她看老了。而对同样年龄的男同志以"老×"相称则使他有一种成熟感，觉得你看重他。

在国际交往中，一般对已婚妇女称"夫人"，未婚女子称"小姐"，对男子一般称"先生"。如接待人员一时拿不定主意该如何称呼，也可请问对方："我该怎么称呼您？"

总之，在接待会客中称呼运用得当，能为你增添风度，能增加来客对你及所代表的组织的亲切感和信任感。

## 三、交谈的技巧

众所周知，东汉末年，董卓"挟天子以令诸侯"。曹操刺杀董卓失败后，狼狈逃命。一天，他逃到他父亲的结义兄弟吕伯奢家里。晚上，曹操听到后堂传来磨刀霍霍的声音，悄悄靠近一听，只听得里面吕家人说："把他绑起来杀掉，怎么样？"亡命的曹操，早已是惊弓之鸟、漏网之鱼，认定吕家的人要杀他了！"先下手为强，后下手遭殃"，曹操立马冲进去，见人就杀！杀到厨房才发现，那里绑着一头待杀的猪，原来吕家的人要杀猪款待他呢！一切都晚了，吕伯奢一家八口成了冤死之鬼！造成吕家悲剧的原因，除了曹操的多疑与残忍之外，吕家人的那句模糊语言（对来访者来说）无疑是导火线。如果说成"把猪绑起来杀掉"，悲剧可能就不会发生了。

了解来访者的意图，然后"看人说话"，既可以迅速确定话题，又可以顺应对方的心愿，给人以愉快的感受。相反，不了解来访者的意图，谈话就可能出现"话不投机半句多"的情况。接待人员要具备与各种不同来客侃侃而谈的本领，就要在语速、音量、遣词造句等方面做到因人而异。

语速、音量因来访者年龄而异。来访者可能是年逾古稀的前辈，也可能是年龄比自己小的人。不同年龄的人有不同的生理、心理特征，接待人员与其交谈，就应采用不同的语速和音量。对老人，用较慢的语速、较大的音量与他交谈，能使对方产生被人尊敬的喜悦感；而与比自己小的人交谈则宜轻言慢语、语调柔和，这样能使对方产生安全感、亲切感、信任感。

遣词用句依来访者文化水平而别。报纸曾登过这样一件事：有位领导者家里来了一位农民客人，主人甚为热情，对来访者也十分客气"听说最近赵公元帅光顾你了，我不敢班门弄斧，妄加评论，请多多包涵"。主人的这番话只能使那位农民客人莫名其妙，又怎能进一步交谈呢？

遣词用句应视来访者的目的不同而变化。

对于前来求助的客人，主人应体谅对方的心情，站在客人立场说话，语气要平和，给对方一种亲切感、信任感。即使你认为无能为力，也要给客人留一线希望，你可以对他说："这个问题我可以去了解一下，只要有可能，我会尽力帮忙的"，"你先别着急，一旦有了门路我就打电话告诉你"。

对于前来提供某种信息的客人，主人则应采用感叹语气，表达自己的感激之情。"非常感谢！你提供的信息太有价值了！""你可真帮了大忙！谢谢！""真辛苦你了！"

与前来研究问题、商量工作的客人交谈，则宜采用征询、商量的语气。譬如"你看这样行不行"，"是不是还有不妥的地方呢"，"对这个问题你的看法是……"

## 四、夸赞、挽留与祝愿的技巧

赞美是沟通中的润滑剂。对某些宾客给予适度夸赞，可使其心情愉快，有助于增进双方的感情。

"×董事长，我们一直期待着您的到来，虽说今天是我们第一次见面，但通过贵公司的产品的使用，我们已有多年神交，今天有机会亲耳聆听您的指导，我们感到非常荣幸。"

夸赞要注意适度，不可过分，以防适得其反，引起反感。

俗话说："山不转路转，船不弯水弯。"意思是说，人们相互依存的关系很密切，彼此见面并有求于对方的机会很多，做人要留后路。接待方对于没有得到想要的服务的客人，要表示歉意，并表示愿意进一步提供帮助；对于满意而归的客人，要留下进一步联系的方式，并期待下一次再见。

人们在道别时，相互送上一句表示祝愿的话，无疑可以起到"承蒙贵言"的良好效果。对于风华正茂的年轻人，可以祝愿他"前程似锦"；对于老者则祝愿他"健康长寿"；对于从政的，祝愿他"步步高升"；对于经商的，祝愿他"财源广进"；对于与客人随行的儿童，祝愿他"快高长大"；对于青年女子，祝愿她"永葆青春靓丽，年年似今朝"。

无论夸赞、挽留与祝愿，对待客人要一视同仁，给人留下被重视、被理解、被尊重、被倾听的良好印象。

## 五、处理投诉的技巧

还有一类特殊的接待对象，即投诉者。对于前来投诉者，在接待时一般应以"将心比心"（又称"同理心"、"换位思考"）为前提，以冷对热，以静制动，有情有理，按规则处理。

【案例9–1】

### 消费者投诉案

有位顾客在喝酸奶时，从吸管里吸到了玻璃碎片，于是他怒气冲冲地去找牛奶公司投诉。一路上他想好了种种尖刻的语言，决心到公司大闹一场，发泄一番怒气。到了牛奶公司接待室，他张口就骂："你们这帮家伙太不像话，只顾自己赚钱，不顾别人死活，你们难道不知道，牛奶里有碎片是人命关天的大事吗？"面对这位来意不善的投诉者，牛奶公司的接待人员始终面含微笑，先热情地倒茶让座，然后关心地询问："不知玻璃碎片是否伤了您？"当得知并未伤着时，又改用松一口气的语气说："那真是不幸之中的大幸，如果是小孩喝，说不定就出问题了。"这一连串有声语言加体态语言的准确使用，已使投诉者冷静了不少，改变了原来大吵一场的打算。接待人员继续诚恳地说："您赶那么远的路来反映情况，是对我们牛奶公司负责，对其他顾客负责，我代表我们公司谢谢您了。"几句话说得投诉者转怒为笑。最后接待人员提议："如果您有时间，我陪您到各车间看看，请您给我们提出宝贵意见，杜绝您所碰到的这类事故发生。"这时，投诉者与接待者感情上已完全沟通了。

［资料来源：朱荣章. 实话巧说，让您的营销更出彩. 公关世界，2009（14）.］

当然，对待投诉者也不能一味说好话，赔不是，对于别有用心、"无理闹三分"的投诉者，要甄别情况，采用摆事实、讲道理的语言策略，依法办事。

# 第二节　答记者问的口才

召开新闻发布会或接受记者采访，已经成为现代各级各类组织的经常性工作，而其中一种重要形式就是"答记者问"。鉴于现代媒体的威力，可以说，"答记者问"这种言语交际形式，已经越来越成为考验社会组织对外形象的"窗口"，稍有不慎，就会风雨大作，雷鸣电闪，"窗口"演变成"报警器"。媒体调查显示，70%的受访者认为，当代中国部分官员患有"网络恐惧症"。因而，对于答记者问的言语技巧研究，必须引起高度重视。常见的答记者问技巧，可按照回答问题的过程，归纳为如下几种。

## 一、正面回答

回答记者提问，是一种公务接待活动，总要让人家"满载而归"，而不是"一无所获"。这也符合中国的待客之道。答记者问，首先代表的是一级组织而不是个人，它也是单位和个人、组织或部门同媒体打交道、跟媒体建立良好互动关系的一个不容错过的机会！所以，答记者问，如无意外，首先要求正面回答问题，不能把跟媒体的关系，搞成"猫鼠关系"，好像一见媒体就如临大敌，就要玩"躲猫猫"游戏。其实见媒体，回答记者提问，是一种公开正式的组织行为。

**【案例9-2】**

### 邓小平答华莱士问

1986年，美国记者华莱士曾就台湾问题采访邓小平，并向他提出有关问题。邓小平明确地对华莱士说：

"这首先是个民族问题，民族的感情问题。凡是中华民族子孙，都希望中国能统一，分裂状况是违背民族意志的。其次，只要台湾不同大陆统一，台湾作为中国领土的地位是没有保障的，不知道哪一天又被别人拿去了。第三点理由是，我们采取'一国两制'的方式解决统一问题。大陆搞社会主义，台湾搞它的资本主义。这对台湾的社会制度和生活方式不会改变，台湾人民没有损失。"

（资料来源：新浪博客，答美国记者迈克·华莱士问，http：//blog. sina. com. cn）

台湾问题向来是重大敏感的政治问题，邓小平并不刻意回避。他利用会见记者这一宝贵而难得的机会，代表中国大陆人民和政府，再次表达祖国要统一、民族要团结的严正立场，并清晰地论述了其中的理由。这些理由既含有必然性和必要性，也包括可能性和可行性。

## 二、侧面作答

如果不便或者不想正面回答提问，包括揭穿记者的不良问话动机，可以选择侧面作答。侧面作答的方式之一是"柔中带刚"，即回答问题的人表面看上去彬彬有礼，一点也不咄咄逼人，但实际上已在看似朴素的回答中回应了对方的挑战。好处是，可以收到避免冲突和针锋相对的双重效果。

**【案例9-3】**

### 周恩来答记者

一位美国记者在采访中看到周总理桌上有一支美国派克钢笔，便带着几分讥讽问道："请问总理阁下，你们堂堂的中国人，为什么还要用我们美国产的钢笔呢？"周总理听后，风趣地说："谈起这支钢笔，说来话长，这是一位朝鲜朋友的抗美战利品，作为礼物赠送给我的。我无功不受禄，就拒收。朝鲜朋友说，留下做个纪念吧。我觉得有意义，就留下了这支贵国的钢笔。"美国记者顿时哑口无言。

（资料来源：搜狗问问，周恩来总理巧答记者问，http：//wenwen. sogou. com）

例中的记者，本意是想挖苦周总理：你们中国人连好一点的钢笔都不能生产，还要从美国进口，而周总理回答说这是朝鲜战场的战利品，反而使记者丢尽颜面。周总理多次在高级外交场合，通过答记者问，显示出机智过人的幽默风度，让人折服。例如：

——外国记者不怀好意问："在你们中国，明明是人走的路为什么却要叫'马路'呢？"周总理不假思索地答道："我们走的是马克思主义道路，简称'马路'。"

——美国代表团访华时，曾有一名官员当着周总理的面说："中国人很喜欢低着头走路，而我们美国人却总是抬着头走路。"此语一出，话惊四座。周总理不慌不忙，脸带微笑地说："这并不奇怪。因为我们中国人走的是上坡路，而你们美国人喜欢走下坡路。"

——周总理举行记者招待会，介绍中国建设成就。一个西方记者说："请问，中国人民银行有多少资金？"周恩来委婉地说："中国人民银行的货币资金嘛？有18元8角8分。"当他看到众人不解的样子时，又解释说："中国人民银行发行的面额为10元、5元、2元、1元、5角、2角、1角、5分、2分、1分的10种主辅人民币，合计为18元8角8分……"

（资料来源：新浪博客，http：//blog. sina. com. cn）

例一中的记者，用意是把中国人比作牛马，和牲口一样走路，而周总理把"马路"的"马"解释成马克思主义的"马"，是这位记者始料不及的；例二中的这位美国官员，话里显然包含着对中国人的侮辱，而周总理的回答让他领教了什么叫做柔中带刚，最终尴尬窘迫的是美国人自己。例三中的记者提出这样的问题，有两种可能，一是嘲笑中国穷，实力差，国库空虚；二是想刺探经济情报。无论怎样围追堵截，面对这些并非重大原则问题，周总理一般选择避重就轻、避实就虚的应答技巧跳出对方的问话圈套。很多类似的问题事先是无法准备的，没有广阔的胸襟、开阔的视野、睿智的豁达、雄辩的口才和敏捷的思维是做不到的。

## 三、逆向作答

面对不便或不能正面回答的问题，你也可以选择逆向回答。即先顺着对方的意思敷衍几句，然后话锋一转，转到你想要回答或能够回答而又彼此相连、相关或相反的问题上去。好处是不仅可以避免冷场，还可以化被动为主动，畅快其志；借一方媒体，顺势申明、发表一些个人立场和观点。

**【案例 9 - 4】**
**朱镕基答记者问**

记者：美国国务院最近出了一个关于贵国侵犯人权的报告，美国也准备在联合国人权会议上提出谴责中国侵犯人权案。你觉得美国这样做，你们是完全冤枉的、不公平的，抑或中国还是有一些问题应该得到纠正？

朱镕基：我认为关于人权的观念应该历史地来看待，同时，每个国家也有不同的理解。像我们跟美国，人均的国民收入差了 20 倍，美国大学生的比例比中国文盲加小学生的比例还要大，这样不同的文化程度、不同的国民收入，我想他们对人权概念的理解也是不一样的。每个国家都会用自己的办法来改善人权状况，着急是不行的。说老实话，怎么改善中国的人权状况，我比你们还着急得多啊！

（资料来源：当当网，朱镕基答记者问，http：//read. dangdang. com）

这是 1999 年朱镕基访问美国时，回答记者关于中国人权状况问题的一段话。人权问题，是一个敏感的政治问题。在美国回答关于本国人权状况的问题，事关重大，不能选择回避，但也不能"媚外"，拿国格和内政问题做交易。虽然朱镕基选择了逆向回答，即代表本国人民和政府，表明我们在这个问题上同美国人民和政府的差异，但是并不给人强硬、顽固、保守的印象。既承认差距也表示一直在不懈努力；既旗帜鲜明，毫不含糊，又以理服人；既增进了理解，也赢得了尊重。

回答记者提问，绝对不是不能跟记者（问题）"唱反调"或"对台戏"，关键是要有勇有谋，而不是简单地怒目相向或剑拔弩张。

## 四、置换作答

如果你不想正面回答回答，或者当你感到问题敏感而又不便实话实说、直言相告时，你也可以选择置换作答，即通过置换记者问题中的某个关键词或概念，来转移问题或降低问题的难度，从而避开"雷区"。这种方法也可以叫做"偷换概念"或"金蝉脱壳"，好处是可以尽显回答人的机智而又不至于老是使用"无可奉告"这样机械生硬的回答。

【案例 9 - 5】
### 发言人陈健答记者问
1995 年 8 月 22 日是邓小平 91 岁寿辰，适逢外交部例行的新闻发布会。有记者问发言人陈健："今天是邓小平 91 岁诞辰，关于他的健康状况的说法是不是还是那样没有变化？"

陈健答："变化当然是有的，他又长了一岁。"

（资料来源：环球资讯，外交部发言人难不倒，回避、解套有高招，http：//www. chinadaily. com. cn）

这里的"变化"是指邓小平同志的"身体健康状况变化"而不是"年龄变化"，发言人当然是心知肚明的，但他没有正面回答，而是故意将对方话中的概念置换，从而巧妙地避开了记者设定的"敏感地带"。因为在当时，邓小平的健康状况属"国家机密"。

## 五、闪避回答

记者提出的问题，因涉及隐私或组织机密，或者其他原因不能坦率相告，但又不能完全置之不理，此时你也可以选择闪避回答。即对问题随便找一句话敷衍，但又不是完全置之不理，此法也可以叫做"敷衍回答"。好处不用说，但是敷衍的功夫有高下、粗细、优劣、文野之分。常说的一句"无可奉告"，本来很精彩，只是由于使用的人多了而且滥了——本来应该回答的也不回答，也就遭人唾弃了。

**【案例 9 - 6】**

### "对男士不能问钱数"

王光英飞赴香港创办光大实业公司时，一下飞机就有一个女记者问他："你带了多少钱来？"这个问题难以正面回答，这不仅事关经济机密，也涉及个人隐私及大陆的体面，而不予回答又不行。王光英见记者是一位女士，于是灵机一动说："对女士不能问岁数，对男士不能问钱数。小姐，你说对吗？"

（资料来源：王光华．实用口才交际训练．北京：机械工业出版社，2010.）

王先生不愧为江湖老道，见对方是一位女士，就灵机一动，借助西方人普遍遵循的礼数，不仅巧妙地给自己和记者解了围，而且显得很优雅。

## 六、模糊应答

面对记者的棘手问题，不回答不礼貌，一回答，则可能将自己置于较为被动的地位，此时你也可以选择模糊应答。模糊应答就是尽量把话说得模棱两可些，让对方自己去把握其中的内涵。好处是既可以回避矛盾又不至于招致不满。

**【案例 9 - 7】**

### "老兄，对你还有啥可保密的"

在一家工程技术公司的招待会上，一位消息灵通的记者，突然问该公司经理，"听说贵公司正在研制一种全新的电视接收天线，据说它的结构与现有的'拉竿式'、'鱼肚式'都不同，独辟路径，请谈谈具体情况。"这位经理一听着实吃了一惊，他叹服这位记者的消息灵通：居然已经对严加保密的东西了解得这么清楚。但是，由于试验还未结束，各地试验的情况尚未汇总，因此仍需保密，过早捅出去对企业不利；另一层难处是与该记者关系历来不错，以后正式报道还得多多借助其"笔"力，因此现在又不能守口如瓶。于是他答道："老兄，对你还有啥可保密的，消除电视的叠影重影，对这一难题不光中国连国外也都在设法攻克，不到时间都是秘而不宣的。我们到时也少不了您帮忙呢。"

（资料来源：炫浪网，经商谋略，http：//ncs. xvna. com ）

经理的回答很有艺术性，虽没有直接回答具体情况，但已含蓄地暗示在试制，快取得成功；不直接说暂时保密，而是说竞争激烈，未到时候秘而不宣；抓住这位记者不放，为保持与新闻媒介的良好关系留有余地。

## 七、拖延回答

有时记者纠缠不休，实在没有办法，也可以选择"缓兵之计"，把问题推迟到以后回答。譬如联合国秘书长的发言人每天下午举行新闻发布会，当无法回答记者当时的问题时，发言人很少简单地说一句"无可奉告"。他通常会改用另一种辞令：

"你提到的问题确实非常重要，我要去查一下。"
"这一问题，秘书长正在同有关方面磋商，暂时没有新的信息。"

也就是"虚晃一枪"，如果下次无人问，也就不了了之了。

## 八、以问代答

如果答案不言而喻，或者已经包含在所阐明的观点立场中，也可以选择以问代答的方式回答问题。这也是一种缓和气氛、争取时间和主动的方法。

**【案例9－8】**

### "如果我祝你身体健康"

2000年11月李瑞环到香港访问。11月7日上午李瑞环在会展中心会见香港各界知名人士。李瑞环就香港有关"团结、稳定、发展、繁荣"问题作了精辟的论述。之后一名女记者问："您在讲话中强调了团结的重要，这是不是指香港人不够团结？"刁钻的问题是从反面提出的，顿时全场静了下来，目光一齐汇聚到李瑞环身上。李瑞环笑了，反过来问这个记者："如果我祝你身体健康，是不是指你身体不健康呢？"继而他又转向其他在场的记者："可不可以这样理解呀？"机警的答语使记者们禁不住鼓起掌来。

（资料来源：中国网，李瑞环主席答记者问，http：//www.china.com.cn，节选）

用友好的方式把问题还给对方，令对方自觉没趣，无言以对，同时也无伤大雅，这的确是一种不错的应对方式。不过，由于反问的语气一般较疑问和设问重，所以反问时的态度要亲切，语调不能显得僵硬。

此外，比喻作答、幽默作答等方式，也可以发挥上述作用。例如：

**【案例9－9】**

### 收入差距拉大怎么办

有记者问某官员："目前我国个人收入差距拉大的问题日趋严重，虽然实现了让一部分人先富起来的目标，但离共同富裕还相差很远。请问你怎么看这个问题？"

官员是这样回答的："初次分配，更多地拉开差距，引导人们不断地提高效率，增加社会财富，把'蛋糕'做大；再次分配，更多地强调公平，加大税收力度，使收入分配趋向合理，把'蛋糕'切好。只要我们认真地这样做了，分配政策的前景一定是美好的。"

（资料来源：中国政府网，把社会财富蛋糕做大、切好，有效解决收入分配不公平问题，http：//www.gov.cn，有改动）

官员用"切蛋糕"与"做蛋糕"做比喻，正面回答问题，使深奥的道理变得通俗易懂，也使人们看到解决这个问题的努力方向和希望。

**【案例 9 – 10】**

### "我们是用竹竿子捅下来的"

陈毅当外交部长时，曾主持过一次谈国际形势的记者招待会。会上，陈外长谈到了美制 U – 2 型高空侦察机侵犯我领空一事，并对此表示强烈愤慨。有个外国记者趁机发问："请问外长先生，听说这架飞机被贵国击落，那么，是用什么武器打下来的？"这显然是想刺探我国军事机密。可是陈外长并不用"无可奉告"之类的外交辞令，而是笑着回答："很简单，我们是用竹竿子捅下来的。"话声刚落，全场哈哈大笑，那个记者也不便再往下追问了。

（资料来源：环球资讯，外交部发言人难不倒，回避、解套有高招，http：//www. chinadaily. com. cn）

陈毅的幽默作答，虽然不提供任何真实的信息，却也起到了友好沟通与交流的作用，比"无可奉告"的呆答或"你这是替谁提问"的生硬要强十倍百倍。对于某些难题，如果"闪避"不及，又一时不知如何回答是好，有时不妨信手拈来，幽默一回，哪怕是拿风马牛不相及的事物，也可以起到转移视线或注意力的作用。

总之，答记者问，要求有礼有节，温文尔雅，机智沉着，反应迅速，主要在"实"与"巧"上做文章。所谓"实"，就是必须尊重媒体，给记者提供他所需要的信息，让他满意而去；所谓"巧"，无论如何你不能有问必答，你要尽可能回答得大方、得体而巧妙些。即使记者的问题确实带有偏见或挑衅，也不能被激怒；确实需要反驳或回应对方的观点时，也应当以事实为依据，以公理、常识为理据，以较为理智冷静的态度，本着客观公正的立场，运用简短有力的语言，巧妙应对，点到为止，切忌感情用事或爆粗口。古人讲"修辞立其诚"，这也完全符合答记者问的要求。

**【案例讨论】**

### 晏子使楚的文化反思

一

晏子出使楚国。

楚国人因为他身材矮小，就在城门旁边特意开了一个小门来迎接晏子。

晏子不肯进去，说："只有出使狗国的人，才从狗洞中进去。现在我出使的是楚国，不应该是从此门进去吧。"

迎接宾客的人只好改道请晏子从大门中进去。

晏子拜见楚王。

楚王说:"齐国没有人了吗?派遣你作为使者。"

晏子回答说:"齐国首都临淄人口众多,张开衣袖连在一起可以遮天蔽日,挥洒汗水就像天下雨一样。肩挨着肩,脚跟着脚,怎么能说齐国没有人呢?"

楚王说:"既然这样那么为什么派你这样一个人来做使臣呢?"

晏子回答说:"齐国派遣使臣,各有各的主张规矩,那些贤明的人就派遣他出使贤明君主(的国家),不贤、没有德才的人就派遣他出使无能君主(的国家),我是最无能的人,所以就只好出使楚国了。"

二

晏子将要出使楚国。楚王听到这个消息,对手下说:"晏婴是齐国善于言辞的人,现在他将要来,我想要侮辱他,用什么办法呢?"

手下回答说:"当他到来时,请允许我们绑着一个人从大王面前走过。大王就问:'(他)是干什么的人?'我们回答说:'是齐国人。'大王再问:'犯了什么罪?'我们回答说:'这个人犯了偷窃罪。'"

晏子到了(楚国),楚王请晏子喝酒。喝得正高兴的时候,一个人被绑着到楚王面前去。

楚王问道:"绑着的人是做什么的人?"

手下的人回答说:"这个人是齐国人,犯了偷窃罪。"

楚王看着晏子问道:"齐国人本来就善于偷东西的吗?"

晏子离开了座席回答道:"我听说,橘生长在淮河以南就是橘子,生长在淮河以北就变成枳,只是叶子的形状相似,它们的果实味道却不同。这样的原因是什么呢?是水土条件不相同。现在的老百姓生活在齐国不偷东西,到了楚国就偷东西,莫非是楚国的水土使百姓擅于偷窃吗?"

楚王苦笑着说:"圣人是不能随便和他开玩笑的,我反而自讨没趣了。"

(资料来源:《晏子春秋·内篇·杂下》)

晏子出使楚国,楚国人以晏婴身材不高、其貌不扬来侮辱他,晏子以"针尖对麦芒"的方式,维持了国格,也维护了个人尊严。请你从现代礼仪文化角度讨论主客双方各自应该反思与检讨的地方。

**【基本训练】**

### 巧问与妙答技能训练

一问值千金

——柜台售货员问顾客:"您要看点什么?"这里用"看"就比用"买"

或"要"更能体现对顾客的尊重。

　　——饮食店外卖服务员问顾客："要加鸡蛋吗?"改为"要加一个鸡蛋,还是两个鸡蛋?"后者更有利于商家促销。

　　——超市售货员问顾客："是您自己拿回去呢,还是给您送回去呢?"改为"是给您送回去呢,还是您自己拿回去呢?"后句更有利于商家节省人手。

　　——消费者在酒店点菜问服务员:"贵店有鱼吗?"答:"有!"又问:"这鱼新鲜吗?"又答:"新鲜!"据说,不如改为泛问:"贵店有什么好吃的?"这样有可能避免吃到不新鲜的鱼。

**妙答种种**

　　——推销员向家庭主妇推销商品,问:"请问您需要什么?"答:"钱!"

　　——有人问哲学家梅内德谟:"你是否停止打你的父亲了?"梅内德谟答道:"我从来也没有打过他。"

　　——有人问党委书记:"你是怎样一下子成为党委书记的?"书记答道:"我是先成为共产党员,然后成为党委书记的,不是一下子,而是两下子。"

　　——总统的朋友向总统探听军事秘密。总统问:"你能保密吗?"朋友答:"能!"总统答:"我也能!"

　　——物理学家法拉第有一次在大庭广众下做电磁学实验表演,有人问:"先生,请问这有什么用?"法拉第反问:"请问,新生婴儿有什么用?"

　　以上数例都是巧问妙答的范例。请以两人为一组,任意设置情景,互相做巧问妙答技能训练。

# 附录：大学毕业生求职面试口才

求职，在现代社会生活中很普遍，也很重要。过去人们在一个单位干一辈子是很正常的事，而现代社会给人们的生存提供了更为广阔、自由的发展空间，"跳槽"和"炒鱿鱼"成了使用频率很高的词汇，个人需要不断地调整自己以顺应时代发展的需要。我国大中专毕业生实行自主择业、自谋职业政策以后，"包分配"不复存在，"铁饭碗"已被打破，大学毕业生需要通过求职方式来寻找理想的工作。

## 一、求职前的准备

求职虽然是供求双方相互了解的过程，但在就业市场供过于求的情况下，主要还是求职者接受用人单位的考察。求职者为了获得满意的工作，适时而得体地展示自己的知识、能力、性格和特长，以使自己从面试中脱颖而出，求职前的准备也就显得十分必要。

### （一）心态调适

心态正确，语言表达就会充满自信。

心理学家研究发现，大学毕业生走出校门面对的心理压力主要有四个方面：失去依赖关系的"空落感"、不被重视的"自卑感"、面对等级压力的"沉重感"、初尝"世态炎凉"的"孤独感"。失去学校、老师的保护，同学的相互依赖，突然面对比较陌生的社会，难免会感到心里不适。

也有人分析，大学毕业生求职过程可能会伴有以下心理：

造假心理：怀揣假学历、假证书、假荣誉常常会使自己惴惴不安，因为假的真不了，它可能终究会毁了自己的前程。

成就心理：自己在校期间成绩好、荣誉多、职务多，理所当然应该受到用人单位的青睐，找到好工作，殊不知，用人单位并不以这些条件作为选人用人的唯一标准。

依附心理：一些大学毕业生缺乏独立意识，外出找工作总需要有父母、同学相伴，或一帮学友"结伴而行"，共同应聘同一个单位，希望日后相互照应。这种思想、行为不能独立的毕业生一般不会被用人单位看好。或者不急于找工作，总想凭着哪个亲戚朋友等社会关系，拿点钱"买"个职位。这样得到的工作也很难长久。

羞怯心理：在求职现场丢下自荐书就跑，面对招聘者结结巴巴、面红耳赤。这样的人一般也不会让用人单位动心。

仕途心理："学而优则仕"，非"公务员"不考，觉得只有"当官"进"衙门"才是正途。其结果是将就业门路弄得很窄，有时甚至会弄得"英雄气短"、精疲力竭。

心态调适的正确做法是：客观、实事求是地了解自己，明确自己在人才市场上处于什么位置，根据自己的优势特长去应对即将面临的竞争与考试。了解自己有什么特长，能做什么和不能做什么，最需要什么，有哪些有利和不利因素等。

求职者应有的心态首先是自信。戴尔·卡耐基曾说："不怕推销你自己，只要你认为自己有才华，你就认为自己有资格担任这个或那个职务。"有了这样的自信，才会沉着应付，坦然面对用人单位的审视，接受对方的挑选。

我刚毕业找工作时，曾去过很多场招聘会，感悟最深的是：自信是求职最重要的砝码。之所以这么讲，是因为我的第一份工作，就是在拥挤的招聘会上以我那自信的表现吸引了主考官，给了我面试的机会，从而求职成功。

那是一个周六，在人才招聘会上，人头攒动，每个招聘台前都挤满了应聘者。这时我在一家展台前停了下来，那家公司在招聘行政助理。我没有工作经验，没有任何优势，有的只是对自己的了解与信任，相信自己能胜任这份文职工作。于是，我决定投出一份简历。

这家展台也一样挤满了应聘者，我定了定神，透过那些应聘者的头，将一份简历从空中递上去，朗声说道："您好！这是我的简历，请您过目。"不知是因为我响亮的声音还是因为那"横空而出"的简历吸引了主考官，总之，主考官抬起了头，并朝我的方向看来。由于距离甚远，无法与主考官交谈，我只是自信地回望了他一眼，转身离开了展台，在转身的那一刹，我感觉到了主考官赞许的眼神。

在回家的路上，我想，这家公司肯定会通知我面试的。我对自己很有信心。我当时的表现，主考官已经留意我了，他会从上百份简历中注意看我的简历。

接下来，果然，我接到了面试通知，也如愿以偿进入了这家公司。后来，在一次闲聊中，我们的头儿，也就是当时的主考官，跟我讲："当时，看你很有信心，在那些拥挤的人中，显得有些鹤立鸡群。"

我笑着说："那是因为我个子太高了吧?"

虽然嘴上这么说，但我心里很清楚，我得到了这份工作，是因为我在招聘会上的那份自信，那份因自信而来的气质，给主考官留下非常深刻的第一印象。

每个求职者都有一个良好的愿望，即拥有一份属于自己的理想工作。但真的走向人才市场后，有的人因眼高手低，让机遇从身边悄悄溜走；有的人见求职有望便沾沾自喜，或求职不成便懊恼沮丧。这些都是心态不好的表现。

转换思路，转变择业观念也很重要。其实，在市场经济条件下，人们在择业观念上需要转换思路，比如：求职未必选发达地区、未必选名企、未必要高薪、未必选白领、未必要专业对口等。

刘晓是从国外留学回来的工商管理学硕士，最初在应聘上海一家外资企业时，开始双方谈得很顺利，刘晓能感觉到对方的欣赏。因而当最后人事部经理问及她希望年薪多少时，她自信地说："所有福利加起来10万美金左右。"对此，人事经理回答："如果所有福利包括每年14天带薪假期，100%医疗保险和一辆宝马车如何?"结果，当她问及是否玩笑时，对方冷冷甩给她一句"玩笑是你先开的"，这让她好不难堪。

有人求职失败固然是因为缺乏自信，有人则是因为过于高估自己，导致错失良机。

### (二) 了解资讯

大学毕业生求职前要广泛收集掌握人才市场信息。常见的信息来源很多，就目前而言，主要有：国家和地方政府发布的有关人才录用和流动的决议、决定、规划和规定，各类媒体、招聘广告、用人单位、人才交流中心、供需见面会、就业中介或学校就业指导中心发布的信息，实习单位的诚挚挽留，家庭成员、亲戚朋友、师长校友、邻里及其他熟人的推荐，自己刊登求职广告、发求职信、网上求职、电话联系或亲自拜访等。求职者应根据自己的兴趣特长和人才市场供需形势，认真筛选、分析这些信息，从中挑选最适合自己的信息进行沟通联系，决定洽谈见面。当得到一个确切的职业信息时，要尽快作出反应，才能捷足先登。不能害怕失败，即使不成功对自己也无任何伤害，反而使自己积累了经验，得到了锻炼。

应聘单位包括机关、学校和企业。以企业为例，要认真了解与研究企业背景、性质、类型、企业文化、企业形象、管理模式、创业理念、发展态势、经济效益、产品状况、人员编制、人际关系状况、生活条件、经济待遇、发展前景、招聘原则、岗位设置及人才缺失情况、当前的突出问题等，以决定取舍。

了解应聘单位信息，应包括以往求职面试的情况，诸如面试的内容、规则、要求，面试官的身份、性格以及竞争对手的情况等。

其中揣摩用人单位的心理特别重要。准备的目的是向用人单位推荐自己，以引起对方的兴趣，求到自己想要得到的工作或职位。要实现这一目标，就要善于寻找自身条件与对方需要之间的最佳结合点，做到"投其所好，荐其所求"。

据上海市高等教育研究所、上海市高等教育局学生处和上海市学生工作研究会所作的一次联合调查，在大学毕业生就业市场上，用人单位在求才心理上对下列这些类型的大学毕业生更感兴趣：

①思想政治素质较高的毕业生；

②有事业心和责任感的毕业生；

③有艰苦奋斗精神的毕业生；

④基础扎实、知识面较宽的毕业生；

⑤有组织管理能力，善于处理好人际关系的毕业生；

⑥有奉献精神和创新能力的毕业生。

同时也表明，下列这十类毕业生在人才市场上就业比较困难：

①成绩"优"却无其他专长的学生；

②计较名利、追求享受、以自我为中心的学生；

③未老先衰、暮气沉沉的学生；

④大学时代学无所成的学生；

⑤头脑简单、缺乏内涵的学生；

⑥口齿木讷、不善交际的学生；

⑦身体状况欠佳的学生；

⑧自我意识太强的学生；

⑨愿望、动机模棱两可的学生；

⑩给人第一印象不深的学生。

用人单位的量才标准无疑是一根无形的指挥棒，制约着人才市场，也影响着求职者的求职策略。作为一名求职者，不仅平时就需要在个人素养上不断向这些"受欢迎"的标准靠拢，而且还应该在求职准备时留意这些标准，契合这些标准，以适应用人单位的求才心理。

### （三）资料准备

求职材料一般包括：毕业生推荐表、个人简历、学历和学位证书、身份证、业绩或成果证明材料、爱好特长或社会活动记录、反映自己愿望的求职信、通信地址和联系电话等。材料内容要求客观、真实，不得弄虚作假。所有的材料都要有原件或复印件，不能凭口头介绍，也便于用人单位留作档案。以下着重说说求职信的写作。

求职信包括收信人称呼、正文、结尾、署名、日期和附录六个方面。

称呼：求职信的称呼须正规些。

如果写给国家机关或事业单位的人事部门负责人，可用"尊敬的××处（司）长"。

如果是"三资"企业首脑，则用"尊敬的××董事长（总经理、先生）"。

如果是各企业厂长经理，则可称之为"尊敬的××厂长（经理）"。

如果写给院校人事处负责人或校长的，可称"尊敬的××教授（校长、老师）"。

如果打探到对方是高学历者，可以用"××博士"、"××硕士"称呼之，则他（她）会更容易接受，无形中对你产生一种亲切感。

求职信不管写给什么身份的人，都不要使用"××老前辈"、"××师兄（傅）"等不正规的称呼。

正文：求职信的中心部分是正文，形式多种多样，但内容都要求说明求职信息的来源、应聘职位、个人基本情况、工作成绩等。

首先，写出信息来源渠道：

"得悉贵公司正在拓展省外业务，招聘新人，且昨日又在《××商报》上读到贵公司招聘广告，故有意角逐营业代表一职。"

如果你的目标公司并没有公开招聘人才，即你并不知道他们是否需要招聘新人时，你可以写一封自荐信去投石问路：

"久闻贵公司实力不凡，声誉卓著，产品畅销全国。据悉贵公司欲开拓海外市场，故冒昧写信自荐，希望加盟贵公司。我的基本情况如下……"

这种情况下用"冒昧"二字就显得很有礼貌。

其次，在正文中要简明扼要地介绍自己与应聘职位有关的学历水平、经历、成绩等，令对方从阅读完毕之始就对你产生兴趣。但这些内容不能代替个人简历，较详细的个人简历应作为求职信的附录。

最后，应说明能胜任职位的各种能力，这是求职信的核心部分。目的无非是表明自己具有专业知识和社会实践经验，具有与工作要求相关的特长、兴趣、性格和能力。总之，要让对方感到你能胜任这项工作。在介绍自己的特长和个性时，一定要突出与所申请职位有联系的内容，千万不能写上那些与职位毫不沾边的东西。

结尾：一般应表达两个意思，一是希望对方给予答复，并盼望能够得到参加面试的机会；二是表示敬意、祝福之类的词句：

"顺祝愉快安康"、"深表谢意"、"祝贵公司财源广进"等，也可以用"此致"之类的通用词。

最重要的是别忘了在结尾认真写明自己的详细通信地址、邮政编码和联系电话，如果让你的亲朋好友转告，则要注明联系方式方法以及联系人的姓名以及与你的关系，以方便用人单位与你联系。

署名：按照中国人的习惯，直接签上自己的名字即可。

日期：写在署名的下方，应用阿拉伯数字书写，年、月、日全都写上。

附录：求职信一般要求和上述其他有效证件和材料一同寄出，并在正文左下方一一注明。

我的应聘败在简历上。

虽说我学的是阿拉伯语，但大四前我并不为工作的事着急。大学前3年我都在一家贸易公司做兼职翻译，负责国际贸易的总经理曾对我许诺：毕业后直接来上班就行！大四大家求职到高峰时，我与他联系，可他却委婉地告诉我，因为和埃及那边的合作取消，公司已经不需要阿拉伯语专业的人了。

看着不知所措的我，宿舍的姐妹们要我立即制作个人简历。好朋友陈蓝还叮嘱我一定要把简历做得华丽些，哪怕数量少点也没关系，见到合适的公司一定要递上去，绝对不能错过任何机会。没有求职经验的我点头称是，拿出

1 000元钱做了10套装潢华丽的简历，仅一套就是厚厚一叠。

招聘会热火朝天，要人的单位多，等着人要的大学生更多。我把简历一份份递上，可得到的回答不是专业不对口，就是需要有两年以上工作经历。虽然我极力辩解我有3年贸易公司兼职翻译经历，却因招聘会上太过吵闹淹没在人声里。

我终于看中某集团的海外贸易部。负责招聘的大姐快速翻着我的简历，皱着眉头说："你什么专业的，到底要应聘什么部门，有什么特长啊，写这么多干吗！等电话吧！"说完"啪"的一声把简历扔进一大摞简历堆里，高声叫道："下一个！"

来回走了一圈，工作的事仍没着落，可简历却一份也不剩。正当我沮丧得准备离开时，却意外看到会场尽头角落里的环亚旅行公司。这家从事境外旅游的公司招聘栏上清楚地写着：阿拉伯语。我兴奋地走过去，负责招聘的中年男子笑着问我："小姐，你的简历呢？"我才意识到我手里一份简历都没了。

匆忙把姓名、学校、专业、特长填在一张空白纸上递给负责人，他皱着眉头收下，挤出笑容说："好的，那你等通知吧。"

一个礼拜过去了，我没接到任何面试的电话。而此时和我一个专业的某男生却成功应聘到我心仪的那家集团的海外贸易部。他告诉我，他的简历只做了两页，一页介绍自己的基本情况（包括各科成绩），一页是大学4年的社会活动简介。他一说完我顿时傻眼。

求职信的写作要有一定的技巧。首先，要站在对方的立场上说话：表达自己的求职愿望时，要使对方觉得你感兴趣的是该公司或企业及其提供给你的职业或职务，而非你个人的偏好或兴趣。其次，不要过分渲染自我：求职需要优秀的品格和真才实学，也需要自信心，但是在提出求职申请时不能过分夸大自己的能力，更不能自吹自擂。再次，要明智地提出工薪待遇：有的用人单位，特别是民营或外资企业通常要你自己提出希望的工薪待遇。最后，写完信后要注意修改检查：求职信是有关个人生计与事业发展的大事，务必精心构思、认真运笔、反复修改润色，直到你觉得它最能反映和代表你的水平为止。

### （四）问题准备

回答考官问题，是求职面试中至关重要的一环。面试问题包罗万象，并且因人而异，但一般说来，还是有一个大致方向的，譬如：

（1）有关个人情况的（业余爱好、成就、主要优缺点）；

（2）有关学校生活的（所学专业、第二学位、毕业设计、所担任的职务）；

（3）有关社会工作经历的（适合的工作、辞职的原因、求职的经历与感受）；

（4）有关职业方面的（职业发展规划、工资待遇、你的优势）；

（5）有关人际交往方面的（学校活动的组织、大型社交活动的参与）；

（6）与求职相关的其他问题（人才市场的了解、求职的市场需求）。

以下是某计算机公司对一位毕业生从面试开始到结束提出的 23 个问题。这些问题依次是：

（1）你已掌握了大学四年中所学的东西？

（2）你觉得哪些课程对你最有帮助？

（3）你选修了其他课程吗？

（4）你的毕业论文是自定的还是老师指定的？

（5）你认为计算机软件开发工作难吗？

（6）你对自己的能力有所了解吗？

（7）你喜欢高等数学课程吗？

（8）在大学里你愿意参加哪些活动？

（9）你担任过什么社会工作？

（10）你参加过公开演讲吗？

（11）你认为你的经历和性格有益于交际吗？

（12）你上学时是不是边学习边参加勤工助学？

（13）你觉得勤工助学和其他活动占用你的时间吗？

（14）你觉得挤出时间学习很困难吗？

（15）你认为你有哪些特殊才干？

（16）你的最大长处和弱点？

（17）你对本公司了解吗？

（18）你有什么要问的问题？

（19）关于工作你还有什么问题？

（20）你喜欢在大公司还是在小公司工作？

（21）你能很快适应环境吗？

（22）你喜欢什么样的工作环境？

（23）对于此，你还有什么问题要问？

上述问题大体可以分为五个方面：应聘者是否受过良好教育，是否有较强的分析能力和主动性，在联系他人方面是否好合作，自我意识和思维的条理性如何，是否适合该公司的工作环境和要求。

有人将常见提问内容归纳为以下"10个经典问题"并给出答题方向，兹照录于下，仅供参考：

1. 你为什么离开原来的单位？

面试交谈中，一位考官可能会问："你所在单位目前是本市有名的纳税大户之一，福利待遇很好，你为什么来我公司应聘？"另一位则插上一句："是不是在单位里干得不够开心啊？有什么烦恼尽管说出来，我也替你分担一下。"对两位考官的"善意"发问，一般人会轻易"中计"，将自己的苦衷都说出来或抱怨原单位，习惯将原单位"往下贬"，将现应聘的单位拼命"往上抬"，以为这样可以得到主考官的欢心，殊不知主考官会从这种"厚此薄彼"的回答里，看出应聘者将来再到其他单位时对现聘单位的态度。

参考回答：

（1）我在原单位是个"抢手货"，机构改革时，多个部门都争着要我，我干得很开心，并没有什么烦恼，我来贵公司应聘，主要目的是希望给自己一个提升能力的机会，一个挑战自我的空间！

（2）毕业后为了尽快找到工作解决生活问题，就病急乱投医，后来发现匆忙找的单位，既不能发挥自己长于创意、善于策划的特长，也不能学到有用的东西。在这种情况下本打算早点离开，但为了信守承诺，还是坚持到合同期满。我对原单位还是感激的，因为它不仅帮我解决了毕业之初的生活问题，而且还让我意识到了这样一个问题：只有从事一份能充分体现自身价值的工作，生活才有意义。

2. 你如何看待你所应聘的岗位？

通常，各个岗位在责任权利、分工合作、技能技巧等方面，都有明显的要求，而这往往是区别于其他岗位的地方。每个岗位都有其对员工的特殊要求，在专业化日益增强的今天，"万金油"式的人越来越不被看好。所以，你切不可在未详细了解岗位的具体要求的情况下仓促应允，以为自己什么都干得了，这不明智，而且容易招致面试方反感。

参考回答：

（1）我应聘的岗位是我的专业所长、兴趣所在、能力所能达到的，这个岗位是一个能让我更好发挥自己才能的舞台，我会在这里发光发亮。

（2）任何岗位都无贵贱、好坏之分，本人应聘的岗位应该是我自己喜欢的岗位，有一定的发展前途，能给予我一个锻炼以及得到提升的机会。

（3）正如广告语所说"我选择，我喜欢"。因为贵公司的这个岗位很适合我。这是一个能够发挥我个人能力，能够使我在这里找到可以发挥的空间并激发出个人潜力的岗位，而且是一个让我感兴趣的岗位，能够使我把兴趣与工作融为一体，工作起来随心所欲，就能对这项工作抱以最大的热忱，就能很好地完成工作并胜任这个岗位。

### 3. 你如何证明自己是最优秀的？

这是一个不好回答的问题，说自己是最优秀的，会被认为是夜郎自大，而说自己不是最优秀的，又会被认为是缺乏自信，若避而不答，则可能被认为是没有考虑或是对面试问题不够重视。因此这样的问题不宜正面回答，你可以试着从正面绕开，从侧面回答问题，以显示你的应变能力。

参考回答：

（1）优秀不是用语言就可以说出来的，我希望主考官能给我一个实践的机会，我会用我的实际行动证明我是最优秀的。

（2）如果您给我一个机会，我就可以证明自己是最优秀的。我缺乏的不是才华，不是信心，也不是能力，而是一个机会，一个让我展现自己的机会。

（3）俗话说：口说无凭。再华丽的辞藻也无法证明，只有行动是最实际的。如果贵公司选择了我，我会以实际行动证明自己是最优秀的。同时我也相信贵公司优秀的管理制度与我较强的学习能力，能让我成为最优秀的员工。

### 4. 你的薪酬要求是多少？

一般情况下，让你去"面试"的单位是不会与你在此问题上有很大的谈判余地的，你只能按照其薪酬标准行事。如果你过去的薪酬水平较高，在此并不指望开始时就能保持与过去一致，而要经过工作的实践来检验；此外，也应说明各单位都有自己的规矩，入乡随俗是基本的礼貌和程式，这样，既回避了相对敏感的问题，也体现了你的修养和对对方的尊重。

参考回答：

（1）我希望能够获得适中的报酬，这份薪酬和我付出的劳动、所作出的贡献相当，同时也希望这份薪酬有上升的空间，作为鼓励我努力完善自己、提升自己各方面能力、提高自己竞争力的动力。

（2）我的薪酬要求是跟我所付出的劳动相等，因为薪酬就是对你所付出的劳动的一个回报，俗话说"一分耕耘，一分收获"。

（3）我觉得这份工作对我而言，薪酬的多少不是最重要的，重要的是我在这个岗位中学到了什么。因此，薪酬的要求与相应的职位的薪酬一样就可以了。

5. 你有什么业余爱好？

业余爱好能在一定程度上反映应聘者的性格、观念、心态，这是招聘单位问该问题的主要原因。

回答提示：

（1）最好不要说自己没有业余爱好，不要说自己有哪些庸俗的、令人感觉不好的爱好；最好不要说自己仅限于读书、听音乐、上网，否则可能令面试官怀疑你性格孤僻。

（2）最好能有一些户外的业余爱好来"点缀"你的形象，譬如旅游、打球、交友、摄影等。

6. 你最主要的优缺点是什么？

主要优缺点显然能在很大程度上反映应聘者的性格、品质、才能或不足，当然这是招聘单位最经常问的问题。

回答提示：

（1）不宜说自己既没有优点也没有缺点；不宜说自己只有优点或只有缺点；不宜说自己的优点微不足道而缺点带来的问题很严重。

（2）优点最好与自己所应聘的工作密切相关，并且举例；缺点最好不要跟自己所应聘的工作太相关，并表明自己一直在与它们作斗争。

7. 你最崇拜谁？

最崇拜的人也能在一定程度上反映应聘者的性格、观念、心态，这是面试官问该问题的主要原因。

回答提示：

（1）不宜说自己谁都不崇拜；不宜说崇拜自己；不宜说崇拜一个虚幻的

或是不知名的人；不宜说崇拜一个明显具有负面形象的人。

（2）所崇拜的人最好与自己所应聘的工作能"搭"上关系；最好说出自己所崇拜的人的哪些品质、哪些思想感染着自己、鼓舞着自己。

8. 你的座右铭是什么？

同上，座右铭也能在一定程度上反映应聘者的性格、观念、心态，这是面试官问这个问题的主要原因。

回答提示：

（1）不宜说那些容易引起不好联想的座右铭；不宜说那些太抽象的座右铭；不宜说太长的座右铭。

（2）座右铭最好能反映出自己某种优秀品质。如"只为成功找方法，不为失败找借口"。

9. 请回答 1 + 1 等于几？

这不是一个简单的数学问题，要根据自己应聘的岗位性质来回答。

一位大学毕业生应聘公务员，他稍加思考后十分自信地回答："你需要它等于几，它就等于几。"结果他被淘汰了。

而有一位部门经理面试时答过同样的问题，答案与该毕业生一样，这位应聘者被录用了。

回答提示：

这位毕业生的回答，说明他读过不少求职技巧方面的书，但他忽视了不同职位的不同素质要求。企业部门经理要为企业目标服务，企业希望他一年创造上百万的利润，那他就得朝这个方向去努力。但这里要招的是公务员，公务员的基本素质之一是实事求是。因此他对"1 + 1 等于几"的回答只能是："等于 2。"

10. 请问 10 - 1 等于几？

这也不是一个简单的数学问题，要根据自己应聘的岗位性质来回答。

参考回答：

（1）诚实答法，即等于九。如果你应聘的岗位要求你丁是丁卯是卯，如秘书、财会统计人员、法律工作者、科研人员等，那么你就适合选择这种答案。

（2）不定答法，即可以等于20、30，或者"你需要它等于几它就等于几"。这种答案适宜于应聘营销职位的求职者选用。因为营销人员的能力完全体现在他的营销业绩上，以很少的资金开拓出大市场，花"小"钱赚"大"钱的营销人员谁都愿意录用。

（3）"荒唐"答法，也叫"哲学"答法，即等于0。应聘管理职位就可以选择这个答案。因为作为一个集体，要有一个最优秀的、能力最强的"头"，才能发挥出这个集体的整体效能。假如失去这样一个最好的"头"，具有决定作用的一个，即"10"减去"1"，那么这个集体的整体效能就不能发挥出来，这不就是等于零吗？

### （五）仪表形象准备

仪表形象是配合求职面试言语技巧的重要硬件之一。面试前，如果能对自己的仪表负责，保持良好的仪表，可使自己心情轻松、充满信心，也可使他人感到舒畅。

**男性**

（1）短发，清洁、整齐，不要太新潮；

（2）精神饱满，面带微笑；

（3）每天刮胡须，饭后洁牙；

（4）短指甲，保持清洁，定期修剪；

（5）领带紧贴领口，系得美观大方；

（6）西装平整、清洁；西裤平整，有裤线；

（7）西装口袋不放物品；

（8）白色或单色衬衫，领口、袖口无污迹；

（9）皮鞋光亮，深色袜子；

（10）全身3种颜色以内，以给人稳重感觉的深素色为主，如藏青色、蓝色、黑色、深灰色等。

**女性**

（1）发型文雅、庄重，梳理整齐，长发不应披散，要用发夹夹好或束辫，不能染鲜艳的颜色；

（2）化淡妆，面带微笑；如果抹香水，应用香型清新、淡雅的；

（3）嘴巴、牙齿：清洁、无食品残留物；

（4）指甲不宜过长，并保持清洁，若涂指甲油，须自然色；

（5）着正规套装，大方、得体；若穿裙子，长度要适宜；职业套装是最简单，也是最合适的选择；

（6）肤色丝袜，无破洞，随时检查是否有脱线和破损情况；

（7）鞋子光亮、清洁，穿式样简单、没有过多装饰的皮鞋，后跟不宜太高；

（8）全身 3 种颜色以内。

## 二、求职面试言语技巧

恰到好处的言语表达，能使主考官在短时间内认识和欣赏你。求职交谈是能否得到理想工作的关键。常见的求职面试言语技巧可从以下方面去把握：

### （一）自我介绍的言语技巧

由于自我介绍不当而使面试失败，占面试不成功的 60%。一位主试官建议说："求职者必须学会自我介绍的技巧，否则你会变得一文不值。"自我介绍是面试的开场戏，对求职的成败起着重要作用。

刚从学校毕业的小田，在校是个高材生，很受老师的器重，他也一贯非常自信，以为无往不胜。他到一家合资公司去面试。开口就说："我是某某大学毕业的。"这所大学固然海内外闻名，当然值得夸耀，但过于强调它，给人拉大旗作虎皮的感觉，令人反感。小田又说："我发表了很多论文。其中某某论文引起校内轰动。"这种自我介绍不仅不能令人敬佩，反被人看轻。可见，求职中如何通过自我介绍展现风采，确实是一件不容易的事。

下面再看两个例子：

尊敬的各位老师：

上午好！

我是来自重庆师范大学英语翻译方向的研究生杨义红，今年 24 岁。

教师是阳光底下最光辉的职业，十几年的求学，使我深刻体会到一名人民教师的神圣职责，如果我能应聘成功，将以满腔热情投入到我所喜爱的教育事业中去。"学高为师，身正为范"是我一直铭记的名言。因此，在本科四年和研究生三年里，我不断努力充实自我，调整自我。我刻苦学习专业知识，并取得了优异成绩。同时我还参加了许多翻译实践活动，大大锻炼了自己的实际工作能力。

作为一名未来的教师，我始终没有忘记自己的使命。在研究生阶段，我积极参加教学实践，曾在本校担任过英语教师。两年的教学实践，让我对教师这个职业有了进一步的了解和认识。与此同时，我还积极向其他老教师学习讲课的方法和技巧。教学实践，不仅锻炼了我的专业知识，也让我深受学生的尊敬和爱戴。

众多的社会实践也锻炼出来我的爱心、耐心和细心，我担任过学校科技协会会长，还被评为"优秀社团干部"呢。当然，我始终没有放松自己的专业学习，先后通过了英语专业四级、八级考试。

现在，我就要步入社会。我迫切希望实现自己的价值，回报社会。"泰山不辞拯土，方能成其高；江河不择细流，方能成其大。"因此，我诚挚希望加入贵校这支教书育人的精英队伍，在未来的日子里，与大家携手并进，开创美好明天！

谢谢！

这份自我介绍，准备很不充分，导致中心不明，泛泛而谈；东拉西扯，结构混乱；缺乏逻辑，空洞无物。

尊敬的各位老师：

上午好！

我叫杨义红，今年24岁，来自重庆师范大学。我相信，今天能来应聘的，都是很优秀的人才。我之所以敢来应聘，是坚信自己有以下优势：

第一，学历上的优势。看其他同学的年龄，大都比我年轻，应该是即将结束本科阶段的学习，而我即将硕士研究生毕业。

第二，专业知识上的优势。我接受过七年系统的英语教育：在校期间，我以优异的成绩通过了英语专业八级考试，并自学考取了英语导游资格证，曾参与接待过塞拉利昂驻华大使、澳大利亚驻华公使等贵宾，很好地完成了任务。

第三，教学实践上的优势。我有着近两年的英语教学实践，曾在重庆师范大学学前教育学院和涉外商贸学院担任英语教师，教授专业英语和公共英语。

第四，身体上的优势。从高中开始，我一直坚持体育锻炼，因此大家看到了，我有良好的身体素质，可以完成繁重的中学教学任务。

第五，家庭上的优势。我可以自豪地告诉各位老师，我来自一个不太富裕的农村家庭，这让我受过许多城里孩子没有受过的锻炼，也养成了许多城里孩子缺乏的品质：吃苦耐劳。

最后，就是年龄上的优势。我今年24岁，是重庆师范大学本届外语研究生毕业生中最年轻的一个。从理论上讲，如果应聘成功，可以为贵校工作更长的时间；同时我又比今天来面试的大多数的同学年龄大一些，处事更成熟稳重一些，教学经验更丰富一些。

我自信会成为贵校最优秀的教师之一，请各位领导和老师给我一个机会！

谢谢！

这份自我介绍，首先是重点突出，通篇围绕考官最关注的问题"求职者应聘这份工作的优势何在"展开，没有横生枝节；其次是结构清晰，一、二、三……的层次安排，合乎逻辑，让人听得真切明白；再次是语言简洁，干净利落，没有"废话"。这样的自我介绍，契合招聘单位需要，符合选贤任能要求，十分具有竞争力。

有人将求职面试中的自我介绍要求，归纳概括为以下24个字：

1. 落落大方，充满自信

自我介绍时，要保持轻松自如的姿态，落落大方。不管你的措辞多么恰当，内容多么丰富，语气一定要自信，声音一定要清晰嘹亮，语速不要太快。别让面试官感到你的声音疲乏、缺乏自信。

一位女学生去见面试官，整个会见过程，她的声音细如蚊蝇，特别是谈到自己时，更显得羞于张口。后来她打电话给公司秘书，公司秘书非常为难地告诉她，主试官说你声音那么小，显然对自己不自信，缺乏活力，也缺乏必要的应酬能力。这位女学生拿着电话哭了。

2. 诚心诚意，实事求是

求职者如何介绍自己，这是应试者想得最多、准备得最充分，也认为是最简单的事。你必须给主试官这样的印象：你是一个对自己非常熟悉的人，并能很好地概括自己的特点。但许多人，急于推销自己，常常过于欣赏、肯定自己，因话说过头而使面试丢分。

李先生曾去报社应征业务主管。主持面试的负责人问他日常的兴趣是什么？他说是爱看书。主试官又问，主要是哪些著作？李先生回答说，爱读西方哲学著作。主试官又问，主要是哪些西方哲学著作？李先生搜肠刮肚，一部也想不起。其实，他的确读过一些，只是时间太久了，一时答不上来。满以为可以把自己塑造成学识渊博、有能力胜任主管的人，但由于分寸拿捏不当，反而把自己弄成华而不实的人了。面试结果，可想而知，他没有收到录取通知书。

### 3. 简洁明了，突出重点

自我介绍最好是简短明了、有条有理，给面试官留下思路清楚、逻辑性强、思维敏捷、反应迅速的印象。不要选择编年体，什么出生年月、毕业学校，一一道来；不要用漫谈的方式，迂回曲折，一唱三叹；不要重复，更不要颠三倒四。口若悬河、滔滔不绝、漫无边际、东拉西扯是大忌。把你最想要传递的信息和表达的意思突出即可。

一位中文系毕业的大学生，到某报社去应聘编辑。他很想在自我介绍中把自己的文学才能显示出来。主试官说："谈谈你自己吧！"这位大学生觉得表现自己的时机到了，清清嗓门用抑扬顿挫的声调说道："25 年前一个大雪纷飞的夜晚，我的啼哭声把北国的一座城市闹醒了。懵懵懂懂地度过了童年，有许多欢乐，也有很多痛苦，自然也长了许多见识。我爱好黑色，包括黑咖啡……"虽说主试官也喜欢文学，但听了这番介绍却大倒胃口，主试官最后说："你大概更适合写诗。"

### (二) 回答问题的言语技巧

面谈是求职面试中最重要的一个环节。主考官会出其不意地提出一些令求职者难以回答的问题，以考查应聘者各个方面的素养，希望看到一个"真实"而"全面"的"你"。

面谈回答问题没有一个万全的模式。有人说"诚实是最好的策略"，有人说"自信会让你左右逢源"，有人说"随机应变让你无往而不胜"。兹介绍几种基于这些原则的"妙答"招式如下：

### 1. 随机应变

李某应聘某外企仓管部主任，当轮到她面试时，人力资源部长突然这样告知她："很抱歉，公司老总刚刚作出决定，不招仓管部主任了，只招勤杂工。你请回吧。"李某说："因为我应聘的是仓管部主任，仓管部主任的基本要求是认真细致与勤恳踏实，这一点与勤杂工有相同之处。何况仓管本身就要从事烦琐的工作，需要有不厌其烦的心态。一个公司的正常运作，单靠老板和几个副手，是薄力难撑的，只有依靠全体员工的共同努力，事业才能蒸蒸日上，因而不管在哪个岗位工作，都是公司的一分子，没有高低贵贱之分。如能到贵公司工作，我就把做勤杂工当成是一回'考验'吧！"

分析：李某应聘成功，在于当面试官突然说不招仓管部主任时，她认定这是一个幌子。因为用人单位不可能出尔反尔突然改聘，所以她没有被面试官的话"吓"倒，而是坚持自己的应聘意向，并巧妙道出勤杂工与仓管部主任的相同之处，表达了自己就算当勤杂工也无怨无悔的意愿。面试官被她的出色表现所折服。

### 2. 避实就虚

王勇到某电脑公司应聘程序设计人员一职，但应聘单位在招聘广告上注明需要两年以上工作经验的人员。王勇虽是应届毕业生，但对这份工作非常喜爱，于是决定去试试。面试开始，主考官看完他的简历后说："你知道我们这次要招有两年以上工作经验的人吗？"王勇略加思考后回答："对贵公司这种录用人的条件，我是很理解的。富有经验的人，上手快些。但我作为一个新手，可塑性强，适应能力强。我随时准备按贵公司的需要去塑造自己，以便更好地适应工作。至于工作经验，我也不是没有，大学时，我在实习和勤工俭学中，也获得了不少经验和技艺，虽然这些不是在专职工作中得来的，但毕竟也是一种经验的积累。"王勇答完后，考官满意地点了点头。

分析：面试中，有的主考官会故意向应聘者泼冷水，在这种情况下，应聘者要沉着冷静，谈话要注意扬长避短，避实就虚，巧妙地突破招聘条件的限制，以求变被动为主动。王勇不符合招聘条件即"两年以上的工作经验"，但他在谈话时着重强调了"作为一个新手，可塑性强，适应能力强"的优势，让考官心动；他也不失时机地强调了大学时，他在实习和勤工俭学中，"也获得了不少经验和技艺"这一点，让考官觉得他并不墨守成规而具有创造潜力，故最终赢得了考官的青睐。

### 3. 适度激将

王林学的是家具设计专业，大学毕业后来到南方某城市找工作，家具公司看到他大学刚毕业，缺乏实践经验，都不愿聘用他做设计师。王林没有气馁，他深入家具市场进行调查，重点分析了一些家具滞销的原因，然后信心十足地来到一家不景气的家具公司求职。"我们公司不招人。"他刚开口，便遭到对方的回绝。"你能听我把话说完吗？"王林委婉地说。之后他语气诚恳地指出了该公司家具滞销的原因，又提出了改进的方法，最后立下了"军令状"："请让我试工三个月，如果我设计的家具不能打开市场，我立马走人，这三个月就算给你们白干的。"老板看王林说的是内行话，且改进措施也切实可行，何况公司现在也不景气，就产生了"死马当活马医"的念头。王林十分珍惜这个来之不易的机会，他参考了许多优秀的设计方案，又调查了市场需求，结果他设计的家具既新颖又实用，在订货会上大受欢迎。老板很赏识王林的才华，和他签订了聘用合同。

分析：虽然求职面试时的交谈需要把握各种"度"，譬如说话的速度、声音的高度、自信的尺度、感情的温度以及表情、手势、姿态的风度等。但有时急中生智、见机行事、出其不意地来个"反弹琵琶"——你说我不行，我偏说我行，不信你给个机会让我试试，反而会令面试官眼前一亮，刮目相看。也许"不打不相识"，机会就在博弈中！王林同学似乎深谙其中的道理，他同这个濒临倒闭的公司签订的聘用合同就是他用"激将法"争来的。不过此法的运用必须强调一点：你必须身怀绝技，有备无患。试想，王林如果没有"深入家具市场进行调查"、"老板看王林说的是内行话"这些特技，只凭一时的信誓旦旦和血气之勇，老板也不会赏识他的才华的。

4. 欲擒故纵

小彭曾经得过全国发明奖，他跟面试官没有提出这件事，因为他觉得目前这份工作与他的发明没什么关系。没想到当谈话进行到一定程度时，面试官提到这项发明。小彭笑笑说："这是我前年搞的。去年和今年又搞了两项。不过这没有什么值得提的。"他对得奖一事表现得较为平淡。面试官又问："现在这份工作与你搞发明相去甚远，你不觉得遗憾吗？"小彭回答："我想，我的兴趣和能力不一定只有发明才表现出来，我喜欢琢磨，喜欢有成就感，因此，相信这份工作也一定会做得很出色。"面试官十分高兴地录用了小彭。

分析：当你有了了不起的业绩时，或者你有足够的资历、经验能胜任这项工作时，不要在交谈时和盘托出、大做文章，要给自己留一手。一开始就说出"伟大业绩"会给人以自吹自擂的感觉，容易引起反感，留在后面说，或者让考试官提出问题，你来回答，会给人谦虚的印象，令面试官刮目相看。

当然，应聘本来就带有激烈竞争的味道，应聘者唯恐自己优势不足，优点不多，怎么还要把自己的亮点故意隐藏起来呢？所以这个方法要想运用得好，还要懂得"欲擒故纵、欲扬先抑"的道理。

有一位女大学生去一家中外合资公司应聘求职。她通过了一道道关卡，最后只剩下她和另一位男性求职者。经理是外国人，他在与这两位求职者的闲聊中，极为随便地问了三句话：

"会打球吗？"

男的说："会。"

女的答道："打得不好。"（其实她在大学校园里是个不错的羽毛球选手）

经理又问："给你俩一部小轿车，限在一星期的时间内，有没有把握学会驾驶这辆小汽车？"

男的说："有"。

女的说："不敢保证。"（其实她曾经学过开汽车）

经理再问："厨房里有的是蔬菜，你俩能不能给我做几样拿手好菜，我这人不挑剔。"

男的说："没问题。"

她却腼腆地说："做得不好。"（其实她的烹调技术不亚于一个三级厨师）

分析：这位男应聘者的答话更能受到主考官的欢迎，原因是这位女大学生墨守"谦虚是美德"的古训，不敢表白自己的工作能力。如果从更深一层来讲，她的身上郁积着自卑心理，不敢面对机遇、迎接挑战。在求职过程中，如果招聘人员是从港、澳、台来的，他们或许会理解中国人的谦虚心理。可当招聘者是来自历史文化背景截然不同的西方国家，则可能出现上述结果。

5. 坦诚亮底

有位竞选厂长的小伙子是这样回答面试官的疑问的：我一没有光荣的党票，二没有金灿灿的大学文凭，三没有丰富的阅历，我只是一个初涉人世的小伙子，你们有百分之百的理由怀疑我能否担当我们这个厂的厂长重任。然而，请细心想想，我们工厂长期处于瘫痪状态，难道是因为历届厂长没有党票、没有文凭、没有阅历吗？

分析：求职固然需要扬长避短，尽量展示自己的优势，但人无完人，有时若善于亮底，也会转劣为优，给人以"此人诚实"的信任。譬如面试官提出你有补考科目时，你可以回答："哦，那应该是宏观经济学。我一向不喜欢它：枯燥乏味，总是一大堆数学公式与图解，再加上那填鸭式的讲解，有时真让人难受。所以我这门课的成绩始终不佳。"又譬如面试官问道："你喜欢出差吗？"你可以直率地回答："坦率地说，我不喜欢，因为从一地到另一地去推销商品并不是一件惬意的事。但我知道，出差是商业活动中的一个重要部分，也是推销员的主要工作之一。所以说，我不会在意出差的艰辛，反而会以此为荣。因为我非常喜欢推销工作。我想这一点更重要。"

案例中的小伙子以历届厂长与自己作对比，所表现出的机敏、坦诚与个性一定会令面试官怦然心动，或许他的虎虎生气恰恰就是他们"众里寻他千百度"的品质。不过，这种策略的运用，要掌握好火候，对毛病或缺点的暴露，要有所保留，点到即止，目的还是为了申说自己的长处或强项（譬如正确的认识，良好的心态，充分的自信）。如果把自己的缺点和毛病说得过多过细，是为了自责，则可能会适得其反。

6. 道德至上

在一家公司的一个管理岗位的竞争中，李忠德以优异的成绩进入了最后的复试——和他一同进入复试的还有另外三个人。公司高层领导决定在他们四人中挑选一人留用。

复试后的第二天下午，一名负责人嘱托李忠德去打扫一间已经弃用很久的房间。在打扫的时候，李忠德从房间角落里扫出了一只布满灰尘的钱包。扫完地之后，他把钱包交给了那位让他打扫房间的人。负责人接过钱包，问："你知道里面有什么吗？"李忠德回答说："不知道。这不是我的东西，我没有权利知道。""我告诉你，这里面有一枚金币，这是考验你们的最后一道题。现在，只有你一个人通过了考试——你被录用了。"

原来，前面的三个人，都在打扫房间时扫出了一只装有金币的钱包，但都把金币悄悄装进了自己的口袋，因而都遭到了淘汰。

分析：司马光曾经说过："才者，德之资也；德者，才之帅也。"德，是才的方向和灵魂，是才的发展动力；才，是人们取得成功的基本条件，也是道德得以发挥的凭借。对于用人单位来说，德才兼备的求职者永远是他们的首选。所以，我们常见用人单位以"情景设置法"（譬如在你的座位下故意丢一枚别针，或堆放一些垃圾，面试官故意迟到），来测试应聘者的某些特殊品质和才能，包括道德素养。有的求职者只把注意力放在业务素质的准备上，忽视个人的道德品质素养，结果，常常在这种面试中惨遭淘汰。案例中的应聘者不仅语言应对自如，尤显品德修养好。记住：谋生固然重要，而做人比谋生更重要。无论是作为一种战胜策略还是需要，人类道德没有过时，而且永远不会过时！

### （三）询问情况的言语技巧

应聘者向面试官询问情况也许是面试的最后一个环节。西谚说，"笑到最后的笑得最好"，询问情况的提问环节也不能造次。

试想，面试官若问你有没有问题，你如果说没有，对方也许不会雇用你。为什么？因为一个对这份工作十分重视、担心自己前途的人，一定会有许多问题；不提问，或者没有问题，说明你怯场，或者不看重这份工作。其实，提问也是你表明对工作态度的一个好机会。

问什么和怎样问同等重要。有人将面试提问内容归纳为以下几个方面：

（1）你想请个怎样的人？

请对方详细说说，他究竟想请一个怎样的人（不单是学历，还有性格）。你知道得详尽一点，可以自己考虑是否对这个工作有兴趣。假如你发现，这个职位是新设立的，可能是暂时性的工作，你便要考虑前途究竟怎样。

（2）这个职位在公司处于怎样的位置？

让对方向你展示一个公司内部人事组织图表，由此可知你的工作范围是否重要和你的职位的高低。

（3）现在这个职位由谁负责？

你可能发现这个职位在过去五年间已换了几个人，即说明工作性质有点问题；或可能以前的几个人都很快地升了级，由此可以推断，假如你做得好，也有可能升级。

（4）怎样才能获得升级？

这表示你有上进心，并有意在公司长期工作，假如对方对这样的问题感到为难，不直接正面回答，你可以肯定升级的机会不大；但若他详细解释，你便要认真聆听。你不妨和对方讨论，谈谈你对工作的理想和抱负，因为这种问题正表示你对事业重视，并懂得怎样安排自己的前途。

（5）公司有什么大的计划或目标？

并非每家公司的计划都是秘密，这个问题可能有机会让你衡量一下这家公司是否对更多的业务有大力发展的意向。如果他们的经济状况正处于劣势，数年内都不会好转的话，那么你获得提升的机会亦会因此打折扣；公司若是常常处于经费紧张的境地，就很容易裁员。

（6）公司对聘请女职员是否犹豫？

女性提出这个问题是正常而公平的，你可以从面试官的回答中，看他对职业女性的态度。若他能提出公司内尚有其他女性担任高职，那你可以放心，该公司没有特别歧视女性。

提问要注意的事项很多，其中最主要的一条是用语委婉含蓄。

当面试进入到最后阶段面试官明显地将话题直接转向你利益的方面时，你可以含蓄委婉地谈到自己想了解的一些问题，如"公司每年是否提供外出培训的机会"、"哪些职员有晋升机会"等有关公司制度及个人前程的问题。若涉及待遇及工资方面的问题更不要过分地强调或很直接地问。在面试即将结束时，当你感觉对方对你的态度、能力、任职资格很欣赏时，你可以委婉地转向薪水问题。态度要中肯、用语要委婉含蓄，使面试官觉得不过分又很愿意考虑你的意见。应试人不宜过分强调面试官一定要明确肯定地向你承诺或保证什么，或非怎么不可，没有商量的余地，那样可能会使你此次面试以失败告终，前功尽弃。

此外，不要问一些通过事先了解就能够获得的有关信息，这会让人对你的面试目的是否明确表示怀疑。如：我的主要责任是什么？您认为这儿的气氛如何，正规而传统吗，还是充满活力，不拘一格？公司的主要竞争对手是谁？

记住，要把薪金问题留在最后讨论。

向面试官提出薪金问题绝不是一件随意的事情，我们必须在面试前积极分析市场行情，不同的职位一般都有一个大概的市场行情，仔细分析这些行情，对自身的定位大有好处。目前，全国尚无一家权威的机构发布这方面的信息，但我们可以通过亲朋好友了解这些，此外也可以通过职业中介获得资讯，争取多了解一些薪水现状。

如果你对薪酬的要求太低，那显然贬低了自己的能力；如果要求太高，又会显得你分量过重，公司受用不起。一些雇主通常对求聘的职位做过开支预算，因而他们第一次提出的价钱往往是他们所能给予的最高价钱。他们问你只不过是想证实一下这笔钱是否足以引起你对这项工作的兴趣。

如果你不能确定自己的"希望待遇"是否恰当，你可以请教对方："这样的职务通常在贵公司的待遇如何？"一般来说，每个面试官心里都有一个行情，但可以适度地调整。当面试官提出一个行情时，你再依你的了解及需要提出讨论。如果你学历佳、资历又好，具有谈判的筹码，那么坚持自己的价码就比较有胜算，对方可能因为爱才而以高于预算的待遇录用你。但是也不要漫天要价，显得既贪婪又无诚意。价码和实力是息息相关的，所以，在面试时检视一下自己的实力比薪水更重要。

面试提问的最终目的，应该是如何通过巧妙询问，了解更多情况，使自己有机会凸显长处，脱颖而出。

有一家著名的电脑公司公开向社会招聘高层管理人员，有一位没有学过电脑也没有从事过任何与电脑相关工作的女士，却跑去电脑公司应聘。而她所面对的竞争对手，不是受过专门训练的有业绩的从事电脑工作的人员，就是在电脑方面有专长的专家。有人知道后就嘲笑她。出人意料的是，最终电脑公司录取的人却是她。

事情是这样的：当那些对电脑熟悉的工作人员和专家各显神通的时候，她却在不断地询问：公司董事会目前最关心的是什么问题？公司继续发展下去，应该成为一个怎样的公司呢？公司需要什么样的管理人才呢……她通过细致的观察和深入的了解，发现目前公司所缺少的不是技术人才，而是战略思想以及管理人才。经过周密的思考和认真的观察，她向公司递交了一份有关这方面的详细报告，并在后面附上了自己的意见和建议，她的这份报告对公司发展很有帮助，公司领导十分重视。而从这份报告中，公司领导看到了她的才华。公司目前所需要的正是她这样的管理人才，于是她被录用。这家电脑公司就是世界著名的电脑公司之一——惠普公司，而被惠普公司录用的她，就是卡利·菲奥里纳，如今惠普的掌门人。

卡利·菲奥里纳同那些熟悉电脑的工作人员和专家比技术比经验，她必败无疑。聪明的她意识到这一点，于是另辟蹊径，通过巧妙地询问了解了公司所面临的问题，以此凸显自己的长处，而调查报告的撰写展露出自己的才华，最终脱颖而出，达到了自己的目的。

### （四）非言语交流

面试，在你说第一句话之前就已经开始了。面试官走向你的时候，对你的印象正在形成。你在他面前坐下，等待着回答你已经准备好的、将要被问的问题，这个时候面试官通过你的仪表、姿势或紧张程度已开始对你进行判断。以下事项提醒你特别注意：

握手：这是你与面试官初次见面。如果他伸手握到的是一只软弱无力或湿乎乎的手，那么这不是一个好的开端。你的手应当是干暖的。当你刚到面试现场，应该用凉水清洁一下；如果你的手偏凉，则应该选择温水。手掌心对温度调节尤其敏感。

正确的手势是拇指与四指张开成"V"形，与面试官的手相握，手要有力，但千万不要刻意去捏对方的手，尤其是面试官是女性时。握手摇动应该是肘部发力而不是腕部，腕部发力有甩手之嫌。摇动两三下就放手，一般不要太久。摇动的节奏应不快不慢。

微笑：点头或者在其他适当的时候微笑一下，表示你在关注和呼应面试官。但切记万万不要放声大笑，即使是碰到了很好笑的事，也要有所克制。面无表情是最应禁忌的。

欠身：紧张的正襟危坐大可不必，但随便、懒洋洋地靠在椅子上，也会给面试官太自我、太旁若无人的感觉。适当欠身，会给人一种很专注、很合作的印象。

你的姿势：站如松，坐如钟，要表现出精力和热忱。没精打采的姿势看上去疲惫不堪或漫不经心。面试前应照照镜子或拍一段录像审视一下自己，看看以什么样的姿势出场为最佳。

你的眼睛：用眼睛看着面试官，但不要盯视，视线以落到面试官双肩或额头一带为宜。面试官说话的时候，你可以偶尔瞥一下他的手；然而你在说话的时候，如果你的眼睛不停地注视别处，则表明你缺乏自信或对所谈话题不感兴趣。

你的手：说话时适度地做一些手势，有助于表达，但千万不要手舞足蹈，太专注于手势会分散别人的注意力。

肢体语言会使你倍添光彩或黯然失色。应聘面试时，不要犯如下致命细节错误：

（1）衣服口袋塞得鼓鼓的或叮当乱响；

（2）眼睛乱眨，不时地抽动鼻子或面部神经；

（3）目光不时地扫视房间内的天花板或墙壁；

（4）坐在椅子上动来动去；

（5）抖腿，踏脚；

（6）搔头；

（7）揪耳，揪胡子；

（8）摆弄自己的头发、首饰、手表、领带等；

（9）心神不定地摆弄衣领、衣襟、纽扣；

（10）不时地擦嘴唇、鼻子之间；

（11）绞扭双手或咬指甲；

（12）手指在桌上不住地敲动、摩擦或在桌上玩纸片等东西，在扶手上动胳膊；

（13）打手机或手机响个不停；

（14）吃口香糖，嘴还不时地发出咀嚼声。

这些在平时公共场所不犯忌的动作，在面试场合就成为不雅行为了。

### （五）求职面试不该说的话

很多人有这样一种误解：以为求职面试，一测外貌，二测口才，只要外貌、口才资质不错，便可捞足"印象分"。试想，在知识为本、效益至上的今天，哪个用人单位会只招层次、类型如此单一的员工呢？除个别少数行业的特殊要求外，一般用人单位还是最青睐德才兼备的人。为此，必须给那些自以为只靠"一张嘴"就能赢得工作机会的人最后一点忠告——求职面试时不该说的话：

1. 乱套近乎的话不要说

北京一家中型网络公司人力资源部经理乔先生曾遇到这样一位求职者：

求职者："听口音，经理您是东北人吧。"

乔先生："对，我是黑龙江人。能介绍一下自己吗？"

求职者："哎呀，我老家也是黑龙江的！咱俩是老乡啊。我老家在哈尔滨，您呢？"

乔先生："呃……在吉林。看资料你曾经做过网页……"

求职者："那离得可近了。真是遇到亲人了！您看，我得拜托您多关照了，在北京还能见到老乡，这是缘分啊……"

在考官已经开始面试后，求职者依然执着地跟考官拉关系、套近乎，这导致求职者不但没有利用有效的时间展示自己，还让考官对其人品、工作能力产生怀疑，最终面试失败。

2. 过于谦卑的话不要说

小李是某名牌大学工业自动化专业的毕业生，在应聘一家美资企业的动力设备部经理助理时，考官问他："你觉得你能胜任你应聘的职位吗？"小李谦虚地答道："我没干过这个，经验肯定不足，也不一定能做好，试试吧！"

考官看他简历上写着获过大学生创业设计大赛二等奖，就问他有何收获。小李却说："那都是同学的功劳，我只不过是帮点忙，没做什么。"考官听后认为小李能力欠佳，不能立刻胜任所聘职务，拒绝了他。

从小李的简历可知他是名牌大学的高材生，获过奖，专业知识扎实，完全有能力胜任经理助理一职。可他受传统美德"做人要谦虚"的影响，以为谦卑可以博得考官的好感，哪知适得其反，让考官误以为他能力不够，最终淘汰了他。

**3. 吹嘘撒谎的话不要说**

应届毕业生王勇应聘一家知名企业，自吹自擂，还撒了点谎。在谈到自己大学的表现时，他说："大三暑假时，我曾在某公司实习，因为表现突出，策划并完成了许多项目，公司极力挽留我，但考虑到自己还是学生，就放弃了，这说明我的能力得到了认可……"

"你确认你2007年在某公司实习吗？"王勇正说得天花乱坠时，主考官突然问道。

王勇一口咬定："你可以去调查。"

主考官笑着说："小伙子啊，2007年我就在那家公司任人事经理，的确有学生来实习，但是，表现如此突出的学生，我没听说，更没极力挽留过啊！你怎么撒谎也不脸红？"王勇听后大吃一惊，狼狈地结束了面试，匆忙地离开了这家公司。

案例中的王勇以为，面试中忽悠好考官，万事都OK，所以对自己的实习经历吹嘘撒谎，最终被考官识破，狼狈而逃。

**4. 拿腔拿调的话不要说**

一次，公司通过猎头，物色了一位从新加坡回国求职的机电工程师。在面试过程中，这位工程师由于在新加坡待了两年，"新加坡腔"比新加坡人还厉害，每句话后面都长长地拖上一个"啦"字，比如"那肯定啦——"、"我知道啦——"等。半个小时面试下来，考官被他"啦"得晕头转向，临别时也"回敬"了他一句："请回去等消息啦——"

有一些求职者说话喜欢操着各种腔调，比如北京腔、上海腔、广州腔、武汉腔、成都腔，以为这种腔调可以抬高自己的身份、地位，殊不知考官却极不舒服，认为他们是故意卖弄或摆谱，所以一般不会留下好印象，面试自然失败。

# 参考文献

1. 周建临. 管理学. 上海：上海财经大学出版社，1999.

2. 周三多等. 管理学——原理与方法. 上海：复旦大学出版社，2003.

3. 刘美森. 管理口才学. 南宁：广西人民出版社，1992.

4. 葛彬，刘玉君. 现代领导者能说善写的艺术. 广州：广东人民出版社，2001.

5. 张培弛. 领导讲话水平历练教程. 北京：企业管理出版社，2002.

6. 班随叶. 领导场景语言艺术. 北京：中国时代经济出版社，2002.

7. 汪珍珍. 现代沟通学. 北京：团结出版社，2003.

8. 李军华. 口才学. 武汉：华中理工大学出版社，1996.

9. 刘德强. 现代演讲学. 上海：上海社会科学院出版社，1996.

10. 王东，高永华. 口才艺术——基础口才学. 北京：光明日报出版社，1991.

11. 王鑫. 教你拥有好口才. 北京：金盾出版社，2004.

12. 潘肖珏. 公关语言艺术. 上海：同济大学出版社，1991.

13. 欧阳友权. 社交公关口才. 长沙：湖南人民出版社，2001.

14. 国家公务员培训教程编写组. 公务员口才. 北京：中国和平出版社，2003.

15. 《公务员实用口才技巧》编写组. 公务员实用口才技巧. 北京：中共中央党校出版社，2005.

16. 杜颖旭. 求职面试技巧. 长沙：湖南人民出版社，2003.

17. 小雨，伊芳. 面试应对技巧. 北京：北京经济学院出版社，1993.

18. 史鹏，杨恩波. 成功面试技巧. 济南：黄河出版社，2004.

19. 陈少君. 推销自我：白领求职必读. 青岛：青岛出版社，2000.

20. 王文贵. 轻松面试. 郑州：河南人民出版社，2000.

# 后 记

三年前，《领导与管理口才》作为"现代职业核心能力教育丛书"中的一种被提到编写日程。三年以来，几经改名，数易其稿，筚路蓝缕，现在总算有了一个了结。

懂领导与管理科学的人往往不研究口才，而研究口才的人又往往不懂领导与管理科学，导致像《领导与管理口才》这样的书鲜有人涉足。编著者之所以不揣简陋，跨学科编写领导与管理口才教材，诚如绪论所言，主要是出于教学和市场的需要。编著者都是从事高校教学几十年的教师，上过语言、文学、教育、心理、公共关系、社交礼仪和教师口才等方面的课程，也编写出版过相关教材。这些都为编写本书积累了宝贵的经验。

编著者分工如下：

赖华强，负责全书统筹并撰写绪论、第二章、第六章、第七章和第八章；

惠转宁，负责资料搜集并撰写第一章、第三章、第四章、第五章和第九章。

陈发达，撰写大学毕业生求职面试口才（附录）。

本书在编写过程中，参阅了相关领域诸多专家、同行的研究成果，尤其是《演讲与口才》杂志为本书提供了大量的生动案例，谨此致谢。凡未一一注明出处的，敬请见谅。

本书尚有许多未竟之处，热忱欢迎同行和广大读者朋友提出宝贵意见，以便将来进一步修改完善。

编著者
2015 年 3 月